中国社会主义道路
选择问题研究

蒋　菁

五洲传播出版社

图书在版编目（CIP）数据

中国社会主义道路选择问题研究 / 蒋菁著. -- 北京：五洲传播出版社，2016.6（2017.5重印）

ISBN 978-7-5085-3446-6

Ⅰ.①中… Ⅱ.①蒋… Ⅲ.①中国特色社会主义－社会主义建设模式－研究 Ⅳ.①D616

中国版本图书馆 CIP 数据核字（2016）第 119126 号

出 版 人　荆孝敏
撰　　稿　蒋　菁
责任编辑　樊程旭

出版发行　五洲传播出版社
地　　址　北京市海淀区北三环中路 31 号生产力大楼 B 座 6 层
邮政编码　100088
电　　话　010-82005927　82007837（发行部）
网　　址　www.cicc.org.cn；www.thatsbooks.com
印　　刷　北京圣彩虹科技有限公司
版　　次　2016 年 5 月第 1 版　2017 年 5 月第 2 次印刷
开　　本　710mm × 1000mm　1/16
印　　张　17.75
字　　数　180 千字
定　　价　58 元

目 录

第五章 “一五”时期的苏联援助和中国计划经济管理体制的确立

第六章 “一五”计划期间苏联在国防工业领域的对华援助

第八章 优先发展重工业方针和农业集体化道路

第九章 中国比与预计的时间提前 11 年向社会主义过渡

序言

首先，祝贺蒋菁的新作《中国社会主义道路选择问题研究》顺利出版！

自1917年十月社会主义革命胜利以来，社会主义制度已经存在了100年。在过去100年中，社会主义国家在革命和建设方面既取得了辉煌的成就，也遇到了严重的挫折，留下了深刻的历史教训。几乎所有社会主义国家都曾有过“急于过渡”的问题。所谓“急于过渡”，是指无产阶级在夺取政权以后，在还不具备或不充分具备物质和文化的前提下，过早地向社会主义过渡和宣布建成社会主义。1936年斯大林宣布，苏联建成了社会主义，并开始向“各尽其能，按需分配”的共产主义过渡。1961年苏共二十二大宣布苏联进入全面建设共产主义阶段。这种盲目的冒进在现实面前，不断碰壁。1967年勃列日涅夫当政时，被迫后退，宣称苏联建成的是“发达社会主义”。1982年安德罗波夫上台后，又进一步后退，宣称苏联尚处在“发达社会主义初级阶段”。但是，到了90年代初，随着苏共丧失政权和苏联解体，斯大林时期建立的社会主义也被历史所吞没。

中国在社会主义建设的过程中，也出现过“急于过渡”的问题。新中国建立前夕，以毛泽东为首的中共第一代领导人曾设想，中国将要经过一段新民主主义的发展阶段，这个阶段至少要15年以上，然后才能向社会主义过渡。但是，实际上，中国从1953年就向社会主义过渡，到1956年即完成了对农业、资本主义工商业的社会主义改造，建成了社会主义。按照毛泽东、邓小平的说法，中国建设的社会主义是“照搬”苏联的。随着苏联社会主义模式弊端的暴漏，毛泽东从50年代中开始探索符合中国实际的社会主义发展道路。1982年中共十二大提出建设“中国特色的社会主义”，从而进一步划清与苏联模式的社会主义的界限。1981年中共十一届六中全会通过的《关于建国以来党的若干历史问题的决议》，首次提出我国社会主义制度还处于初级阶段。“社会主义初级阶段”是在生产力落后、商品经济不发达条件下建设的社会主义必须经历的特定阶段，即从1956年社会主义改造基本完成到2050年社会主义现代化基本实现的整个历史阶段。在谈到社会主义的长期性时，邓小平说了一段非常精辟的话：“我们搞社会主义才几十年，还处在初级阶段。巩固和发展社会主义制度，还需要一个很长的历史阶段，需要我们几代人、十几代人、甚至几十代人的坚持不懈地努力奋斗，决不能掉以轻心。”[1] 中国共产党人根据国内外社会主义运动的经验和教训，不断校正、丰富和发展社会主义的理论，使理论之树长青。但是，更重要的是，中国把改革作为社会主义发展的动力，强调改革“只有进行时”，通过改革推动社会主义的发展。恩格斯说，“所谓‘社会主义社会’不是一种一成不变的东西，而应当和其它任何社会制度一

1 《邓小平文选》第三卷，北京：人民出版社，1993，第 379-380 页。

样，把它看成是经常变化和改革的社会。”[2] 中国共产党人的社会主义实践充分体现了恩格斯关于未来社会主义发展的设想。

关于中国为何放弃新民主主义，提前向社会主义过渡的问题，这是长期以来学术界研究的热门话题。这是一个非常重要的问题。只有搞清楚这个问题，才能正确认识 “社会主义初级阶段”和“中国特色的社会主义”理论，才能自觉地坚持改革开放。关于这一课题的研究，出版了很多作品，不乏真知灼见。但是蒋菁的《中国社会主义道路选择问题研究》选择了崭新的角度，即从上世纪50年代中国全面学习苏联、苏联全面援助中国来看中国提前进入社会主义的必然性。建国以前中共长期工作的重点在农村，没有管理城市、组织和领导全国经济工作的经验和人才。在当时的国际背景下，中国只能依靠苏联的援助。本书通过梳理和分析苏联援华的历史，说明苏联对中国的援助全面性：政治、经济、文化教育、意识形态等。苏联不仅帮助中国打下了现代工业基础，而且帮助中国建立了一整套政治经济制度以及与此相适应的理论体系。如果说，十月革命给中国送来马克思列宁主义，那么苏联全面援华则给中国送来了社会主义，当然当时送来的只能是苏联模式的社会主义。这就是中国“提前”进入社会主义的一个根本原因。这就是本书的亮点和创新之处。

上世纪50年代，中国全面学习苏联、苏联全面援助中国，这是中苏关系历史和中华人民共和国历史中的大事，影响深远，许多问题有待深入研究。希望作者在现有研究的基础上，锲而不舍，继续前进，以新的成果和新的发现，贡献广大读者。

李静杰　2016年5月29日

2 《马克思恩格斯全集》第 37 卷，北京：人民出版社 1971，第 443 页

前　言

一、研究背景

中俄作为两个相邻的大国在17世纪前半期发生正式关系，两国关系历史长达近400年。1840年鸦片战争以前的200年间，两国关系基本上是睦邻友好，两国关系是平等的。从鸦片战争到苏联解体，长达150年间，俄国是对中国损害最大和得益最大的国家，两国关系是不平等的。苏联在新中国的发展历史上扮演过极其重要的角色。两国关系发展十分曲折，历经了五十年代的友好同盟、六十年代的关系破裂、七十年代的全面对抗、八十年代的走向正常和九十年代的全面恢复几个重要阶段。苏联解体以后，中国与俄罗斯建立了平等的战略协作伙伴关系，两国关系进入了全新的历史阶段。中俄在从“相互视为友好国家”到“建设性伙伴关系”，再到“战略性协作伙伴关系”和“全面战略协助合作伙伴”关系的发展过程中，关系日益密切，不仅开创了中俄两国高层领导会晤制度化的先河，并使之成为有效机制，还使中俄关系顺利地渡过了磨合期，走上了稳步、健康和全面发展的道路。

新中国成立前，中苏关系有两条线：一条是国家关系，另一条是苏联与中国革命的关系，二者性质不同。纵观20世纪中国对外关系历史可以发现，中苏关系是一种特殊的国家关系：世界上没有哪一个国家像苏联那样对中国的内部发展产生这么大的影响。

20世纪初，俄国无产阶级在列宁和布尔什维克党的领导下，通过革命建立了无产阶级专政的苏维埃政权，第一次使社会主义由理论变成了活生生的现实，并在上世纪30年代形成了高度集中、单一计划经济的苏联模式。第二次世界大战结束后出现的一批人民民主国家，相继建立了社会主义制度。由于苏联是世界上第一个社会主义国家，在反法西斯战争中曾经发挥了巨大的积极作用，这些国家又先后得到过苏联的支援，所以欧亚各民主国家在建立本国的社会主义政治经济体制和制度体系时，都将苏联作为学习的楷模。可以说，在以苏联为首的社会主义阵营中，所有这些国家都仿照苏联的斯大林模式，从而确定了本国的社会主义发展道路。

中国在社会主义发展道路的选择上也深受斯大林模式的影响。毛泽东在总结中国共产党28年光辉历程时曾形象地说："十月革命一声炮响，给我们送来了马克思列宁主义。"可以说，中国共产党人所了解的马克思列宁主义，是从苏联学习的。而苏联出版的《联共（布）党史简明教程》，更是被称作是"马克思主义百科全书"，对中国的思想意识形态和党政管理体系形成产生了极其深远的影响。

新中国成立前夕，中共领导人决定在外交上实行对苏联"一边倒"的政策，这与苏联承诺对中国革命进行大规模的经济援助有关。中国不仅接受了苏联的巨大援助，更是照搬了苏联的社会主义建设经验。第一个五年计划（以下简称"一五"计划）时期，苏联开始对中国进行大规模的技术援助，156个重点援建项目的建成，使中国以能源、机械、原材料为主的基础工业初步形成规模，从而建立了我国社会主义工业化的初步基础。此外，苏联在制定经济计划、建设和改造大型工业企业及军队建设、教育发展、文化构建等多方面向中国提供了帮助，除了向中国派遣了大量的技术专家和顾问，还为中国培养了数以万计的技术干部，这对我国建国初期的国家经济建设和各种管理制度的建立方面发挥了十分重要的作用。

在对中国发展阶段的认识上，中共领导人清醒地意识到，苏联从1917年十月革命到1932年实行农业集体化，向社会主义社会过渡花了15年时间。而中国由于经济发展水平及其成分比十月革命时的俄国落后得多，所以中国向社会主义过渡需要更长的时间，至少要搞10年、20年或更长一段时间的新民主主义建设。这样算来，最早在1964年才能开始向社会主义过渡。这是当时中共领导的共识，而且这一认识也得到苏联领导的认可。

第一个五年计划时期，中央政府按照苏联的模式，开始优先大力发展重工业，引进苏联的技术、人才和管理体系，成功地进行了“一五”计划的工业化经济建设，并在苏联的影响下大规模的进行了社会主义改造。为了解决发展资金的问题，中国学习苏联工业化的经验，加快了农业合作化的步伐，实行统购统销，将资源进行高度集中和配置。结果到1956年，中国就实现了对资本主义工商业的社会主义改造，实现了全国范围的农业集体化，仅用7年的时间就实现了向社会主义的过渡，确立了社会主义的发展道路。

实践证明，急于向社会主义过渡给中国后来的社会经济发展留下了严重的后遗症，同时也不符合列宁提出的落后国家如何建立社会主义国家的理论。苏联帮助中国设计的工业化建设理论和管理制度，都是照搬苏联社会主义建设经验，并不是完全适合中国国情的向社会主义过渡时期的理论和制度。

本文试图从“一五”计划期间苏联援助中国的角度，分析学习苏联工业化模式与中国社会主义道路选择之间的联系，探讨中苏合作对中共领导人改变原来的认识和确定的方针，急于向社会主义过渡的主客观原因。从苏联援助的角度来研究中国社会主义道路选择问题，国内外尚无系统研究。从理论和实践的结合上回答这个问题，正是本课题的创新之处。

有关剖析急于向社会主义过渡的原因在党史界和学术界都是一个理论前沿问题，有各种各样的观点，但还未有从苏联援助这个角度来系统研究的成果。通过这一问题的研究，对于重新认识什么是社会主义，怎样建设社会主义，深入理解社会主义初级阶段，坚定中国特色社会主义的信念，将具有重要的理论意义和现实意义。

二、国内外研究情况综述

多年来，中俄（苏）两国的学者对中苏关系的不同发展阶段进行了多视角全方位的研究和梳理，从中苏关系史和中国现代史的角度对中苏关系中的重大历史事件和两国关系的发展脉络进行了深入的研究和探讨。特别是上世纪 60—70 年代，由于特殊的国际环境和国内局势，中苏关系从结盟到对抗，发生了很多影响深远的历史事件，国内外学者对这一历史时期的研究成果很多，主要涉及中苏关系走向、中苏同盟、苏联对华援助、苏联技术向中国的转移、中苏经济合作（包括 156 项建设研究）、中苏经贸关系研究等，其中很多著作中都有章节谈到了中国第一个五年期间，苏联为我国的经济建设提供了难得的大规模援助问题。此外，苏联在制定经济计划、新建和改造大型工业企业，以及教育、国防领域对华提供了援助，并向中国派遣了大量的技术专家和顾问，这对我国建国初期的国家经济建设和各种管理制度的建立方面产生了重要的影响。这些在国家经济史、党史、领导人的回忆录和相关的中共中央重要文献选编、汇编以及档案资料中都有相关的文献记载。如：张柏春、姚芳、张久春、蒋龙：《苏联技术向中国的转移 1949—1966》；沈志华：《苏联专家在中国（1948—1960）》、《中苏同盟的经济背景：1948—1953》、《中苏关系史纲》、《无奈的选择—冷战与中苏同盟的命运 1945—1959》；李丹慧编：《北京与莫斯科：从联盟走向对抗》；沈志华，李丹慧：《战后中苏关系若干问题研究——来自中俄双方的档案文献》；刘德喜：《从同盟到伙伴——中俄（苏）关系 50 年》；孔寒冰：《走出苏联——中苏关系及其对中国社会发展的影响》；杨奎松：《毛泽东与莫斯科的恩恩怨怨》；许文鸿：《中共“一边倒”政策的形成》；阎明复：《亲历中苏关系——中央办公厅翻译组的十年（1957—1966）》；向祖文：《苏联经济思想史——从列宁、斯大林到戈尔巴乔夫》；董志凯、武力：《中华人民共和国经济史》（1953—1957）；董志凯：《新中国工业的奠基石：“156 项”建设研究 1950—2000》；武力：《中华人民共和国经济史》（增订版）上下卷》；苏星、杨秋宝：《新中国经济史资料选编》；中华人民共和国国家计划委员会编：《中华人民共和国发展国民经济的第一个五年计划（1953—1957）》；薄一波：《若干重大决策与实践的回顾》（上、下卷）；《建国以来毛泽东文稿》；《毛泽东文集》；《中国共产党历史》；《刘少奇选集》；《建国以来刘少奇文稿》；《刘少奇论新中国经济建设》；《建国以来重要文献选编》；《陈云文选》；《周恩来经济文选》、《周恩来年谱 1898—1976》；《刘少奇年谱》；《李富春传》等。回忆录有：《聂荣臻回忆录》；《师哲回忆录》；《李越然回忆录》；《阎明复回忆录》；《苏联专家与中国海军航空兵》；《冶金军工回忆录》；《回顾与展望——新中国的国防科技工业 1949—1989》等。涉及苏联在教育领域的对华援助方面的著作：李涛：《借鉴与发展——中苏教育关系研究（1949–1976）》；李滔：《中华留学教育史录（1949年以后）》；黄利群：《中国人留学苏（俄）百年史》等，此外，关于苏联接收中国留学生方面，国内出版了一些较为详实的著作和纪实，如：周尚文、李鹏、郝宇青编著的《新中国初期“留苏潮”实录与思考》；欧美同学会留苏分会编纂的《学子之路——新中国留苏学生奋斗足迹》与《回眸——欧美同学会留苏分会成立二十周年1989–2009》；单刚、王英辉访谈创作的《岁月无痕——中国留苏群体纪实》等。

期刊方面，也有许多涉及中苏关系的重要文件和档案也陆续出版在各专业杂志，为该课题展开研究提供了依据，其中有：沈志华、李丹慧收集整理的《1949–1965中苏高层交往实录档案文件》；《关于毛泽东与斯大林的会谈：俄国档案文献》，《国外当代中国研究动态》1997年第1期；《关于1949年刘少奇访苏的俄国档案文献》，《党史研究资料》1998年第2期；《关于1950年中苏条约谈判的部分俄国档案文献（会谈）》，《党史研究资料》1998年第4期；《建国前夕苏联对华经济援助的部分俄国档案》，《党的文献》2002年第1期、第2期；《关于在华苏联专家问题（俄国档案文献选编）》，《中共党史资料》总第82辑（2002年5月）；《关于苏联对华经济援助的俄国档案文献（1953–1959）》，《国际冷战史研究资料》第1辑（2003年）等。

俄罗斯方面，俄罗斯科学院的远东所一直致力于中国问题和两国关系的研究，涉及50年代苏联援助中国这段历史。他们基于本国的历史档案资料，在这方面有很多具有参考价值的研究成果。除了远东所，还有一大批历史学家对这段历史的某个方面，如经济援助、中苏经贸关系，中苏军事合作等展开了深入的研究。如：О.Б.拉赫玛尼：《20世纪俄（苏）与中国的历史关系—主要事件的综述与分析》，莫斯科，2002年版（О.Б.Рахманин， К истории отношений

России-СССР с Китаем в XX веке – обзор и анализ основных событий – М., Москва, 2002）；В．С．米亚斯尼科夫院士主编：《俄罗斯科学院档案——中华人民共和国50年代文件集，上下卷》，莫斯科，2009、2010年版（Российская Академия Наук Архив РАН， Китайская Народная Республика в 50-е годы – сборник документов в двух томах // Под общей редакции Академика В.С.Мясникова – Москва， 2009. 2010）；赵音聪（音译—译者注）：《苏联对中华人民共和国的经济援助1949−1959》，莫斯科，2003年版（Чжао Инцун, Экономическая помощь Советского Союза Китайской Народной Республике в 1949-1959 гг. – Москва, 2003）；М. С.卡皮查：《两国伟大人民的兄弟情谊》，莫斯科，1959年版（Капица М. С. Братская дружба двух великих народов. – М., 1959）；И.Н.基谢列夫：《东方国家科技史—苏中科学合作》，莫斯科，1960年版（Киселев И.Н. Советско-китайские научные связи // Из истории науки и техники в странах Востока. – М., 1960）；А.库兹涅佐夫：《苏中经贸关系》，莫斯科，1986年版（Кузнецов А. СССР-КНР: торгово-экономические отношения. – М., 1986）；Г.罗曼诺夫：《苏中经贸关系1949−1989》，莫斯科，1990年版（Романова Г. Советско-китайские торгово- экономические отношения. 1949-1989. – М., 1990）；О.Б.鲍里索夫、Б．Г．科洛斯科夫：《苏中关系1945−1980》，莫斯科，1980年版（Борисов О.Б., Колосков Б.Г. Советско-китайские отношения. 1945-1980.-М., 1980）；Л．В．菲拉托夫：《苏联对华科技援助经济评价1949−1960》，莫斯科，1980年版（Филатов Л.В. Экономическая оценка научно-технической помощи Советского Союза Китаю (1949-1960). – М., 1980）；М.И.斯拉德科夫斯基：《苏联对华经贸关系历史1917−1974》，莫斯科，1977年版（Сладковский М.И. История торгово-экономических отношений СССР с

Китаем (1917-1974). – М., 1977）；M.卡皮查主编：苏联外交部文件《苏联－中国（1949－1983）—文件与资料（1949－1963）》，莫斯科，1985年版（СССР-КНР (1949-1983). Документы и материалы. (1949-1963) / Под ред. М. Капицы. – М.: МИД СССР, 1985）；O.伊万诺夫：《苏中关系历史中的一些史实》，莫斯科，1975年版（О.Иванов， Некоторые факты из истории советско-китайских отношений. – М., 1975）；Т.Г.扎泽尔斯卡娅：《苏联专家与中国军事工业的形成（1949－1960）》，圣彼得堡，2000年版（Зазерская Т.Г. Советские специалисты и формирование военно-промышленного комплекса Китая (1949-1960). – СПб., 2000）。

此外，美国、德国等研究国际关系的学者，也从不同的视角对这一特定历史时期的中苏关系进行了多角度的分析与回顾。比较有代表性的著作有：【德】迪特·海茵茨希：《中苏走向联盟的艰难历程》；【美】R.麦克法夸尔、费正清：《剑桥中华人民共和国史——革命的中国的兴起 1949－1965》等。

关于新民主主义向社会主义提前过渡的原因分析方面，史学界的学者做了大量的研究工作，他们从理论、实践、国内外因素等多个的角度对提前进入社会主义的问题进行了剖析，其中有不少文章谈到了苏联模式或苏联因素对其产生的影响，比较有代表性的包括，杨奎松：《毛泽东为什么放弃新民主主义——关于俄国模式的影响问题》一文中详细论述了俄国模式对毛泽东新民主主义思想演变的影响。范守信在《1949－1956 年党的战略指导方针的变化及其历史经验》一文中指出，由于我党对列宁关于过渡理论时期理论的某些论断和苏联 30 年代向社会主义过渡的经验的教条式的理解，使得党对经济文化的落后性和由此带来的向社会主义过渡的艰巨性和长期性缺乏足够的深刻的认识，基本照搬了苏联的模式，滋长了“左”的急躁情绪，急于向社会主义过渡；朱佳木：《由新民主主义向社会主义的提前过渡与优先发展重工业的战略抉择》，其基本观点是从新民主主义向社会主义的提前过渡是优先发展重工业的战略抉择，该文通过具体的文献和史实，从工业化建设的角度对国际环境的影响作了具体的分析，指出如果没有苏联在优先发展重工业方面的援助，中国不可能选择优先发展重工业的工业化发展战略，也就不可能决定向社会主义提前过渡；李捷：《论新民主主义向社会主义的转变及其历史意义》，认为毛泽东开始考虑从新民主主义向社会主义过渡是由制定第一个五年计划引发出来的，公私比例关系的变化和私营工商业的性质变化对提前向社会主义过渡具有决定性的意义；沙健孙：《对我国社会主义改造问题的几点思考》，认为实现国家工业化是提前向社会主义过渡的原因之一，而进行社会主义改造是适应进行有计划的经济建设以实现国家工业化这个目标提出来的，即要实现工业化，必须通过社会主义改造的手段集中所有的人力、物力、财力，从而提前向社会主义过渡；在《胡乔木谈中共党史》一书中具体分析了国际冷战环境下苏联援助在中国第一个五年计划中的地位，指出当时的国际环境对中国提前向社会主义过渡起到了不可或缺的作用；武力：《新民主主义社会提前终结的历史分析》认为，中国共产党对赶超型工业化战略的选择是提前向社会主义过渡的最根本的原因；陈立中：《过渡时期总路线制定过程中的苏联因素》具体分析了过渡时期总路线制定过程中苏联所产生的影响，指出苏联通过影响力的作用将苏联模式慢慢在中国复制，从而引导了中国政策制定的“左”倾趋势。上述这些文章从各个不同的角度分析了提前进入社会主义的内外部原因，为本题展开的研究提供了参考。从目前的研究成果看，有些著作虽然也谈到苏联社会主义模式对中国从新民主主义向社会主义过渡的影响，但只是一般性的提及或阐述，而全面和系统地分析上世纪 50 年代苏联的对华援助导致中国提前向社会主义过渡的著作，至今尚未见到。本文的着重点是：在回顾历史的基础上，阐明苏联全面援助中国，不仅给中国送来了先进的科学技术和设备，帮助中国奠定了工业化的基础，而且给中国送来了苏联的社会主义文化、制度和管理，使中国提前进入了苏联模式的社会主义，确定了中国社会主义的发展道路。

三、框架结构设计和研究方法

本文从结构上分为前言、正文九章和结束语三个部分。

前言

前言部分旨在阐明如下内容：研究背景、国内外研究情况综述，以及本书框架结构设计和研究方法。

第一章 关于社会主义建设的理论与实践

这是本文的理论部分。19 世纪 30、40 年代，马克思和恩格斯创立了科学社会主义理论。历史唯物主义所揭示的人类社会发展规律表明，社会主义取代的是高度发达的资本主义。但在现实中，社会主义革命的胜利，并没有如马克思、恩格斯所预想的那样，首先发生在高度发达的资本主义国家，而是发生在了经济、文化都比较落后的俄国。十月革命后列宁对社会主义过渡理论进行了深入的思考，并在实践中不断完善和丰富。列宁逝世后，斯大林提出了“一国建成社会主义”理论，结束了列宁倡导的新经济政策，加强了中央集权，逐步形成了苏联社会主义的模式。

第二章 毛泽东关于中国向社会主义过渡的最初设想

本章主要介绍了向社会主义过渡思想在中国的演变。毛泽东结合中国革命的特点，在马克思、列宁、斯大林关于社会主义理论与实践的基础上创立了新民主主义理论，对中国共产党掌权后关于建立新民主主义社会和向社会主义过渡的问题提出了最初的设想，为中国未来的社会主义建设之路指明了方向。

第三章 新中国恢复经济面临的困境和全面学习苏联方针的确立

本章主要阐述了建国初期新中国恢复经济所面临的巨大困难。在复杂的国际环境下，出于巩固政权的需要和意识形态的趋同，不得不寻求苏联的帮助。中苏两党通过高层互访取得了相互的理解，在得到苏联援助的承诺后，中共宣布“一边倒”的既定方针，掀起了全面学习苏联的高潮。

第四章 苏联对华的全面援助

本章是全文的重点之一，以上世纪 50 年代初期苏联对华展开的全面援助为主线，从苏联政府帮助中国编制第一个国民经济发展规划、派遣顾问和专家，以及帮助培养中国国家建设急需的技术和管理人才这几个方面进行了详细的叙述。苏联的全面援助，不仅推动了中国国民经济的恢复和发展，还通过人才的请进来和走出去，教授和学习了完全不同于资本主义的苏联模式。中国从政治、经济、文化等各个方面，基本全面复制了苏联的社会主义建设经验。

第五章 “一五”时期的苏联援助和中国计划经济管理体制的确立

本章是全文的重点之一，试图分析苏联援助和中国确立计划经济管理体制之间的联系。“一五”时期的“156 项工程”，从项目确立、选址、勘探、建设、投产等各项工作都是在苏联的指导和帮助下进行的。苏联援建的“156

项工程”在很大程度上将中国直接引向了计划经济的方向，也促成了计划经济管理体制的逐步形成。苏联通过“156 项工程”的援助，帮助中国工业企业建立起了一套必不可少的现代企业制度。以鞍钢为例，进一步说明苏联援助对建立中国工业企业管理体系发挥的作用。

第六章 “一五”计划期间苏联在国防工业领域的对华援助

本章是全文的重点之一，着重对“一五”计划期间苏联援助的重点领域—国防工业领域所进行的援助按行业进行了深入的阐述，涉及兵工、航空、无线电子和船舶四大国防工业企业。通过对行业现状、援助方式、国防工业体系的构建等内容的逐一梳理，表明苏联在这一领域的重点援助对加快中国国防工业初创时期的建设进程，保证国防建设和战备急需起到了重要的作用。

第七章 苏联在科技、教育、文化领域对华的援助与影响

本章是全文的重点之一，着重从苏联对华的科技援助、按照苏联模式推行中国教育改革，以及中苏在文化领域的交流和影响三个方面进行论述。苏联的“一揽子”援助，在很大程度上加快了我国社会主义工业化的进程，帮助中国初步构建了较为完整的基础工业和独立的、门类比较齐全（包括陆海空三军所需的各种主战装备）的国防工业体系框架。教育方面，按照苏联模式实施院系调整、推行苏联式的教学计划和专业设置等改革后，中国建立了一整套苏联式的高等教育体系。文化领域，中国通过中苏友好协会遍布全国的组织机构，为全面学习苏联，加强中苏文化交流发挥了重要作用。苏联通过各种文化交流方式，对中国的美术界、文学界等都产生了巨大的影响。

第八章 优先发展重工业方针和农业集体化道路

本章介绍了苏联对中国社会主义工业化道路和农业集体化道路探索的影响，论述了优先发展重工业方针和农业集体化道路之间存在的必然联系。对中共确立优先发展重工业方针的背景，以及在苏联帮助下进行工业化建设取得的成就做了阐述。由于在工业化过程中得到了苏联的全面援助，在赶超型的工业化战略思想的指导下，必须加快对农业合作化的步伐，从而促使农业改造的速度一再加快，最终带动了资本主义工商业和手工业的改造。

第九章 中国比与预计的时间提前 11 年向社会主义过渡

本章论述了在农业合作化高潮的带动下，仅用一年多的时间就匆匆完成了资本主义工商业改造和手工业改造，实现了生产资料的单一公有制，在短期内完成了向社会主义的过渡。最后总结了中国提前向社会主义过渡过程中苏联援助给中国的这次重大社会变革所带来的几个方面的影响。

结束语

实践证明，在经济和文化落后的国家，无产阶级夺取政权以后，不能超越社会发展阶段，急于过渡，而要集中力量发展生产力，为建立社会主义创造必要的物质和文化前提。在历经了曲折的探索之路，直到十一届三中全会以后，我党才在邓小平的指导下，总结了过去急于过渡，“穷过渡”的教训，把工作重点转移到以经济建设为中心的轨道上来，下定决心集中精力发展生产力，真正走上了有中国特色的社会主义道路，并取得了改革开放三十多年的巨大成就，在世界经济体系中占有了举足轻重的地位。

本课题的研究采取了文献调查法和历史研究法，遵循辩证唯物主义和历史唯物主义的立场和方法，大量使用国内外的档案资料和公开出版物，运用理论与实践相结合、宏观与微观相结合、综合分析和案例分析相结合等方法，进行实事求是的研究。

第一章

关于社会主义建设的理论与实践

科学社会主义理论由马克思和恩格斯在19世纪30、40年代创立。辩证唯物主义揭示了人类社会发展的发展规律，提出社会主义取代的应该是高度发达的资本主义。而世界社会主义十月革命始于俄国，它是一个经济文化都处于落后阶段的农业国家，资本主义发展严重不足，因此俄国的社会主义革命可以说，是从“理论的另一端开始的”。列宁说，可以先把权利夺过来，然后再用相当长的时间为社会主义创造物质和文化条件。十月革命胜利后，列宁对于什么是社会主义、如何向社会主义过渡的问题进行了深入的思考，并在实践中不断探索。军事共产主义是对传统社会主义观念的实践，是社会主义的雏形，即政府把全国生产和消费统管起来。虽然在战时保证了苏维埃取得了政权的稳定以及反击外国武装干涉的胜利，但通过暴力手段采取的粮食征收制措施使得在和平时期遭遇了国内严重的政治和经济危机，最终以失败而告终。随后，俄国实施了以粮食税为中心内容的新经济政策，体现了列宁对传统社会主义理论初定模式的一种突破，以及对经济文化均落后的俄国如何向社会主义过渡的问题进行了积极的探索。新经济政策在社会主义理论上加进了利用市场机制这一重要的内容，弥补了社会主义革命在物质和理论上的不足，在发展落后的国家经济的同时，缓解了社会的主要矛盾。应该说，实施新经济政策后，列宁对社会主义的看法完全改变了。他试图通过国家资本主义、合作制走向社会主义，这也标志着列宁社会主义建设思想的重大转变。

第一节 科学社会主义理论的创立

在19世纪中叶，马克思和恩格斯在唯物史观的基础上，创立了正确揭示资本主义社会发展趋势的科学理论，即科学社会主义，它是人类一切文明成果的结晶。马克思和恩格斯在批判历代“空想”社会主义的基础上，运用辩证唯物主义的逻辑思维形式，以历史唯物主义的观点发现和揭示了人类社会发展的规律，从而使社会主义变成了“科学”。

一、历史唯物主义揭示的人类社会发展规律

人类社会同自然界一样，在本质上是一种客观的物质体系，是不断运动与变化的一个过程。人类社会作为客观存在着的事物，有着一定的运动变化规律。同样地，人类社会的发展亦有其最根本的运动变化和规律，并且它是有规律可循的，不以我们个人的主观意志为转移。

马克思和恩格斯在1848年2月合著出版的德文版《共产党宣言》（以下简称《宣言》）在伦敦公诸于众。《宣言》是全部社会主义文献中最具有国际性，也是传播最广的著作。其影响之所以如此深远，根本原因在于它第一次科学地揭示了人类社会的发展规律，为无产阶级和劳动人民的解

放提供了强大思想武器。[1]在这篇历史文献中，马克思、恩格斯从历史发展的角度论证了社会主义代替资本主义（文中称资产阶级社会）的必然性，指出其原因是在于生产力的发展一定要冲破旧的、过时的生产关系的束缚。

1859 年，马克思在《〈政治经济学批判〉序言》中又指出："无论哪一个社会形态，在它所能容纳的全部生产力发挥出来以前，是决不会灭亡的；而新的更高的生产关系，在它的物质存在条件在旧社会的胎胞里成熟以前，是决不会出现的。"[2]马克思在自己的研究中发现，"人们在自己生活的社会生产中发生一定的、必然的、不以他们的意志为转移的关系。即同他们的物质生产力的一定发展阶段相适合的生产关系。这些生产关系的总和构成社会的经济结构，即有法律的和政治的上层建筑竖立其上并有一定的社会意识形式与之相适应的现实基础。物质生活的生产方式制约着整个社会生活、政治生活和精神生活的过程。不是人们的意识决定人们的存在，相反是人们的社会存在决定人们的意识。社会的物质生产力发展到一定阶段，便同它们一直在其中运动的现存生产关系或财产关系（这只是生产关系的法律用语）发生矛盾。于是这些关系便由生产力的发展形式变成生产力的桎梏。那时社会革命的时代就到来了。随着经济基础的变更，全部庞大的上层建筑也或慢或快地发生变革。"这一段话，深刻地概述了其唯物史观的基本思想，是我们考察和研究人类社会历史及其发展规律的基本理论依据。

马克思在 1867 年 7 月 25 日初版的《资本论》第一卷 "序言"中写道："问题本身并不在于资本主义生产的自然规律所引起的社会对抗的发展程度的高低。问题在于这些规律本身，在于这些以铁的必然性发生作用并且

1　参见庞仁芝："写在《共产党宣言》发表 160 年之际"，《学习时报》，2008 年 02 月 19 日。

2　参见《马克思恩格斯选集》第 2 卷，北京：人民出版社，1995，第 33 页。

正在实现的趋势。工业较发达的国家向工业不发达的国家所显示的，只是后者未来的景象”。“一个社会即使探索到了本身运动的自然规律，它还是既不能跳过也不能用法令取消自然的发展阶段，但是它能缩短和减轻分娩的痛苦。”[3]

历史唯物主义对人类社会的发展规律，提出了按五个阶段顺序发展的学说，即按原始共产社会、奴隶社会、封建社会、资本主义社会最终进入社会主义社会和共产主义社会（社会主义是共产主义的第一阶段）[4]。认为人类物质生活资料的生产方式决定社会的性质是该学说的理论基础。由于人类物质生活资料的生产力不断发展，因此生产关系或迟或早将适应新的生产力而发生变革。随着生产关系的变革，社会则将按照上述五个阶段的顺序不断发展。也就是说，当资本主义发展到尽头的时候，将有一种更高级的社会来代替它，这就是社会主义社会。

由此可见，马克思和恩格斯的历史唯物主义观点认为，社会的发展有其自身的规律，这种规律不以人的意志为转移，而生产力和生产关系是社会发展和社会变革的决定因素。在生产关系没有适应人类物质生活资料的生产力而发生变革的情况下，旧社会不会灭亡，新社会也不会诞生。根据历史唯物主义对人类社会发展规律的理论，社会主义取代的应该是高度发达的资本主义，而这种代替必然是一个长期的自然历史过程，它是不能以人的主观意识去改变的人类发展的规律。

二、马克思和恩格斯关于社会主义的设想

马克思和恩格斯通过研究资本主义的生产方式，揭露了这种生产方式所固有的矛盾，即主要是生产社会性与资本主义私人占有之间的矛盾。随

3 参见《马克思恩格斯选集》第2卷，北京：人民出版社，1995，第100页。

4 参见《列宁选集》第3卷，北京：人民出版社，1995，第185-203页。

着这种矛盾的发展，资本主义的生产方式就会渐渐无法容纳新的生产力发展，最终当资本主义发展走到尽头时，必然会被比它更先进的社会主义所替代。也就是说，马克思和恩格斯所设想的社会主义，应该是建立在高度发展的资本主义基础之上的。

由于马克思和恩格斯生活在资本主义自由发展的时代，因此他们不可能详细规定出建设社会主义的具体道路和方法，更不可能设计出社会主义经济的完整模式。他们只是在批判资本主义社会的同时，以对照的方式大致概括出了未来社会主义社会可能出现的样子。马克思曾说："我们不想教条式地预料未来，而只是希望在批判旧世界中发现新世界。"[5]

马克思和恩格斯关于未来社会主义社会的设想，大致可以归纳为如下几点：[6]

1、取得革命胜利的无产阶级要打倒剥削者，把生产资料的资本主义私有制变为社会主义的公有制；

2、将整个国民经济的资源实行集中统一计划和管理，从而克服资本主义的生产无政府干预的状态；

3、用社会统一组织生产的直接的产品交换来代替通过市场流通的商品交换，使商品货币关系和市场机制的作用逐步消失；

4、实行按劳分配原则，每个社会成员根据自己对社会贡献的大小，通过领取劳动券的形式获取相应的劳动报酬；

5、将生产资料与生产者直接结合在一起，劳动者直接参加国家管理，人民群众选举产生领导人。

马克思和恩格斯从当时的历史条件出发，认为在资本主义关系最发达、

5　参见《马克思恩格斯全集》第 1 卷，北京：人民出版社，1960，第 416 页。

6　参见梅文彬："苏联向社会主义过渡的若干问题"，《世界经济》，1981 年第 09 期，第 12 页。

生产社会化程度最高的国家里发生社会主义革命的概率最大，因为这些国家的革命条件最成熟，而无产阶级的力量也最强大。同时，他们还预料，无产阶级革命要想取得胜利，必须在几个主要资本主义国家同时爆发。就此问题，恩格斯提到："单是大工业建立了世界市场这一点，就把全球各国的人民，尤其是各文明国家的人民，彼此紧紧地联系起来，致使每一国家的人民都受着另一国家的事变的影响。此外，大工业使所有文明国家的社会发展得不相上下，以致无论在什么地方，资产阶级和无产阶级都成了社会上两个起决定作用的阶级，它们之间的斗争成了我们这个时代的主要斗争。因此，共产主义革命将不仅是一个国家的革命，而将在一切文明国家里，即至少在英国、美国、法国、德国同时发生。"[7] 此外，恩格斯在1892年写的《社会主义从空想到科学的发展》英文版导言中还说："欧洲工人阶级的胜利，不是只依靠英国一个国家。它至少需要英法德三国的共同努力，才能得到保证。"[8] 在马克思和恩格斯看来，要想发动社会主义革命，工人阶级必须成为社会上人数最多、力量最强的阶级，还要有高度发达的社会生产力和高度发展的生产社会化水平作为基础，而且要几个主要资本主义国家同时发动，革命才有可能最终获得成功。由此不难看出，马克思和恩格斯对社会主义的设想完全是针对发达资本主义国家而言的。

马克思和恩格斯关于科学社会主义的论述，具有划时代的伟大意义。他们在资本主义自由发展时期就预言资本主义必然灭亡，这为无产阶级解放的道路指明了方向。之后，在马克思主义革命原理的鼓舞下，国际无产阶级为推翻资产阶级展开了不屈不挠的持久斗争，取得了接二连三的革命胜利。

---

7 参见《马克思恩格斯选集》第 1 卷，北京：人民出版社，1995，第 221 页，转引自梅文彬："苏联向社会主义过渡的若干问题"。

8 参见《马克思恩格斯全集》第 22 卷，北京：人民出版社，1965，第 361 页。

第二节 列宁关于向社会主义过渡的理论和实践

在现实社会主义运动中，社会主义革命的胜利，并没有如马克思恩格斯所预想的那样，首先发生在高度发达的资本主义国家，而是恰恰在经济、文化都比较落后的俄国得到了实现。

列宁作为马克思主义的实践者，成功领导了俄国的十月革命，并建立了世界上第一个无产阶级专政的国家。他根据俄国的基本国情，在社会主义建设道路的实践中不断探索，大大丰富、继承和发展了马克思、恩格斯创立的科学社会主义理论，并把它与俄国的实际国情相结合，开辟了在经济、物质、文化均落后的国家向社会主义过渡和建设社会主义的道路，提出了在帝国主义阵营中落后的俄国将首先发生社会主义革命并获得胜利的思想，这为其它不发达国家的社会主义建设留下了宝贵的经验，并对其它国家在社会的实践中产生了深远而悠长的影响。

一、列宁对社会主义的初步认识和理解

十月革命前，列宁对社会主义的认识和理解，主要来源于科学社会主义创始人对社会主义的论述。马克思和恩格斯在 19 世纪 30、40 年代，运用辩证唯物主义和历史唯物主义，分析了资本主义社会的发展规律，论证了社会主义代替资本主义的必然性，这为无产阶级斗争指明了方向。

唯物史观认为，人类社会的历史进程是由低级阶段向高级阶段发展的。同以往其它社会形态一样，社会主义和共产主义也要经历一个由低级到高级、由不完善到完善、由不成熟到成熟的过程。马克思在 19 世纪 70 年代中期对未来社会进行预测和构想时，曾明确地把共产主义社会区分为“低级阶段”（或“第一阶段”）和“高级阶段”，二者既有联系，又有区别。后来，列宁在十月革命前夕撰写的《国家与革命》中，把共产主义社会低

级阶段（或第一阶段）称之为社会主义社会，把共产主义高级阶段称之为共产主义社会。十月革命后，列宁在社会主义建设的实践中逐步认识到，要建设完全的社会主义，必须首先经过某种“初级形式的社会主义”，将其作为过渡环节和阶梯。[9]

同西方国家相比较，俄国资本主义发展起步较晚，是个资本主义发展不足的国家。虽然1861年改革农奴制以后，俄国资本主义有了迅速的发展，19世纪末20世纪初俄国也步入了帝国主义国家的行列。但是，在欧洲，它仍然是一个经济相对落后的国家。以数据为例，俄国当时的工业发展水平非常落后。1913年，俄国的城市人口只占18%左右，而农村人人口的占比高达82%。从阶级结构看，工人和职员占17.6%，个体农业和手工业者占比达66.7%，而地主、富农和资本家仅占16.3%，也就是说，农业小生产者和手工业者占了人口的三分之二。[10]从工业生产总值比较，1913年，俄国的工业总产值只是法国的40%，英国的21.7%，德国的16.7%，美国的7%。[11]主要表现为：一是，俄国的封建农奴制残余相当严重。大量土地集中在大地主手中，农民不得不在非常苛刻的条件下租种地主的土地，因此就造成了资本主义发展与封建农奴制残余之间的矛盾；二是，俄国在经济发展上存在着一个矛盾，即发展着的生产力与资本主义生产关系之间的矛盾。20世纪初，俄国日益成为西方帝国主义巧取豪夺的对象。大量外资流入俄国的采矿、铁路、机器制造业、银行等重要的国民经济部门。帝国主义国家利用俄国丰富的资源和广大的廉价劳动力，在投资中获得了高额利润。加之19世纪末20世纪初由西欧开始的经济危机，很快蔓延到俄国，

9　参见李秀潭：“关于深化对人类社会发展规律认识的若干思考”，《中共中央党校学报》，2003年第1期。

10　参见梅文彬：“苏联向社会主义过渡的若干问题”，《世界经济》，1981年第09期，第13页。

11　参见宋则行、樊亢：《世界经济史》上卷，北京：经济科学出版社，1994，第499页。

许多工人失业，大量企业倒闭，工人的工资也大大降低，人民生活苦不堪言。而第一次世界大战又给俄国人民带来了巨大的灾难，大量从事农业的强壮劳动力被应征入伍导致大量土地无人耕种，同时国内落后的工业生产基础无法确保战时所必要的军需。在此情况下，俄军在前线屡战屡败，百姓流离失所，生活异常艰难。由此所引发的就是进一步加剧了社会矛盾的激化，更加速了沙皇统治的崩溃。

列宁在1917年的一篇评论中概括了他的政治哲学：“一切革命的根本问题——国家政权问题。”[12]而针对“俄国生产力还没有发展到可以实行社会主义的高度“这一论点，列宁说：“既然建立社会主义需要有一定的文化水平，我们为什么不能首先用革命手段取得达到这个一定水平的前提，然后在工农政权和苏维埃制度的基础上赶上别国人民呢？……我们为什么不能首先在我国为这种文明创造前提，如驱逐地主，驱逐俄国资本家，然后开始走社会主义呢？……首先要投入真正的战斗，然后便见分晓。”[13]这些话充分体现了列宁的主张，即先建立无产阶级政权，再利用这个政权的力量去推动生产，创造走向社会主义的物质和文化条件，而一切以获得、保存和维护政权为出发点。这些思想对十月革命胜利前后俄国国内党和国家政权的制度安排产生了深远的影响。

列宁对无产阶级国家政权的理论和认识符合历史唯物主义基本原理。马克思、恩格斯都认为，社会主义生产关系不可能在旧社会内部自发地产生，而只能在无产阶级推翻资产阶级的政治统治之后，借助无产阶级政权的力量才能生成和确立。因此，他们强调，在资本主义向共产主义的过渡时期，需要建立一个无产阶级专政的国家。列宁从俄国的具体国情出发，进一步指出，对于经济文化相对落后的国家来说，第一步是要实现从资本

12　参见《列宁全集》，第30卷，北京：人民出版社，1985，第127页。

13　参见《列宁全集》，第43卷，北京：人民出版社，1987，第370-372页。

主义向社会主义的过渡。这就是说，社会主义经济基础的建立和完善需要一个相当长的时期，在这个过程中需要发挥国家资本主义的作用。由此可见，要在落后国家实现社会主义现代化的道路，首先要用革命夺取政权，这是起点和前提，然后在这一政权的保证下，采取包括国家资本主义在内的各种方式，向社会主义过渡和建设社会主义。唯此，才能改变经济文化落后的状况。[14]

由于当时俄国国内的资本主义生产关系与生产力之间存在着不可调和的矛盾，所以决定了俄国在社会主义制度下，必须把大力发展生产力作为其根本的任务，要努力完成社会主义的工业化、生产社会化和商品化、现代化的任务，无疑需要很长一段时间的艰苦探索和奋斗。[15]

事实上，通过不同道路走上社会主义的国家，其共同特点大多是经济文化比较落后，且资本主义发展不够充分。按照马克思、恩格斯当年对建设社会主义的设想，这些经济落后的国家原本与社会主义无缘，但由于受20世纪初世界局势和俄国特殊革命形势的影响，列宁发现，资本主义政治和经济在帝国主义时代发展不平衡是一个绝对的规律，他由此得出关于社会主义革命发展趋势的结论，提出了用不同于西欧国家的方式来创造发展社会主义文明的根本条件。于是，在社会主义生产关系所依赖的物质生产力尚不足的条件下，俄国便开始了创造20世纪社会主义的大胆尝试。

二、军事共产主义政策——直接过渡思想的实践

1917年10月，布尔什维克党通过武装起义夺取了国家政权。革命取得

14　参见余源培：“‘国家资本主义’与落后国家社会主义建设”，《毛泽东邓小平理论研究》，2007年第7期。

15　参见史艳艳：《列宁苏俄向社会主义过渡理论的研究》，南京师范大学“马克思主义理论”专业硕士学位论文，2011年4月。

胜利后，像俄国这样一个经济文化都十分落后的国家，如何向社会主义过渡，巩固政权和实现社会主义建设成了首要问题。在此过程中，列宁参照马克思主义关于过渡时期和未来社会的理论，着重思考了苏俄向社会主义过渡的问题。一方面，列宁反对脱离实践来谈社会主义；另一方面，面对帝国主义的压力，列宁又希望能尽快完成过渡，巩固社会主义革命的成果。[16]

十月革命胜利后，列宁利用短暂的和平时期，开始着手制定俄国向社会主义过渡的方案。1918 年春，列宁提出了通过国家资本主义向社会主义过渡的"直接过渡"的思路，其主要内容包括经济建设和制度改造两个方面：在经济建设方面，强调建立社会主义制度的物质基础，即通过加强劳动纪律管理和组织劳动竞赛等方式提高劳动的生产率，恢复和发展机器制造和燃料动力等大型工业；在制度改造方面，列宁提出要把资本主义、特别是小商品生产都纳入国家进行统一管理，实现生产资料的计划分配、生产和产品消费，限制和逐步取消自由贸易，建立国家管控的工农业交换体系。考虑到当时实际的国情，列宁清晰地认识到，俄国很难从一个小农国家直接过渡到社会主义，因此在落实具体的措施上，它提出了通过国家资本主义这一中间环节逐步向社会主义过渡。但随着 1918 年 5 月底国内战争的爆发，大多数边疆地区和产粮区被敌军占领，加之大规模的外国武装干涉，打断了他原来设想的建设计划。1918 年 6 月 28 日，苏维埃人民委员会颁布了一项关于普遍实行国有化的法令，规定所有拥有一百万卢布以上资本的工业企业一律归国家所有。1918 年 9 月 2 日俄国宣布全国为"统一的军营"。此后，列宁之前提出的"直接过渡"计划直接转向了激进的"军事共产主义"。这是列宁和布尔什维克党探索苏维埃俄国向社会主义过渡的另一种尝试，它的实施是在"直接过渡"思想的指导下进行的。

"军事共产主义"政策在经济方面的主要内容是：(1) 实行粮食收集制，

---

16 参见赵波、成敏："论列宁的社会主义核心价值观"，《学术论坛》，2012 年第 1 期。

向农民征收粮食，禁止私人买卖粮食，以保证军队和城市工人的供应；（2）没收私人资本，所有工业（大、中、小）企业统统收归国有，并对其原料和产品实行严格的监督和分配；（3）实行主要消费品的配售制度，流通领域实行国内外贸易的国家垄断，由国家供销机构在全国范围内实行消费品的分配。在分配上，按不同阶段和阶层类型实行平均化的食物分配，这实际上取消了商品和货币在市场的流通，经济关系变成实物化；（4）实行普遍的义务劳动制和劳动军事化，实行不劳动者不得食的原则，强迫资产者参加体力劳动，以便使更多的人能奔赴前线。

1920 年，俄国内的战争基本结束。由于战争的破坏和严重干旱灾害，农民缺粮少粮，由此对粮食收集制产生了严重的不满。1921 初，苏俄的经济状况和社会矛盾进一步激化。

虽然军事共产主义政策对于集中力量打败侵略者和国内反苏维埃政府的武装，巩固新生苏维埃政权具有非常重要的作用，但是它在实施的时间和内容上都超出了战争支援所需的限度，严重破坏了生产力和工农联盟。比如，粮食收集制实际上是对农民的一种剥夺，它严重损害了农民的经济利益，而分配上的平均主义也对生产力的不利影响，严重挫伤了农民的生产劳动积极性。再比如，在经济领域对商品经济的绝对限制，将所有的资本、商品以及原料都实行严格的监督和分配，而且取消了商品和货币流通等等。因此，当战后苏维埃政府试图继续执行这种政策时，很快就陷入了全面的经济危机，并迅速变成了政治危机，农民暴动四起，奋起抵御。1921 年春，喀琅施塔得水兵兵变，西伯利亚有六万多农民发动起义。这一系列社会现象表明：军事共产主义的政策已经严重阻碍了苏俄的社会主义建设。严峻的国内形势迫使俄共（布）中央重新审视对待农民的态度问题。

这时，列宁也认识到，“直接过渡”，特别是“军事共产主义”政策的实施，已在一定程度上脱离了苏俄的国情，不能解决苏俄向社会主义过渡的问题。而苏俄向社会主义道路过渡的曲折，促使列宁把社会主义价值目标和理想与现实结合起来，从苏俄的国情出发思考向社会主义过渡和社会主义建设问题。[17]

军事共产主义的实践证明，在俄国这样一个落后的国家，是不能超越阶段直接向共产主义过渡的。它的失败使列宁的思想发生了根本转变。他认识到，既然实践已经证明马克思、恩格斯为西方国家所勾画的从资本主义过渡到社会主义的蓝图不适合落后的俄国，那么就有必要在实践的基础上来探索一条从小农国家通向社会主义且适合俄国国情的特殊道路。

军事共产主义实践的实践虽然短暂，但这一期间形成的一套关于社会主义理论思想的体系，对于后来苏联以及世界各个社会主义国家的政治经济体制却产生了重大而深远的影响。

三、新经济政策的实施——间接过渡思想的正确途径

1921 年 3 月，俄共（布）第十次代表大会作出决定，停止实行“军事共产主义”政策，大会根据列宁的报告，通过了《关于以实物税代替粮食征集制》的决议，开始实施以粮食税为中心内容的新经济政策。这标志着列宁突破社会主义理论初定模式，开始探索在没有经过高度的资本主义发展、经济文化落后的苏俄如何建设社会主义的问题。[18]

“新经济政策”的实施，标志着列宁放弃向社会主义“直接过渡”的一些不切实际的想法。为了奠定社会主义的物质基础，他开始尝试探索一条“间接过渡”的路径。因为“在一个小农生产者占人口大多数的国家里，实行社会主义革命必须通过一系列特殊的过渡办法，这些办法…在发达的

17 参见《列宁专题文集：论社会主义》，北京：人民出版社，2009，第 280 页。

18 参见杨军，梅荣政：“列宁社会主义思想的历史演进、思想内容和启示 -- 读《列宁专题文集·论社会主义》”，《高校理论战线》，2010 年第 7 期，第 9-16 页。

资本主义国家里，是完全不需要采用的。”[19] 鉴于俄国经济文化的落后状况，列宁认为，“只有资本主义…的发展，才能为社会主义的实现创造物质条件…。”[20] 对此，列宁还说，“如果社会主义在经济上尚未成熟，任何起义也创造不出社会主义来”。[21] 列宁曾经估计，无产阶级夺取政权以后，为建立社会主义创造物质和文化前提“须经过整整一个历史时代”。[22] 而采取新经济的深层次原因，正是俄国落后，不具备立即实行社会主义的物质条件，需要通过市场来改变资源配置的方法，促进生产的发展，为落后俄国创造社会主义所必须的物质条件。[23]

新经济政策通过实行实物税，允许农民在纳税后把余下的农产品在地方范围内实行周转和贸易，从而在农村内部首先恢复了商品交换。不久，列宁又提出“应当把商品交换提到首要地位，把它作为新经济政策的主要杠杆”。[24] 新经济政策的重大突破在于它在社会主义建设中运用了市场机制，其主要内容是：用粮食税代替粮食征集制；允许贸易自由；允许多种经济成份并存；允许私人企业家开设小企业，并通过国家资本主义的形式纳入国家计划的轨道；为了改造农业，列宁提出了合作社计划。

粮食税的实行，最大限度地调动了农民的生产积极性，它的税额比粮食征集制要低得多。在农业方面，主张重视发展合作制，小农经济发展得到国家的允许和支持，这在一定程度上有力地促进了农业的生产恢复和发

19　参见《列宁全集》第 41 卷，北京：人民出版社，1986，第 50 页。

20　参见鄢显骏:“论落后国家建立社会主义的路径选择”,《学术探索》,2000 年第 3 期。

21　参见《列宁选集》第 25 卷，第 349 页；转引自李静杰：“苏共失败的历史教训”，《东欧中亚研究》，1992 年第 6 期。

22　参见《列宁选集》第 4 卷，第 684 页；转引自李静杰：“苏共失败的历史教训”，《东欧中亚研究》，1992 年第 6 期。

23　参见陆南泉、黄宗良、郑异凡、马龙闪、左凤荣：《苏联真相》，北京：新华出版社，2012，第 131 页。

24　参见《列宁全集》第 32 卷，北京：人民出版社，1958，第 424 页。

展，并从经济上巩固了工农联盟。在商业方面，国家大力发展商业，支持和鼓励私人经营中小型商业企业，包括国营商业机构和商业银行，建立工业和农业的结合点。同时，充分利用市场和商品货币关系，促进工农业生产品的流通，以满足城乡居民的生活需要。此外，列宁在制定新经济政策的过程中，还进一步提出要高度重视国家资本主义的作用。列宁有关通过国家资本主义向社会主义过渡和建设社会主义的构想，是解放思想和实事求是相结合的产物。他指出，国家资本主义在不同的社会制度下，其性质是完全不同的。[25] 新经济政策的实质，就是保证工人阶级和农民结成坚强的联盟，以战胜资本主义建成社会主义经济基础。[26] 在新经济政策时期，列宁认为，理论和实践的全部问题在于找出正确的方法，创造必要的条件，把在一定程度上和在一定期限内不可避免的资本主义的发展纳入国家资本主义的轨道。正如他所指出的："作为新经济政策要素之一的国家资本主义，是在苏维埃政权条件下，工人阶级有意识准许而又加以限制的一种资本主义。我们的国家资本主义同拥有资产阶级政府的那些国家的国家资本主义在本质上大不相同，即在我们这里代表国家的不是资产阶级，而是能够取得农民完全信任的无产阶级。"[27] 他指出，这样的国家资本主义并不可怕，而是符合工人和农民利益的。因此，对国家资本主义要做具体的分析，除了资产阶级制度下的国家资本主义，无产阶级国家也可以搞国家资本主义。"同社会主义比较，资本主义是祸害，但同中世纪制度、同小生产、同小生产者涣散性引起的官僚主义比较，资本主义是幸福。"[28] 列宁认为在苏

25　参见余源培："'国家资本主义'与落后国家社会主义建设"，《毛泽东邓小平理论研究》，2007 年第 7 期。

26　参见王化雨：《怎样学习"苏联建成社会主义的道路"》，沈阳：辽宁人民出版社，1955，第 2 页。

27　参见《列宁全集》第 43 卷，北京：人民出版社，1987，第 290 页。

28　参见《列宁选集》第 4 卷，北京：人民出版社，1995，第 510 页。

维埃俄国，资本主义能够成为社会主义的帮手，但这种资本主义必须纳入无产阶级国家的监督和调节之下，它不能超出无产阶级规定的限度和范围。

1921年秋，现实的经济状况使列宁进一步认识到，仅实行“商品交换”和农民自由贸易是不够的，他提出要把商品交换作为新经济政策的主要杠杆。他指出，“商品交换制度现在已经不符合实际情况，实际情况给予我们的不是商品交换而是货币流通、现金交易”。[29]列宁认为，“商业正是我们无产阶级国家政权、我们居于领导地位的共产党必须全力抓住的环节”。[30]现实的经济环境和经济基础，终于使列宁彻底纠正了“直接过渡”的思想，他以极大的理论勇气和可贵的现实精神，在一个主张消灭商品货币关系的执政党中宣布，向社会主义过渡“需要商业这条更加迂回曲折的道路”，[31]强调“我们决不受轻视商业的感情的社会主义，或旧俄国式半贵族式、半农民式、宗法式的情绪的支配。”[32]在这一思想的指导下，从1921年秋开始，新经济政策一改过去那种鄙视和轻视商品货币关系的传统观念，商品经济得以全面恢复。在经历了军事共产主义“直接过渡”的失误后，新经济政策充分运用市场机制来配置资源，通过国家计划来调节和指导组织生产、交换和分配，同时以价值规律和市场行情的变化作为制定和修正经济计划的客观基础，抓紧商业环节，大力促进工业业生产品的流通，满足居民生活需要。

新经济政策的实施使1921年春天的危机迅速消失，生产得以逐步恢复，工农联盟得以巩固，社会矛盾得以缓解，政治秩序得以安定，经济得以发展，苏维埃政权由此得以稳固。新经济政策的实施效果表明，列宁找

29 参见《列宁全集》第33卷，北京：人民出版社，1957，第79页。
30 参见《列宁全集》第33卷，北京：人民出版社，1957，第90页。
31 参见《列宁全集》第33卷，北京：人民出版社，1957，第79页。
32 参见《列宁全集》第33卷，北京：人民出版社，1957，第92页。

到了一条适合经济比较落后的小农国家如何建设社会主义的道路，它标志着列宁社会主义建设思想的重大转变。

1922 年之后，列宁深刻总结了探索社会主义道路的经验，并在此基础上对一系列重大问题做出了论述，其中包括对无产阶级执政党自身的建设问题、社会主义经济建设问题、社会主义民主和文化建设问题，以及社会主义与资本主义关系等。

1923 年，列宁在认真总结以往经验教训的基础上撰写了《论合作制》，阐述了怎样建设社会主义的构想。他在文中指出："现在我们发现了私人利益即私人买卖的利益与国家对这种利益的检查监督相结合的合适程度，发现了私人利益服从共同利益的合适程度，而这是过去许许多多社会主义者碰到的绊脚石。"新经济政策实行后，列宁发现合作制是贯彻"三结合"原则，引导农民走社会主义道路的好形式。他指出："在生产资料公有制的条件下，在无产阶级对资产阶级取得了阶级胜利的条件下，文明的合作社工作者的制度就是社会主义制度。又说，有了完全合作化的条件，我们也就在社会主义基础上站稳了。"[33]

苏俄从政权建立到社会主义建设经历的各种阶段告诉我们，社会主义从建立到建设是要经历各种前进和后退的。军事共产主义是在特殊历史条件下采取的特定政策，能够巩固新生政权。但战后的一系列事件表明，当时急切需要一个行之可效的方案来代替这种有局限性的不利于社会主义建设的政策。俄共（布）十大的决议，即采取新经济政策的措施为新一轮的社会主义建设指明了方向。其实质在于利用市场、商业把社会主义工业和农业经济结合起来，在此基础上建立牢固的工农联盟。从表面上看，新经济政策是在极其危急的环境下迫不得已而实行的，但实际上它是列宁经

33　参见李兴中："列宁的社会主要建设思想及其意义"，《哈尔滨市委党校学报》，2000 年第 1 期。

过反复实践找到的一条适合当时苏俄国情的改革之路。此外，列宁的“间接过渡”思想极大丰富了马克思、恩格斯所创立的科学社会主义理论，这对落后国家建立社会主义的路径选择具有重要的意义。列宁关于社会主义建设的思想也为其它新成立的社会主义国家提供了一个经过实践检验的范式，同样也对中国的社会主义道路选择和社会主义建设提供了有益的经验与教训。

列宁在社会主义建设思想中有既有成就，也有错误，关键在于列宁面对错误，敢于承认，并且能够不断修正错误，开辟前人没有想过，更没有走过的路。他把市场机制的运用引入到了社会主义建设当中，从而弥补了社会主义革命在物质和理论上的不足，同时提供了在落后国家发展经济，以及缓和社会矛盾的有效手段。在列宁的社会主义建设思想中有两个亮点：一个是模式的转化，即从军事共产主义模式转化为新经济模式，在社会主义建设中引入市场机制，这是社会主义国家第一次具有划时代意义的改革；另一个是对社会主义看法的改变，把经济文化建设提到首要发展的位置。这是列宁对社会主义理论和实践的重大贡献。

列宁向社会主义过渡的理论，对于我们结合自身的国情，坚定不移走中国特色社会主义道路具有重要的启示作用。同时，对于我们如何深刻理解“什么是社会主义”和“怎样建设社会主义”大有帮助。列宁有关通过国家资本主义发展商品经济，逐步向社会主义过渡，以及利用国家资本主义巩固社会主义建设的构想，实际上是解放思想和实事求是相结合的产物。1956 年 3 月，毛泽东在政治局扩大会议上谈到苏联的社会主义建设经验时说：“看来列宁的新经济政策是正确的，可惜这一政策结束得太早了，再搞若干年可能会更好一些。”[34] 中国经济改革开放的总设计师邓小平也对列宁的新经济政策给予了高度评价：“社会主义究竟是个什么样子，苏联

34　参见吴冷西：《十年论战》（上），北京：中央文献出版社，1999，第 79 页。

搞了很多年，也没有完全搞清楚。可能列宁的思路比较好，搞个新经济政策，但是后来苏联的模式僵化了。”[35]

第三节 斯大林“一国建成社会主义”的理论和苏联社会主义模式的形成

新经济政策应该是一个长期的政策，但是它运行不到十年就中途夭折了。1924 年 4 月，列宁去世后不久，苏共领导层发生了有关新经济政策的激烈争论。以斯大林为首的主流派认为，新经济政策已经“过时”，是社会主义目标的后退，是走向资本主义。他认为，只有建立集体农庄，实行“全盘集体化”，才是真正走向社会主义。后来，斯大林提出“一国建成社会主义”论，废除了国家资本主义相关的一切措施，并通过国家工业化和农业集体化，逐步形成了高度集中、单一的计划经济的苏联模式。

一、斯大林放弃新经济政策的措施

新经济政策的放弃，可以说是斯大林国家工业化和农业集体化的必然结果，乃至是必要的前提。1929 年 12 月 27 日，斯大林在马克思主义者土地问题专家代表会议上，提出了“消灭富农”的口号，正式宣布党已经从限制富农剥削趋向的政策过渡到消灭富农阶级的政策，从而正式宣告了新经济政策的结束。他说：“我们所以采取新经济政策，就是因为它为社会主义事业服务。当它不再为社会主义事业服务的时候，我们就把它抛弃。”[36]

35 参见《邓小平文选》第 3 卷，北京：人民出版社，1993，第 139 页。
36 参见《斯大林全集》第 12 卷，北京：人民出版社，1955，第 151 页。

斯大林宣布停止实行新经济政策，加快实现工业化，全盘实现农业集体化等等，其根本出发点就是想尽一切力量，加快建成社会主义。他在强调发展生产力和提高劳动生产率时，也是将它们与巩固社会主义联系起来考虑的。他论述说："我们需要的并不是国民劳动生产率的任何一种增长。我们需要的是国民劳动生产率的特定的一种增长，即能够保证国民经济中的社会主义成分一贯比资本主义成分占优势的增长。"[37]

斯大林认为，落后国家建设社会主义必须以发展工业为始点。他在1925年4月举行的党的十四大政治报告中指出："把我国从农业国变成能自力生产必需的装备的工业国，这就是我们总路线的实质和基础。"[38]当时苏联的国情是，整体经济发展比较落后，且处于帝国主义重重包围之中。因此，斯大林认为，国家工业化的进程直接关系到苏维埃的生死存亡。他解释说："苏维埃政权不能长久地建立在落后的基础上，只有不仅不逊于而且过一个时候能够超过资本主义各国工业的现代大工业才能成为苏维埃政权的真正的和可靠的基础。"[39]为实现社会主义工业化的目标，他首先确定了优先发展重工业，特别是机器制造业的中心任务，而发展工业的主要资金不得不从农民身上榨取，也就是通过不等价交换，压低农产品的收购价格，同时提高工业产品的价格，利用工农业产品的这种价格"剪刀差"，使社会主义的工业化建设获得"原始积累资金"。一方面，向农民征收高额赋税，通过这种方式对国民收入进行再分配，同时提高向农民所供应的工业品价格，从而获取大量工业化建设所需的资金；另一方面，实行"工业专政"，全力确保工业化的高速发展。也就是说，国民经济的所有部门都必须严格服从国家工业发展的需要。在斯大林看来，落后国家的社会主

37 参见方爱东："斯大林社会主义价值观探析"，《社会主义研究》，2009年第6期。

38 参见《斯大林全集》（第7卷），北京：人民出版社，1958年版，第294页。

39 参见《斯大林全集》（第13卷），北京：人民出版社，1956年版，第158页。

义工业化不能走资本主义国家工业化的道路。鉴于苏联当时的国情，他认为只有全力保障重工业的发展，才能在新技术基础上促进整个工业、交通运输业和农业的发展，从而加快整个国民经济的发展，增强自身经济的独立性和国防力量。只有这样，才能摆脱对世界资本主义经济的依附。对此，斯大林进一步认为，社会主义工业化实际上是一种把工业对农业的支援、农业对工业的依附放在首位的工业化，是一种重工业的发展决定整个国民经济发展的直接工业化。斯大林优先发展重工业的做法对当时巩固苏维埃政权产生了积极作用，同时也在国际上对后其它一些社会主义国家产生了深远影响。这些国家在一定时期内都学习和借鉴了斯大林的这一主张。由于国情不同，随着时间的推移，其弊端在经济发展中也逐步显现。[40] 20 世纪末，这种模式在苏东国家被废弃。其它国家，如：中国、越南、老挝，还有古巴，则根据自己的国情走上了改革的道路，从而选择了有别于斯大林社会主义模式的发展道路。

二、斯大林的“一国能够建成”论

1924 年秋，俄共（布）内部围绕着列宁主义的内容和历史地位等问题发生了激烈的争论。斗争的焦点就是苏联究竟能不能仅依靠一国的力量就建成社会主义，其社会主义建设应该如何进行？对此，托洛茨基一直认为，如果没有社会主义欧洲，特别是社会主义德国的直接支持，俄国无产阶级革命是不可能持久的。而季诺维也夫、加米涅夫也认为，由于苏联在技术上经济上处于落后的地位，社会主义应该不可能在苏联取得胜利。虽然斯大林也曾接受过这些理论，但后来欧洲的历次革命陆续失败，由此期望西方在可以预见的将来发生革命的可能性越来越小。在严峻的现实面前，斯

40　参见方爱东：“斯大林社会主义价值观探析”，《社会主义研究》，2009 年第 6 期。

大林改变了自己对此的认识，随后提出了“在一国首先建成社会主义”的理论。[41] 在这个过程中，斯大林在 1924 年 12 月撰写了《十月革命和俄国共产党人的策略》一文。在此文章里，他提出了“一国能够建成社会主义”的最初思想，首次提出，列宁于大战期间形成和阐述的“一国首先胜利”论，既包含有一国可以首先夺取政权和巩固政权的观点，又包含有一国能够建成社会主义的观点。他认为，列宁的这一理论是基于帝国主义时代资本主义发展不平衡规律的理论所形成的。当时，老牌帝国主义国家被一些后起快速发展的帝国主义国家超越。作为后起之秀的新帝国主义国家，在夺取新阵地的过程中，与老牌帝国主义国家发生军事冲突成为不可避免的事情，而军事冲突必然使帝国主义国家间的实力相互削弱，从而造成帝国主义链条中“最薄弱的地方”。在这里，“社会主义在一个国家（即使这个国家的资本主义不大发达）内取得胜利是完全可能的，是可以肯定的。”在这一文章里，斯大林运用这些理论批判了托洛茨基的一国不能建成社会主义的理论。他认为，依靠一国的力量，借助国内的工农联盟，是同样能够建成社会主义的。应该说，当时斯大林提出的“一国胜利论”，对苏联坚持无产阶级社会主义方向，以及把握苏联社会发展的前途，都具有巨大的历史意义。

最终，斯大林提出的“一国建成社会主义”方针在俄共（布）1925 年 4 月召开的第十四次代表会议上得以通过。同年 5 月，斯大林在《俄共（布）第十四次代表会议的工作总结》中，从理论上进一步论证了这一方针。随后，斯大林在 1926 年 12 月 7 日召开的共产国际执行委员会第七次扩大全会上的报告中，全面论述了“一国能够建成”论，并提出一国建成社会主义的标准就是在斗争进程中战胜和消灭本国的资产阶级。

41　参见顾学宏：“苏联高度集中的工业管理体制形成的原因”，《杭州师院学报（社会科学版）》，1987 年第 2 期。

斯大林的“一国能够建成”论充分考虑了苏联当时所处的社会历史状况，结合了马列主义的一般原理，同时继承和发展了马克思主义关于东方落后国家进行社会主义革命的理论，是对苏联社会主义建设实际经验的科学总结。俞良早教授的研究认为，斯大林的这一理论包含着丰富的内容：其一，在帝国主义链条“最薄弱的地方”，一个国家的无产阶级能够首先夺取社会主义的胜利，即能够首先夺取政权、巩固政权和建成社会主义；其二，社会主义在苏联建成的标准是：苏联无产阶级依靠本身的力量战胜本国的资产阶级，即建立社会主义经济基础，消灭资本主义生产关系；其三，一国建成社会主义的基本问题是，正确处理无产阶级同农民之间的关系，正确处理社会主义工业同农业之间的关系；其四，苏联对世界资本主义经济的一定的依赖性，不妨碍苏联保持经济上的独立性和一国建成社会主义；其五，必须把“一国能够建成社会主义”同“免除外国武装干涉”两个问题区别开来。[42]

斯大林关于“一国建成社会主义”的理论，形成于苏联结束国民经济恢复时期刚刚结束，开始向社会主义过渡的时候。当时，就革命事业何去何从的问题，党和无产阶级与布尔什维克党内的反对派进行了激烈的论战，斯大林提出的“一国建成社会主义”理论能科学地说明这一问题，是苏联历史发展的需要。社会主义建设对当时经济文化都相对落后的苏联而言，是一项全新的事业。由于缺乏现成的可供借鉴的经验，因此在制定国家经济建设的路线、方针和政策时，党内出现了各种分歧，加之掺杂着各个派别之间的权力之争，使这一问题更加复杂，也更加难以解决。单就斯大林“一国能够建成”论产生的过程来看，由于受各种因素的干扰和局限，这一理论并没有根据实际情况进行更为深入的研究和科学的论证。因此，“一国

42　参见俞良早：“关于斯大林‘一国能够建成社会主义’理论的探讨”，《湖北大学学报》，1990 年第 3 期。

能够建成”论存在重大理论缺陷的事实就在所难免，它的社会主义建成的标准相比马克思、思格斯所设想的社会主义社会建成的标准而言，则大为降低。按照马克思、思格斯的社会主义社会建成的标准是：消灭阶级统治、消灭阶级，消灭私有制，商品生产和商品交换也随之消失。而斯大林把社会主义社会建成的标准仅归结为消灭本国的资产阶级，抹煞了马克思主义关于社会主义社会标准中的消灭工农差别和一切阶级差别，消灭阶级统治的科学内容。本国资产阶级的消灭，可以通过对资本主义私有制的社会主义改造，通过社会主义国家所有制和集体所有制的途径来完成。而消灭工农差别和一切阶级差别以及消灭阶级统治，则需要在消灭了资本主义私有制后，在此基础上充分发展生产力，使国家所有制和集体所有制进化为同一种性质的社会主义所有制，在这种情况下，商品交换和货币流通随之不复存在，这时消灭工农差别和一切阶级差别、消灭阶级统治才有可能实现。相比而言，斯大林提出的社会主义社会建成的标准被大大降低了，由此在历史上也带来了一系列的副作用。由于斯大林确定的社会主义社会建成标准较低，所以容易给人造成一种错觉，似乎社会主义的建成指日可待，这导致在实践中存在急躁冒进的倾向，不顾社会发展的客观条件而盲目片面地追求所谓的高速度，“力争”早日实现社会主义。在关于苏联社会主义建成时间的问题上，列宁认为，需要一两代人的时间，他说：“我们的下一代会更发达一些，但也不见得能完全过渡到社会主义”。“我们知道现在我们还不能实行社会主义劳动制，希望我们的儿子也许孙子能把这种制度建成也就好了。”然而，按照斯大林的要求，苏联要在 10−20 年的时间内建成社会主义。事实上，苏联于 30 年代中期就宣布建成了社会主义，这与斯大林所确定的社会主义标准较低不无关联。苏联宣布建成社会主义时，虽然生产力水平有所提高，国力也有所增强，但人们生活水平仍然很低。尽管实现了生产资料所有制的社会主义改造和国民经济各部门的技术改造，但阶级斗争依旧存在，工农差别远没有消失，社会主义民主和法制还很不健全，各种运动此起彼伏。苏联宣布建成的社会主义成了样板，东方许多新生的社会主义国家在二次世界大战结束后，以苏联建成的社会主义为样板，照搬了苏联建设社会主义的模式，放弃了适合本国国情的社会主义道路的探索，使所有的社会主义国家在建立初期都出现同一化的趋势，也使本国的社会主义建设事业走了很大的弯路，教训是极为深刻的。其主要原因之一就是因为完全参照了苏联的社会主义建设模式，过早地宣布建成了社会主义。

三、苏联社会主义模式（斯大林模式）的形成

苏联的社会主义模式是学术界研究的一个热点，有关的著述和学术著作很多。[43] 它是以列宁、斯大林为首的联共（布）中央同持不同意见的各反动派的争论过程中，在苏联建国、实现社会主义工业化、农业全盘集体化和大规模的肃反运动、实行第一、第二个五年计划的过程中，在军事共产主义的基础上逐步形成的，是政治、经济、文化等方面高度一体化的中央集权社会主义。

与新经济政策的逐步结束和党内斗争的不断激烈相对应，高度集中的社会主义政治经济体制在苏联也随之形成。党内斗争的直接结果就是党内民主范围日益缩小，党内监督体制失去了应有的独立性，党政不分让位于以党代政。而新经济政策的终止使一个排斥市场调节、以部门管理为主、高度集中的计划经济体制展现在人们面前。

“斯大林模式”是指斯大林的社会主义建设理论和实践，其主要理论观点是，在一个贫穷落后的国家夺取政权，建立社会主义制度后，若要迅

43　参见［南］马尔科维奇、［美］塔克：《国外学者论斯大林模式》，北京：中央编译出版社，1995 年。

速跨越“卡夫丁峡谷”[44]，实现国家现代化，必须在所有制上实行全民所有制；在国民经济管理上实行集中的计划经济；在经济发展战略上优先发展工业，尤其是重工业；在政权建设上实行一党专制。[45]

“斯大林模式”作为社会主义的一种发展类型，涉及到许多方面，但经济和政治无疑是最重要的两个方面。它具有如下主要特征：其一，在经济方面，是高度集中的计划经济体制：（1）在所有制结构方面，不允许其它经济成分的存在，实行单一的公有制，包括全民所有和集体所有两种形式。在阶级结构上，只存在与之相适应的工人阶级、农民阶级和知识分子；（2）非均衡的经济结构，即忽视轻工业和农业的发展，优先发展重工业，特别是集中优先发展军事工业，形成以重工业占绝对优先地位的畸形经济结构，这也是苏联工业化的基本特征。苏联在第一个五年计划期间（1928–1932 年），工农业总产值中工业产值的占比高达 70.7%；（3）在管理体制方面，以高度集中的行政手段来管理经济，实行管理权与经营权的统一，主要以部门管理为主，中央部门将宏观经济和微观经济的决策权集于一身，直接通过发布命令和做出决议的办法，用行政组织的手段实现企业的人力、财力、物力以及产、供、销大权的支配；（4）在经济运行机制上，实行指令性的计划经济，具有高度集中性、广泛性和指令性的特点。这种经济与商品经济完全对立，苏联国内主要的计划指标，包括经济生活的各个领域，均由国家自上而下集中制定，企业没有任何的自主权。所制定的计划一旦经过最高苏维埃批准，就成为具有法律效力的文件。其二，在政治方面，是高度集中的以党代政的领导体制，具体体现在：（1）

44 卡夫丁峡谷在古罗马的卡夫丁城附近。公元前 321 年，萨姆尼特人在此击败罗马军队，并以羞辱的方式让罗马战俘从峡谷通过。马克思用“用卡夫丁峡谷”比喻资本主义的社会形态及其弊端。

45 参见于幼军：《社会主义学说的第三次飞跃》，广州：广东人民出版社，1995，第 196–198 页。

党内实行总书记的个人集权，党的领导机关直接管理国家，国家机构从属于党的领导机关；（2）领导干部自上而下实行委派制和终身制；（3）党内缺少民主和法制监督，说好不说坏的奉承和机械式的举手程序成为所谓的民主之风，在行政官僚盛行之下，人民的监督权限日益缩小，各种社会团体的作用明显被弱化；（4）盛行个人崇拜之风，具体表现是始于 1929 年斯大林 50 岁生日之际的大规模的造神运动，全国上下利用各种宣传手段和传播媒体，在各种场合对斯大林进行各种形式的歌功颂德，凸显其丰功伟绩。此外，斯大林的苏联社会主义模式在对外关系上，还表现为长期处于封闭和半封闭的状态之中，恪守“一国建成社会主义”和“两个平行市场”的教条，将社会主义与资本主义对立起来。实现这种社会主义的基本标准，既不是生产力发展的水平，也不是人民群众生活的富裕程度，更不是国家政治制度上的民主化，而是以行政手段对社会各方面的控制，其最大的特点就是与资本主义的对立性。[46]

苏联的社会主义模式，根据其形成和发展基本可分为以下 4 个阶段：

（一）1900—1924 为初创阶段。以列宁为代表的布尔什维克在与孟什维克等其他党内外反对派的争论中，逐步确立了布尔什维克在俄国革命中的领导地位。

（二）1924—1929 年为准备阶段。以斯大林为首的联共（布）中央在同托洛茨基和布哈林的争论中，提出“一国建成社会主义”的理论，确定了工业化和农业集体化的方针，从而完成了理论上、方针政策和组织上的准备工作。

（三）1929—1936 年为确立阶段。1929 年终止了新经济政策的实现，实行工业化、农业集体化和第一、第二个五年计划。1936 年宣

46　参见孔寒冰:《中苏关系及其对中国社会发展的影响》，北京: 中国国际广播出版社，2004 年，第 97—102 页。

布社会主义在苏联基本实现，标志着苏联模式的确立。

（四）1937–1953 年为发展和强化阶段。通过组织编写《联共（布）党史简明教程》、《辩证唯物主义与历史唯物主义》、《政治经济学教科书》等官方权威性读本，将苏联模式理论化和程式化，并将其推广到其它社会主义国家。

1936 年 11 月，在苏联第二个五年计划即将提前完成之际，斯大林在《关于苏联宪法草案》的报告中正式宣布："我们苏联社会已经做到在基本上实现了社会主义，建立了社会主义制度，即实现了马克思主义者又称为共产主义第一阶段或低级阶段的制度。这就是说，我们已经基本上实现了共产主义第一阶段，即社会主义。"[47]

苏联模式虽然在一定时期对苏联的经济发展起到了一定的作用，但也存在着许多缺陷，产生了严重的消极后果。政治上，上世纪 30 年代由基洛夫被刺引起的大清洗运动和一系列政治运动，造成了许多冤假错案，无辜受害者数以万计，加之长期没有得到平反，这种积怨与不满最终酝酿形成了苏联社会极端主义和保守主义两大政治思潮，成了埋藏在苏联社会内部的定时炸弹。经济上，苏联高速发展的重工业，尤其是军事工业，是以牺牲轻工业和农业并且归根结底是以牺牲人民群众物质生活的水平为代价的。1952 年，苏联农业机械化率虽已达到 87%，但人均占有粮食只有 432 公斤，还不及 1913 年沙皇俄国时期人均占有的 540 公斤。[48] 而斯大林 1929 年推行的农业全盘集体化和创建的集体农庄制度是他实施"一国建成

47　参见《斯大林选集》（下），北京：人民出版社，1979，第 399 页；转引自：周作芳，"'一国建成'论与斯大林社会主义观的变迁"，《华北电力大学学报（社会科学版）》，2004 年第 2 期，第 6 页。

48　参见周尚文等著：《新编苏联史(1917–1985)》，上海：上海人民出版社，1990，第 498–499 页。

社会主义”理论的关键部分。它把农业变成了绝对为工业化服务的部门，用牺牲农业、剥夺庄员利益的办法，使集体农庄为工业发展提供了原始的积累，不仅提供了资金和粮食，还提供了工业原料和劳动力，从而保证了工业化的顺利实施。应该说，推动农业全盘集体化的集体农庄制度是斯大林社会主义建设的核心内容之一。没有它就没有单一的计划经济，就没有高度集中的政治体制，也就没有斯大林式的苏联社会主义模式。[49]

49 参见徐天新："历史漩涡中的斯大林——《苏联史》第四卷《斯大林模式的形成》的特色"，《探索与争鸣》，2014 年第 9 期。

第二章

毛泽东关于中国向社会主义过渡的最初设想

新中国成立后，面临着重重困难和严峻考验。财政经济上，国民党留下的是一个国民经济濒临崩溃的烂摊子。在这种情况下，中国共产党实事求是地确立了发展新民主主义的建国方略，旨在通过发展资本主义来恢复国民经济。新民主主义革命胜利后建立一个新民主主义社会，这是以毛泽东为代表的中国共产党人的一个重大的战略构想。根据这一社会构想，中华人民共和国建立后继续搞一段时间的新民主主义，待条件基本成熟后再转变到社会主义。1949 年底，毛泽东在全国政协一届常委会第二次会议的讲话中，提出了国民经济恢复和发展的总体设想，即“三年五年恢复，十年八年发展”。到 1951 年，毛泽东明确概括为“三年准备，十年计划经济建设”，这是建国初期我国恢复和发展国民经济的总的指导思想。

第一节 毛泽东新民主主义理论的形成

列宁在1920年提出过“落后国家可以不经过资本主义发展阶段而过渡到苏维埃制度，然后经过一定发展阶段过渡到共产主义阶段”的设想，但是由于缺乏实际的经验，未能形成成熟的见解。在这个问题上，中国革命创造了新经验。毛泽东在1940年1月写成的《新民主主义论》一书，对于受十月革命影响、无产阶级及其同盟者的政治力量比较强大而资产阶级的反帝国主义反封建主义的民主革命积极性比较薄弱的国家，革命人民应该建立一个怎样的国家，在这个国家里政治、经济、文化的制度，以及国家前途等问题，在该书中都作了系统的阐述。

一、新民主主义理论的形成过程

新民主主义理论是以毛泽东为主要代表的中国共产党人在马克思列宁主义基本原理与中国革命具体实践相结合的基础上，不断进行理论创新和实践探索而形成的关于中国人民革命的理论，它经历了一个从提出到完善的历程。目前，理论界普遍认为毛泽东的新民主主义理论主要包括两个方面的内容，即新民主主义革命理论和新民主主义社会理论。

毛泽东在1939、1940年之交，接连发表了《〈共产党人〉发刊词》、《中国革命和中国共产党》、《新民主主义论》等文章，首次在中国旗帜鲜明地提出了新民主主义的完整理论，并对它作了系统而清晰的说明。其中不仅回答了当前时局中提出的种种问题，而且回答了中国现阶段民主革命和未来建设新中国的一系列根本问题，这在马克思主义中国化的历史进程中是一次飞跃。

大革命时期，特别是十年内战时期，毛泽东通过对中国社会尤其是农村所进行的大量实地调查研究，对中国当时的国情有了较为深刻的了解和认识。与此同时，他撰写了大量有关中国革命问题的署名文章，阐述自己对中国革命前景的思考和真知灼见。进入抗日战争时期后，结合国内外的局势和革命的特点，中国共产党对此有了更加清晰和全面的认识，这为形成新民主主义理论奠定了基础。

毛泽东在 1939 年 5 月 1 日发表的《五四运动》一文中谈到："二十年前的五四运动，表现中国反帝反封建的资产阶级民主革命已经发展到了一个新的阶段。" 5 月 4 日，在毛泽东所作的题为《青年运动的方向》讲演中，把正在进行着的中国革命称作是"我们中国反对帝国主义和封建主义的人民民主革命"。他说："这个革命，资产阶级已经无力完成，必须靠无产阶级和广大人民的努力才能完成。"它在打倒帝国主义和封建主义以后，要"建立一个人民民主的共和国"，"建立人民民主主义的制度"。"它比起现在这种半殖民地半封建的状态来是不相同的，它跟将来的社会主义制度也不相同。"但是毫无疑义的，"中国将来一定要发展到社会主义去，这样一个定律谁都不能推翻。"[50]

毛泽东在这两篇文章中明确提到：中国反帝反封建的民主革命从五四运动起已经发展到一个新的历史阶段，它的完成需要依靠工人阶级、农民阶级、知识分子和进步的资产阶级作为革命的力量，工人阶级是革命的领导阶级。在这些势力的推动下，要建立的是一个人民民主主义的共和国，它既不同于半殖民地半封建状态、又不同于社会主义制度，但将来一定要发展到社会主义去，这个定律谁都不能推翻。这些论述说明，毛泽东的新民主主义理论已在他的酝酿和思考中，只是还没有来得及进行系统的论证和说明，还未最终将"新民主主义"这个明晰的概念提出来罢了。

50 参见[美]罗斯·特里尔：《毛泽东传》(1893-1949)，北京：人民大学出版社，2006，二十三、新民主主义的理论，http://www.fox2008.cn/Article/2009/20090315000000_16622.html

1939 年 12 月，毛泽东在与其他几个在延安的同志合作写作的一个课本《中国革命和中国共产党》中，最早提出了新民主主义这一科学概念。该课本中的第一章“中国社会”是别人起草后经他修改定稿的，而第二章“中国革命”是毛泽东自己写的。《中国革命和中国共产党》最早刊发在延安出版的《共产党人》上。后经毛泽东自己审定，在建国后被收入《毛泽东选集》。在该文中，毛泽东第一次把资产阶级民主革命区分为两个阶段，分别为旧民主主义革命和新民主主义革命，并明确指出：“所谓新民主主义的革命，就是在无产阶级领导之下的人民大众的反帝反封建的革命。”毛泽东在这篇文章中得出的最主要的结论是：中国社会的殖民地、半殖民地、半封建性质决定了现阶段中国革命的性质，不是无产阶级社会主义的，而是资产阶级民主主义的革命。它不同于旧式的、一般的资产阶级民主主义的革命，而是新式的、特殊的、被称之为“新民主主义”的资产阶级民主主义的革命，它是在无产阶级领导之下的人民大众的反帝反封建的革命。他指出，“中国的社会必须经过这个革命，才能进一步发展到社会主义的社会去，否则是不可能的。”

另外，毛泽东还指出，新民主主义革命势必带来两个方面的结果：一方面，资本主义会有一个相当程度的发展，但资本主义发展道路上的障碍物一定会被扫清；另一方面，社会主义因素在不断发展，最终会使中国革命的前途是走向社会主义，而不是走向资本主义。

1940 年 1 月，陕甘宁边区文化协会第一次代表大会在延安召开。毛泽东在会上作了长篇演讲，题目是《新民主主义的政治与新民主主义的文化》。[51] 一个月后，这篇演讲在《中国文化》创刊号首发，之后几天又在《解放》第九十八、第九十九期合刊上登载，但题目改为《新民主主义论》。

51　参见温济泽：“听毛泽东讲新民主主义论》”，载《征鸿片羽集》，北京：当代中国出版社，1995，第 473 页。

至此，毛泽东的“新民主主义论”正式形成。

二、建立新民主主义社会的构想

毛泽东在《新民主主义论》一文中明确指出，中国革命所建立的社会是新民主主义社会。他说：“目前的中国革命是新式的资产阶级民主主义的革命，还不是无产阶级社会主义的革命。这个革命决不是也不能建立中国资产阶级专政的资本主义的社会，而是要建立以中国共产党为首领的中国各革命阶级联合专政的新民主主义的社会。然后，再使革命向前发展，以建立中国社会主义的社会。”[52]

此外，毛泽东还概括性的阐述了中国革命的历史特点和革命的路径，主要特点有两条：第一，中国革命是无产阶级的社会主义的世界革命的一部分，而且是伟大的一部分。第二，中国革命的历史进程必须分两步走，第一步是进行新民主主义的革命，第二步才是进行社会主义的革命。[53] 而且他还强调，第一步的革命时间会相当长，绝不是一朝一夕就能够完成的。至于革命的路径，毛泽东则在论述民主革命和社会主义革命之间的关系时指出：“民主革命是社会主义革命的必要准备，而社会主义革命是民主革命的必然趋势。”“完成新民主主义革命，并准备在一切必要条件具备的时候把它转变到社会主义革命的阶段上去，这是中国共产党光荣的伟大的全部革命任务。”[54]

52　参见《毛泽东选集》第二卷，北京：人民出版社，1991，第 671-672 页。

53　参见“新民主主义论”，《毛泽东选集》合订本，第 626 页；转引自范守信：“1949-1956 年党的战略指导方针的变化及其历史经验”，《党史研究与教学》，1989 年第 5 期。

54　参见“中国革命和中国共产党”，《毛泽东选集》合订本，第 614 页；转引自范守信：“1949-1956 年党的战略指导方针的变化及其历史经验”，《党史研究与教学》，1989 年第 5 期。

在《新民主主义论》中，毛泽东为这个新国家描绘出一幅完整的宏伟蓝图，他说：“我们要建立的这个新社会和新国家中，不但有新政治、新经济，而且有新文化”。

关于新民主主义的政治，毛泽东指出，在中国，事情非常明白，谁能领导人民推翻帝国主义和封建势力，谁就能取得人民的信仰。历史已经证明，中国资产阶级是不能尽此责任的，这个责任就不能不落在无产阶级的肩上了。他说：“中国无产阶级、农民、知识分子和其他小资产阶级乃是决定国家命运的基本势力，他们必然要成为中华民主共和国的国家构成和政权构成的基本部分，而无产阶级则是领导的力量。现在所要建立的中华民主共和国，不是资产阶级专政的共和国，也不是无产阶级专政的共和国，只能是在无产阶级领导下的一切反帝反封建的人们联合专政的民主共和国，就是新民主主义共和国。[55] 这是国体问题，就是社会各阶级在国家中的地位。还有一个政体问题，即政权构成的形式问题，可以采取人民代表大会制度，实行真正普遍平等的选举，并由各级代表大会选举各级政府，这种制度即是民主集中制。只有民主集中制的政府，才能充分地发挥一切革命人民的意志，也才能最有力量地去反对革命的敌人”。总之：“国体——各革命阶级联合专政。政体——民主集中制。这就是新民主主义的政治，这就是新民主主义的共和国”。[56]

关于新民主主义的经济，毛泽东主张将大银行、大工业、大商业收归国家所有。他指出：“在无产阶级领导下的新民主主义共和国的国营经济，是社会主义性质的，是整个国民经济的领导力量。”[57] 在新民主主义共和

55 参见吴宏亮：“马克思主义中国化的经典之作——毛泽东《新民主主义论》的历史启示”，《马克思主义与现实》，2008 年第 4 期。

56 参见《毛泽东选集》第二卷，北京：人民出版社，1991，第 676-677 页。

57 参见《毛泽东选集》第二卷，北京：人民出版社，1991，第 678 页。

国中，容许私人资本主义经济（即民族资本主义经济）的存在和发展。毛泽东早在1935年12月就指出：“人民共和国在资产阶级民主革命的时代并不废除非帝国主义的、非封建主义的私有财产，并不没收民族资产阶级的工商业，而且还鼓励这些工商业的发展”。他说：“任何民族资本家，只要他不赞助帝国主义和中国卖国贼，我们就要保护他。在民主革命阶段，劳资间的斗争是有限度的。人民共和国的劳动法保护工人的利益，却并不反对民族资本家发财，并不反对民族工商业的发展，因为这种发展不利于帝国主义，而有利于中国人民。”[58]在《新民主主义论》中，毛泽东还指出：“新民主主义共和国并不没收其他资本主义的私有财产，并不禁止‘不能操纵国民生计’的资本主义生产的发展，这是因为中国经济还十分落后的缘故。”新民主主义共和国要实行“耕者有其田”的政策，并且在此基础上发展合作经济。他说：“这个共和国将采取某种必要的方法，没收地主的土地，分配给无地少地的农民，实行中山先生‘耕者有其田’的口号，扫除农村中的封建关系，把土地变为农民的私产。农村的富农经济，也是容许其存在的。这就是‘平均地权’的方针”。毛泽东还指出：“在这个阶段上，一般地还不是建立社会主义的农业，但在‘耕者有其田’的基础上所发展起来的各种合作经济，也具有社会主义的因素”。[59]此外，毛泽东还指出：“中国的经济，一定要走‘节制资本’和‘平均地权’的路”，“决不能让少数资本家少数地主‘操纵国民生计’，决不能建立欧美式的资本主义社会，也决不能还是旧的半封建社会”。他说：“这就是革命的中国、抗日的中国应该建立和必然要建立的内部经济关系。这样的经济，就是新民主主义

58 参见《毛泽东选集》第二卷，北京：人民出版社，1991，第159页，转引自陈娟：“毛泽东的新民主主义社会理论研究”，《东北师范大学博士论文》，2007年11月。
59 参见《毛泽东选集》第二卷，北京：人民出版社，1991，第678页。转引自陈娟：“毛泽东的新民主主义社会理论研究”，《东北师范大学博士论文》，2007年11月。

的经济。而新民主主义的政治，就是这种新民主主义经济的集中的表现”。[60]

关于新民主主义的文化，毛泽东说：“所谓新民主主义的文化，一句话，就是无产阶级领导的人民大众的反帝反封建的文化。”他说：“在‘五四’以前，中国的新文化运动，中国的文化革命，是资产阶级领导的，他们还有领导作用。在‘五四’以后，这个阶级的文化思想却比较它的政治上的东西还要落后，就绝无领导作用，至多在革命时期在一定程度上充当一个盟员，至于盟长资格，就不得不落在无产阶级文化思想的肩上。这是铁一般的事实，谁也否认不了的。”因此，毛泽东指出：“所谓新民主主义的文化，就是人民大众反帝反封建的文化”。“这种文化，只能由无产阶级的文化思想即共产主义思想去领导，任何别的阶级的文化思想都是不能领导了的。”“所谓新民主主义的文化，一句话，就是无产阶级领导的人民大众的反帝反封建的文化”。[61] 这种新民主主义的文化是“民族的科学的大众的文化”。他说，在现时，毫无疑义，应该扩大共产主义思想的宣传，加紧马克思列宁主义的学习。但是，既应把对于共产主义的思想体系和社会制度的宣传，同对于新民主主义的行动纲领的实践区别开来；又应把作为观察问题、研究学问、处理工作、训练干部的共产主义的理论和方法，同作为整个国民文化的新民主主义的方针区别开来。

毛泽东在这篇文章里，再次谈到了马克思主义中国化的问题。他说：“形式主义地吸收外国的东西，在中国过去是吃过大亏的。”“中国共产主义者对于马克思主义在中国的应用也是这样，必须将马克思主义的普遍真理和中国革命的具体实践完全地恰当地统一起来，就是说，和民族的特点相结合，

---

60 参见《毛泽东选集》第二卷，北京：人民出版社，1991，第 678-679 页。

61 参见《毛泽东选集》第二卷，北京：人民出版社，1991，第 698 页，转引自陈娟：“毛泽东的新民主主义社会理论研究”，《东北师范大学博士论文》，2007 年 11 月。

经过一定的民族形式，才有用处，决不能主观地公式地应用它。”[62]

在《新民主主义论》中，毛泽东不但明确论述了新民主主义社会的政治、经济和文化，而且明确论述了它的发展前途等一系列的问题，从而把中国共产党所要建立的新民主主义国家的政治、经济、文化的基本特征和具体内容都清晰完整地为人们勾勒了出来。

新民主主义理论的提出，为中国人民指明了一条适合中国国情的夺取民主革命胜利、建设新中国的正确道路，标志着马克思主义同中国革命实践相结合的毛泽东思想已经日臻成熟。理论中一系列的观点和论述构成了对中国新民主主义社会全面而科学的认识，标志着毛泽东的新民主主义社会理论的正式形成。

第二节 新民主主义社会的建立及毛泽东向社会主义过渡思想的确立

马克思在《哥达纲领批判》中明确指出：“在资本主义社会和共产主义社会之间，有一个前者变为后者的革命转变时期，同这个时期相适应的也有一个政治上的过渡时期，这个时期的国家只能是无产阶级专政”。[63]

在中国，按照《新民主主义论》，新中国成立后意味着新民主主义革命的胜利，同时意味着要开始建设毛泽东所勾勒的新民主主义的社会。之后经过新民主主义社会各方面的充分发展，再向社会主义社会进行过渡。建国初期，毛泽东对恢复和发展国民经济问题，对新民主主义社会向社会

62 参见《毛泽东选集》第二卷，北京：人民出版社，1991，第706-707页。

63 参见《马克思恩格斯选集》第3卷，北京：人民出版社，1995，第314页。

主义社会过渡的问题，都作了相关的论述。

一、新民主主义社会的建立

毛泽东根据中国当时的特殊国情，将马克思主义的过渡时期理论进行了进一步的细化，还借鉴了列宁过渡时期的理论，创造性地提出中国从半殖民地半封建社会到社会主义社会之间就应有一个过渡的时期。因此，当民主革命取得胜利之后，无产阶级建立了自己的政权，以毛泽东为核心的中国共产党马上着力开始部署新民主主义社会的各项建设，力争在新民主主义条件下快速实现国家的工业化，然后再向到社会主义进行过渡。按照毛泽东原来的设想，新民主主义建设的时期至少在十年、二十年以上。

建国前夕，毛泽东在 1949 年 3 月召开的中国共产党七届二中全会上作了报告。他不仅详细分析了新中国所面临的经济状况，还在此基础上阐述了新中国的经济方针和社会发展方向。毛泽东明确指出："中国革命在全国胜利，并且解决了土地问题以后，中国还存在着两种基本的矛盾。第一种是国内的，即工人阶级和资产阶级的矛盾。第二种是国外的，即中国和帝国主义国家的矛盾。"[64] 工人阶级和资产阶级的矛盾作为社会的主要矛盾，当然要通过社会主义改造的办法来解决。他说："中国革命胜利、新中国建立后的任务是迅速地恢复和发展生产，对付国外的帝国主义，使中国稳步地由农业国转变为工业国，把中国建设成一个伟大的社会主义国家。"[65]

之后，《中国人民政治协商会议共同纲领》（以下简称《共同纲领》）在 1949 年 9 月 21 日至 30 日北京（当时尚称为北平）召开的中国人民政治协商会议第一届全体会议上通过，它实质上是建设新民主主义社会的一

64 参见《毛泽东选集》第四卷，北京：人民出版社，1991，第 1433 页。

65 参见《毛泽东选集》第四卷，北京：人民出版社，1991，第 1437 页。转引自陈娟："毛泽东的新民主主义社会理论研究"，《东北师范大学博士论文》，2007 年 11 月。

个纲领，在一定时期内起着临时宪法的作用。在纲领中不仅描绘了新民主主义社会的蓝图，规定了新民主主义社会的各项政策，还明确指出了新中国是以工人阶级为领导、工农联盟为基础的包括城市小资产阶级和民族资产阶级的人民民主专政的国家，新中国的社会主义性质是新民主主义社会而还不是社会主义社会。

建国初期的头三年，中国共产党团结一致，带领全国人民，严格按照《共同纲领》的宗旨进行新民主主义社会的建设，并且仅用了短短三年时间，就迅速恢复了遭到严重破坏的国民经济。

二、向社会主义过渡思想的确立

1951 年 2 月，毛泽东提出“三年恢复，十年计划经济建设”的思想，即进行三年的经济恢复建设后，再进行十年的新民主主义计划经济建设，之后再向社会主义过渡。这表明，毛泽东在向社会主义过渡的问题上有过一个清晰的思考和筹划，打算要经过一段相当长的时间，先搞好新民主主义社会建设，待有了明显成绩后再转向社会主义社会。但是三年之后，正当全党和全国人民努力建设新民主主义社会的时候，毛泽东就开始主张在全国进行大规模的社会主义改造，并与党中央其他领导人酝酿过渡时期总路线问题。

1953 年 2 月毛泽东在湖北视察时，在孝感地委负责人的谈话中提到了这一过渡时期。他认为从新民主主义到社会主义是一个渐变的过程，需要采取“走一步算是过渡一年，两步两年，三步三年，在 10 年到 15 年或更多一点时间内，基本上完成国家工业化及对农业、手工业、资本主义工商业的社会主义改造。”[66]

66 参见薄一波：《若干重大决策与历史事件的回顾》（上卷），北京：中共中央党校出版社，1991，第 215 页。

然而，在1953年6月的政治局会议上，毛泽东却首次明确提出了过渡时期的总路线。所谓“过渡时期总路线”，其实就是旨在明确社会主义改造的任务，强调各项工作要以实现向社会主义过渡为中心的方针。[67] 两个月后，毛泽东对过渡时期总路线又作了一次完整的表述。他说：“从中华人民共和国成立，到社会主义改造基本完成，这是一个过渡期。党在这个时期总任务，是要在一个相当长的时期内，基本上实现国家工业化和对农业、手工业、资本主义工商业的社会主义改造。这条总路线，应是照耀我们各项工作的灯塔，各项工作离开它，就要犯右倾或‘左’倾的错误。”[68] 过渡时期的总路线的提出，标志着党的指导思想和政策基础开始从以《共同纲领》为标志的新民主主义转向苏联模式的社会主义。它不同于原来的新民主主义社会理论，而是毛泽东开始考虑向社会主义转变的又一个新设想，它的提出和实行对共和国的历史和中国社会主义的建设产生了深远的影响。可以说，新民主主义社会作为一种社会经济形态，尚未充分展开就被强行终止了，这其中苏联对中央决策的转变所起到的作用不可忽视，而中共对苏联“一边倒”政策的制定及苏联答应大规模援助中国是毛泽东最终放弃新民主主义社会的一个重要外部推动力。[69]

1949年2月，中共领导人同秘密到访西柏坡的联（布）中央政治局委员米高扬会谈时，刘少奇和毛泽东都先后与米高扬谈到了关于过渡阶段的问题，并强调这个阶段离不开苏联对中国的帮助。刘少奇说：“我们认为，同新民主主义国家比较起来，我们的过渡阶段将是漫长的，只有在苏联和

67 参见“党在过渡时期的总路线(1952年8月)”，《建国以来毛泽东文稿》第4册，北京：中央文献研究出版社，1990，第301页。

68 参见中共中央文献研究室编:《毛泽东传(1949-1976)上》，北京: 中央文献出版社，2003，第253-254页。

69 参见徐成:“论中苏关系对毛泽东社会发展战略嬗变的影响”，《毛泽东思想研究》，2005年第1期。

新民主主义国家的帮助下，才能够顺利地把我国变成社会主义国家。”1949年2月6日，毛泽东向米高扬概括地介绍中央的经济政策问题时说：“在中国，工业只占10%，90%是解放前受封建主义、资本主义和外国帝国主义三重压迫下的个体的、分散的半宗法式的经济。在中国有9,000万农户，囊括了3.6亿人口。其中，10%是贫农，他们是工人阶级的同盟军。领导权属于无产阶级。我们给了农民土地，但没有给他们急需的工业品，因为我们没有。如果我们不把工业发展起来，那就不能给农民供应工业品，那就意味着我们会丧失对他们的领导。我们高兴的是，苏联向我们提供了热诚的支持和援助，但是只靠外援是不能取得胜利的。因此，我们通过工会、通过国家干预商业来降低价格，通过向工人和市民出售粮食、燃料和商品来捍卫工人的利益；通过吸引贫农加入生产和消费合作社来捍卫农村贫民的利益；与此同时，我们也要使私营企业得到发展。在谈到过渡时期的长短时，他说，革命前，俄国拥有较发达的工业和7万多公里的铁路，而我们有4.7亿人口，只有2.6万公里的铁路，所以我们的过渡时期将比苏联更长，即便在苏联，在推翻专制政权12年之后，才创造了条件把富农作为一个阶级消灭掉。为了缩短过渡时期，我们将需要经济援助。我们认为只有从苏联和新民主主义国家才能获得这样的援助。”[70]

由此可以看出，在从新民主主义社会完成向社会主义过渡究竟用多长时间这一问题上，中国共产党参考了苏联的经验。为了确定中国向社会主义过渡时间的长短，据薄一波回忆，“当时测算过苏联进行社会主义改造的时间”。按1936年11月25日斯大林在全苏苏维埃第八次非常代表大会上所作的《关于苏联宪法草案》报告所讲的情况，苏联1924年开始社会主义改造，到1936年资本主义在国民经济各部门中被完全消灭，时间是13年。这期间，苏联工业总产值中社会主义与资本主义成分所占的

70　参见俄罗斯联邦总统档案馆，39号全宗，1号目录，39号案卷，第89-95张。

比重发生了很大变化：1924 年到 1925 年公有制占 76.3%，1935 年增长到 99.96%；在工农业总产值中工业所占的比重也发生了很大变化，1924 年至 1925 年工业占 32.4%，1933 年增长到 70.4%。[71] 这些材料表明，苏联从农业国变成工业国，从社会主义改造开始到完成，用了十年或稍多一些时间。那么，中国设想用 10 年到 15 年过渡到社会主义，还算是打了一点机动时间的。[72]

中国共产党不仅参照苏联确定中国社会主义改造所需要的时间长短，而且还把这一想法报告了斯大林，向他征求意见。刘少奇在 1952 年 10 月访苏期间，曾受毛泽东之托给斯大林写过一封长信，其中对中国过渡到社会主义所需要的时间和可能实现的条件作了分析。斯大林收到刘少奇的信后，非常重视。他在接见刘少奇时同意并赞扬了中国共产党关于从现在起就逐步过渡到社会主义的设想，他说："我觉得你们的想法是对的。当我们掌握政权以后，过渡到社会主义去应该采取逐步的办法，你们对中国资产阶级所采取的态度是正确的。"[73] 斯大林的这番话使中国共产党人备受鼓舞，也使中国共产党在过渡问题上的态度变得更加坚定，它对毛泽东和党内高层讨论过渡时期总路线的制定起了积极的促进作用。

综上所述，可以看出，有关从新民主主义向社会主义过渡的设想毛泽东原来计划建国后要搞 10–15 年或更长一段时间的新民主主义建设，集中力量实现国家工业化。然后在国家工业化取得重大进展之后，才可以对资本主义工业实行国有化，对农业实行集体化，一举完成向社会主义过渡。

71　参见代先祥："向社会主义过渡战略的嬗变——论苏联模式对过渡战略调整的影响"，《法制与生活》，2008 年第 3 期

72　参见薄一波：《若干重大决策与历史事件的回顾》（上卷），北京：中共中央党校出版社，1991，第 218 页。

73　参见中共中央文献研究室编：《毛泽东传（1949–1976）》，北京：中央文献出版社，2003，第 244 页。

但是由于主客观原因，这一时间后来被大大缩短。中国共产党在 1953 年正式提出过渡时期总路线，到 1956 年就完成了从新民主主义向社会主义的转变，仅用了三年左右的时间。[74] 也就是说，中国共产党大大缩短了新民主主义时期，提前向社会主义进行了过渡。导致这一转变的原因是多方面的，在笔者看来，其中新中国全面学习苏联和苏联对华的全面援助是一个关键性的因素，这对中国社会主义道路的选择产生了重要的影响。

74　参见王玉贵："党对列宁过渡时期学说的理解与我国的过渡时期总路线"，《党史研究与教学》，1995 年第 4 期

第三章

新中国恢复经济面临的困境和全面学习苏联方针的确立

中华人民共和国建立之初，百废待兴、百业待举，中国政府面临着恢复和建设经济、巩固国防等重大使命。中国人民的首要任务，就是要迅速恢复和发展中国的国民经济，使中国实现工业化。但实际的情况是，新执政的共产党在党内缺乏相应的管理人才，不知道如何建设一个新的国家。为此，不得不寻求国际的帮助。由于以美国为首的西方国家对新中国实行不承认和经济封锁政策，因此中国唯一能够寻求的就是苏联的援助了。

第一节 新中国经济建设所面临的困难

建国前，中国共产党主要活动的范围集中在农村，对于夺取政权后的大规模经济建设和城市管理知之甚少，在某些方面甚至几乎一无所知。一方面，建国初期国内的劳动力素质普遍较低，懂技术的劳动力和技术人员、管理人员均十分短缺。由于党内干部的匮乏，中国共产党在管理城市和经济方面显得力不从心，甚至为此延缓攻占主要工业大城市。另一方面，建国之初的中国经济的发展水平极其落后，现代工业企业几近空白。中共高层面临执政后未来国家建设和经济发展的各种问题时表示心中没底，需要全面向苏联学习。

一、干部文化水平低下，没有管理城市的经验

党内的干部大多来自农村，多半是年轻的党员，在面临发展经济的重任时，党内缺乏懂得技术和管理专家。越是临近全面掌握政权，中共就越感到对国家管理，特别是经济管理是个难题。根据中共中央委员会的资料，党员中 80% 都是农民，没有任何城市管理经验。在华东地区，在所有 24836 个党支部中，只有 214 个是工厂的工人党支部。在华北地区，党员中工人的比例只有 4.1%，而农民的比例高达 85%。按照党龄，中国共产党一多半的党员都是在日本投降之后入党的年轻党员。即使在老解放区占比重很大的华北地区，54% 的党员也是在 1945 年之后入党的，而且党内大部分党员的文化水平相当低。在华北，60% 的党员是文盲，13.6% 是半文盲，只有 18.7% 是初小毕业。[75]

建国后，面对全国恢复国民经济的艰巨任务，周恩来则坦言："除了财政困难，中国政府面临的另一大困难是技术干部严重不足。许多年来中国的革命是在农村发展的，老干部有在农村和军队工作的经验。但是，在 500 万党员、500 万部队官兵和 600 万职员中，几乎没有掌握现代技术知识的专家。最近几年从大学来的青年还没有足够的经验和专业水平。旧国

75　参见《科瓦廖夫给斯大林的报告》，1949 年 12 月 24 日，俄罗斯总统档案馆，3 号全宗，65 号目录，584 号案卷，第 123-144 张。

民党技术干部的水平也不符合中国工业化的要求。它将是中国工业化的一个主要障碍。”[76]

就全国范围来说，旧中国教育十分落后，1949年底，在校生占总人口的比例仅为4.76%，平均每万人中仅有大学生2.2人，中学生23人，小学生450人。教育水平低下导致全国劳动力素质普遍很低。据估计，在全国的就业人口中，具有初中以上文化程度者不超过5%。[77]从这些数据可想而知，建国初期技术工人、技术员和城市管理人员短缺到什么程度！

鉴于当时党内干部的构成和国内劳动力人口素质的现状，中国共产党在管理城市和经济方面明显力不从心，特别是即将接管上海、南京等经济大都市时，面临城市工业管理等问题有些不知所措。缺乏干部，特别是管理干部的问题比任何时候都显得尖锐，亟待解决。因此，在谈到占领大城市的问题时，毛泽东曾坦言，占领这些城市容易，可管理这些城市很难。此时，力争取得苏联的援助和支持显得尤为关键。

1947年至1949年初间，毛泽东曾多次致电斯大林，计划亲自访问莫斯科晋见斯大林，希望广泛听取联共（布）中央的建议和指导，讨论重建工业和请求援助和贷款。但历经一年半却没有结果。[78] 1949年1月底，斯大林派遣联（布）中央政治局委员阿·伊·米高扬（化名安德烈耶夫）秘密到访西柏坡，会谈取得了积极的成果。按照斯大林的指示，米高扬此行的真正目的在于“摸底”，会谈内容涉及：中共的政策、方针和在一些重

76　参见《罗申与周恩来的谈话备忘录》，1951年7月24日，俄罗斯总统档案馆，100号全宗，44号目录，322号案卷，第44-51张。

77　参见《1949-1952中华人民共和国经济档案资料选编·劳动工资和职工福利卷》，北京：中国社会科学出版社，1994；董志凯主编：《1949-1952年中国经济分析》，北京：中国社会科学出版社，1996，第194-195页。

78　参见沈志华：《无奈的选择——冷战与中苏同盟的命运1945-1959》，北京：社会科学文献出版社，2013，第79-87页。

大问题上的立场，讨论两党之间在国家关系方面存在的问题，苏联对中共进行经济和军事援助，以及中共在即将夺取政权后要实行的对内对外政策和发展道路等问题，这对两国关系的建立和发展以及促进两党加深了解和信任具有重要的意义。中共领导人详细向米高扬介绍了中国革命的内外形势、建立新政权后恢复和发展生产以及面临的艰巨的经济建设的困难以及对外政策等问题。在发展道路上，刘少奇明确告诉米高扬，中国将坚定地走社会主义道路。他说："中国向何处去是中共政策的基本问题。我们的目标是：通过加强计划经济的原则，逐步过渡到社会主义。向社会主义过渡将具有两个特点，即：时间的长期性和斗争的艰巨性。"同时，刘少奇还向米高扬指出，在中国共产党党内存在两种看法：一是尽力发展并依靠资本主义，向资本主义投降；二是急于建设社会主义。他请苏联同志给我们多出主意。[79] 在会谈中，中共领导人反复强调要向苏共学习，并表达了与苏共站在一起的决心。据苏联方面的档案记录，"毛泽东首先声明，我们大大落后于俄国，我们是幼稚的共产党人，并几次坚持说自己是斯大林的学生。在谈到党的队伍建设、理论学习、工业管理、城市工作、青年和妇女工作、民族问题已经农村合作化运动时，毛泽东和刘少奇都一再说到苏联经验的重要性，表明了学习的态度。会谈中除了向米高扬汇报中共的历史和现状，以及各个方面即将实行的方针和政策外，会谈中涉及内容最多的就是要求莫斯科方面向中国提供援助。为此，中共讲述了面临的困难，反复强调中共十分缺乏懂得城市工作和经济工作的干部。在谈到这个问题时，毛泽东强调："现在，最主要的问题是干部。我们挑选了大约 5 万 3 千人，准备派往不久前解放的地区。由于干部短缺，我们不能管理城市经

79　参见许文鸿：《中共"一边倒"政策的形成》，北京：知识产权出版社，2010 年，第 136 页。

济，因此也不应急于攻占上海。”[80]他在与米高扬的会谈中明确提出：“中国共产党需要联共（布）的全面帮助。我们需要两个顾问：一个是通晓经济问题的顾问，另一个是通晓财政金融问题的顾问。”[81]

在谈到城市管理问题时，毛泽东说：“战役的规模将继续扩大，我们即将面对的是工业问题，即上海、南京、芜湖、汉口和其他城市的城市经济问题。因此干部问题比过去任何时候都显得尖锐。现在我们培养的干部有5.3万名。干部来源于军队，复员军人将被派去城乡担任领导。培养干部的任务将落在康生身上。我们计算一下，在上海－南京战场上我们有90万人，武汉－广州战场上也有90万人，西安战场上有30万人，那这么一大批经得起战争考验，受过政治训练的战士将成为我们紧缺干部的补充力量。”[82]

而后，在1949年4月13日科瓦廖夫[83]致斯大林的电报中，毛泽东就“关于上海及其特点”的问题时再次提到：“占领这些城市容易，可管理这些城市很难。……上海及其市郊有800多万人。大工业、发电厂（20万 ）、自来水厂、有轨电车、无轨电车等，几乎都属于美国资本家。所以我们担心，如果情况复杂，美国会让整个城市的生活瘫痪。我们这种担心与我们缺乏管理这样大城市的经验有关。我们没有管理和经营发电厂、自来水厂、大型纺织厂和其他企业方面的专家。我们担心这点，毛泽东说，

80 参见《毛泽东同米高扬关于成立联合政府和新中国内对外政策等问题的第二次谈话》，1949年1月31日，俄罗斯总统档案馆，39号全宗，1号目录，39号案卷，7-16张。

81 参见《毛泽东同米高扬关于中苏关系以及中国国内问题的谈话记》，1949年2月4日，俄罗斯总统档案馆，39号全宗，1号目录，39号密卷，54-63张

82 参见《米高扬与毛泽东的会谈备忘录》，1949年2月6日，俄罗斯总统档案馆，39号全宗，1号目录，39号案卷，78-88张

83 伊万·弗拉基米洛维奇·科瓦廖夫（Иван Владимирович Ковалёв）（1901-1993）：1944-1948年任苏联交通人民委员（部长）；1948-1950年苏联驻中国经济专家组组长，联共（布）中央驻中共中央代表。

因此至今我们还没有下定决心占领上海。我们请求联共（布）中央，如果可能的话，派专家支援我们，在我们占领上海前派遣专门管理上海的专家。”[84]

通过这些解密档案的内容不难看出，中共在革命胜利之初，在许多问题上都寄希望于苏联的大力支持，期望新政权得到苏联的承认，并获得苏联全面的援助。

二、落后的经济发展水平和几近空白的现代工业

除了干部的短缺和劳动人口素质低下外，中共面临的另一个重大困难就是要在非常薄弱的工业基础上进行国民经济的恢复工作，而且这是在财政、物资都十分紧张的前提下。

中国经济当时的发展水平极其落后，现代工业企业几近空白，不能构成完整的工业体系。建国前，在国民经济中，个体农业手工业占 90%，近代工业只占 10%。工业的主要成分是轻纺工业、食品工业，缺乏重工业的基础。[85]连年的战争对国内的生产力造成了严重的破坏。农业生产力方面，1949 年全国牲畜比战前的 1936 年减少了三分之一，主要农具的数量减少了 30%，主要农作物产量由战前 1936 年的 15,000 万吨下降至 1949 年的 11,218 万吨，棉花产量由 1936 年的 84.9 万吨下降至 1949 年的 44.4 万吨。[86]工业生产力方面，1949 年工业总产值比 1936 年下降一半，其中重工业下降尤为严重，最重要的工业部门的生产规模远远落后于产量最高年代所达

84 参见《科瓦廖夫情况致斯大林的电报》，1949 年 4 月 13 日，俄罗斯总统档案馆，45 号全宗，1 号目录，331 号案卷，15–21 张。

85 参见陈夕：“156 项工程与中国工业的现代化”，《党的文献》1999 年第 5 期。

86 参见国家统计局：《中国农村统计年鉴（1989）；国家统计局：《建国三十年全国农业统计资料（1949–1979）》，1980。

到的水平。例如，1949 年煤产量只有 3350 万吨，也就是说，相当于最高年产量（1942 年）5870 万吨的 57%。在中国主要冶金基地东北，冶金工厂生铁的生产没有超过 15–17 万吨，也就是说，没有超过这些工厂最高年产量（1942 年）生产能力的 7%，而钢产量为 12–15 万吨，未超过成套炼钢设备生产能力的 11%。[87] 钢铁生产 1949 年比 1943 年降低了 90%，煤炭生产 1949 年比 1942 年降低 50%。到建国时，全国钢铁工业只有 7 座平炉、22 座小电炉，生产能力所剩无几。全国全部工业固定资产仅剩 124 亿元。[88] 东北电站发电量的比重占当时中国查明的生产能力的 50% 以上，1949 年发电量没过 1.4 亿千瓦小时，仅相当于 1944 年最高发电量的 31%。交通、通信的恢复建设面临重重困难，勉强能通车的铁路仅剩 1.1 万公里；长途电信的线路由于若干干线受损，直至 1950 年初，整个通信网尚分割成几片，互相不能衔接。[89]

此外，解放初期我国的科研水平十分落后，全国的研究机构包括社会研究机构在内，只有 40 家左右，研究人员只有 650 余人。这就意味着，科研机构和科研人员与全国 4.5 亿总人口的平均比例是：每 1125 万人口中只有一个科研机构，每 70 万人口中，只有一名科研人员。[90] 并且，从研究学科和门类来讲，空白和缺项非常多。对于国民经济和国防等急需的重要学科和现代化的一些科学研究工作，如同一张白纸似的一片空白。而同期

87 参见“伊・弗・科瓦廖夫就中共中央政策和实践中的所谓‘问题’给斯大林的报告”，1949 年 12 月 24 日，俄联邦总统档案馆，3 号全宗，65 号目录，584 号案卷，第 123–144 张。

88 参见曾培炎主编:《中国投资建设五十年》，北京: 中国计划出版社，1999，第 1 页。

89 参见《1949–1952 中华人民共和国经济档案资料选编・交通通信卷》，北京：中国物资出版社，1996，第 963 页。

90 参见聂荣臻：“在科学技术战线上”，《回顾与展望——新中国的国防科技工业》，北京：国防工业出版社，1989，第 50 页。

世界主要一些大国已经实现了现代化，我们与之的差距十分明显。此外，新中国要发展工业，特别是重工业，除缺少资金、设备等方面的困难外，最为奇缺的就是相关专业和学科的工程技术人员，特别是高级工程技术人员。

建国初期，我们还需要医治多年的战争创伤，生产力与科学技术水平的落后直接导致了新政府的财政困难。1949 财政赤字达到财政总支出的 46.4%。[91] 加之，恢复国民经济迫切需要的资金和物资，以及大量受过训练和有经验的专业人员被国民党在撤退前进行了大量的转移。缺钱、缺物、缺人，以及生产科研技术落后等诸多问题，都是新执政的中国共产党为恢复经济所必须面临的困难。

鉴于意识形态的原因，新中国当时可以指望的经济援助只能来自苏联和其它社会主义阵营的国家。正因如此，中国领导人在与米高扬会谈时，特别强调在恢复经济和发展生产方面需要苏联给予大力的帮助，除了寻求 3 亿美元的贷款，以及大量的物资援助外，主要就是需要大批的苏联顾问和专家，来帮助中国尽快恢复生产和经济建设。

三、党内高层缺乏领导经济的经验和相应的领导全国经济的机构

新中国经济恢复时期，党内高层缺乏领导经济的经验和相应的经济管理部门也是中共亟待解决的困境。毛泽东在会见米高扬时，曾坦言："我们将来的工作重心要转移到城市。在最近 20 年里，我们缺乏在城市居民中做工作的经验。"[92] 米高扬在谈到他与中共领导人举行了若干次会谈后留下的印象时指出：同我谈话的政治局委员们在谈论一般政治问题、党的

91 参见《1949-1952 年中华人民共和国经济档案资料选编》综合卷，北京：中国城市经济社会出版社，1990，第 120 页。

92 参见"毛泽东同米高扬关于中共当前任务的谈话记录"，1949 年 2 月 5 日，俄罗斯联邦总统档案馆，39 全宗，1 号目录，第 39 案卷，第 74-77 张。

问题、国际问题、农民问题和一般经济问题时，他们非常内行，充满自信。但是，他们在经济管理问题上知识贫乏。他们关于工业、交通运输和银行的概念很模糊。例如，他们没有关于战后国民党没收的日本财产的任何资料；不知道在中国有哪些重要的外国企业，以及这些企业属于哪些国家；没有外国银行在中国活动的任何信息。由此可以清楚地看出，为什么他们没有关于上述经济部门的具体计划。他们还不知道，哪些企业属于他们想没收的官僚资本，在解放区有多少这样的企业，其状况如何。他们没有关于北平和天津解放后两市的银行里还剩下什么的信息。他们所有的经济计划都是一般原则性的，没有努力使其具体化，甚至对在解放区他们所控制下的经济，也是如此。他们呆在闭塞的乡村，脱离现实。在谈话过程中发现，他们没有打算把大银行、大工业等作为国家经济支柱掌握在自己手中的具体计划。他们没有私营和国有银行数量的资料。在国有银行方面，他们说出了 4 个，具体是：中国银行、交通银行、中央银行和农业银行。所有这些银行在全国均有支行，但在哪些地方，业务规模多大，他们都不知道。[93]

对于未来的经济建设，由于党内没有领导经济的经验和相应的经济管理部门，毛泽东在 1949 年 5 月 12 日与科瓦廖夫会谈时，谈到未来经济发展问题时表示心中没底，要加快建立经济中心。[94] 随后，中共提交给斯大林的关于经济中心结构的草案，则效仿了苏联的行政计划结构。同月，刘少奇在题为《关于新中国的经济建设方针》的党内报告提纲中也提出：我们的干部还不懂得管理经济，大批最好的干部还在忙于军事，无暇学习经济。[95]

93　参见“刘少奇等同米高扬关于中国经济和中共经济政策的谈话记录”，1949 年 2 月 7 日，俄罗斯联邦总统档案馆，39 号全宗，1 号目录，39 号案卷，第 89-95 张。

94　所谓“经济中心”是指类似领导全国政治工作的中央书记处、领导和指挥全国军事工作的中央军委那样的领导和指挥全国经济工作的中央机构。

95　参见中共中央文献编辑委员会编辑：《刘少奇选集》（上），北京：人民出版社，1981，第 429 页。

1949 年 5 月 17 日，科瓦廖夫给斯大林的报告中提到，毛泽东同志在谈到经济问题时指出，不久前他跟民主人士座谈过，他们表示："你们共产党有政治、军事中心，这是你们力量的所在，但是你们没有经济中心，这是你们的弱点。"毛泽东同志说："我们了解自己的弱点，我们也感觉得到，不仅我们的领导人没有领导经济的经验，我们整个党都没有。我们好像是个将要出嫁的姑娘，知道自己会生孩子，可不知怎么生，但她知道出嫁后这种事是不可避免的。我们就是这样的。我们知道总的方向，怎样发展我国的经济，我们朝这方向努力，结果怎样，我们说不清，因为心中没有底。我们要加快建立经济中心。参加这个经济领导核心的应该是代表中国共产党中央委员会的党中央书记刘少奇，代表将来民主政府的中国共产党管理委员会委员陈云，以及作为苏联代表的您。"他说，"通过您，我将参与经济的领导工作，并施加压力。"在报告的最后，科瓦廖夫称："从 5 月 12 日到 17 日的 5 天里，陈云、王稼祥和我就未来的经济管理中心问题召开了会议，没有一个中国同志说出具体的建议，请求在交换意见的基础上勾画未来管理经济中心的结构，只拟订出了一个大致的结构。今天，5 月 17 日，在有毛泽东、朱德、刘少奇、周恩来、董必武、陈云、王稼祥和薄一波等同志出席的政治局会议上讨论了 6 个小时，没有提出实质性的意见。大家决定对这个问题再研究几天。毛泽东同志希望就成立经济中心问题与莫斯科磋商。随后将经济中心的结构转发给您。请您作出指示以便向中国同志提出建议。"[96]

5 月 22 日，政治局在毛泽东同志主持下继续讨论未来的经济中心问题。科瓦廖夫就此问题提出了自己的建议，并被采纳。内容包括："一、暂时仅限于研究经济中心中央机关的结构，而部局一级的结构需单独进行研究，

96　参见"科瓦廖夫给斯大林的报告"，1949 年 5 月 17 日，俄罗斯总统档案馆，45 号全宗，1 号目录，331 号案卷，50-51 张。

建议部局领导干部或预定要担任这项领导工作的干部详细拟订出部局的结构，并提交中央委员会审批；二、经济中心和行政管理部门的结构暂时只能算是草案，为了便于与行政管理部门的领导人和民主人士磋商，只有在磋商后才能最后批准。”[97]

科瓦廖夫把实际上是他拟定的建立中共“经济中心”的方案报告给斯大林。1949 年 5 月 26 日，斯大林给科瓦廖夫发来电报，要后者把他关于对中国建立经济核心思想问题的答复转告毛泽东，指出：“第一，建立行政经济核心的思想我们认为是正确的。对中共中央委员会制订的行政经济核心结构草案我们有几点看法：

（1）此草案仿效了苏联的行政计划核心的结构，而且太繁琐。这对目前的中国不切实际，要删繁就简。

（2）海关和边防军保卫边境对中国来说意义重大。海关可以给中国带来巨大的外汇收入。因此这件事应交给专门的部门主管。

（3）中国的私人企业不能与外国工业企业和金融企业相提并论，应该由不同的部门来管理。行政经济核心的哪些形式更适合中国的国情，我们觉得，中共中央比我们更了解。

第二，中国的行政经济核心，毫无疑问，应该由中国人士组成，因此科瓦廖夫不应加入这一核心组织。是否让科瓦廖夫当中共中央的顾问，如果需要，可以同时兼任经济核心的顾问。

第三，我们至今还未收到中共中央需要为协助上海组织经济核心和经济生活方面的苏联专家名单。我们请中共中央和科瓦廖夫同志一起制订一个名单后通知我们，这样我们可以在派遣苏联专家方面采取实际的措

97　参见“伊·弗·科瓦廖夫关于中共中央政治局讨论建立经济中心以及毛泽东谈军事行动计划和与美国大使联系情况等致斯大林的电报”，1949 年 5 月 23 日，俄联邦总统档案馆，45 号全宗，1 号目录，331 号案卷，第 66-69 张。

施。我们认为，苏联专家可以担任评审员，确定委派哪些中国同志到合适的岗位。”[98]

由此可见，中共不仅需要苏联在资金和技术方面的援助，而且在国家制度特别是经济管理制度的建设方面，也急需苏联的指导和帮助。

第二节 刘少奇率团访苏寻求苏联援助

如何建立新政权，如何恢复和发展经济，如何处理对外关系—这是毛泽东和他的战友们面临的崭新课题，也是摆在眼前急于解决的难题。中共迫切需要会见斯大林，向他汇报中国国内形势和中共关于建立新中国的构想，听取他的意见和建议，并获得苏联全面的援助。1949 年 4 月底，毛泽东通过科瓦廖夫再次向斯大林提出，想亲自访问莫斯科，询问何时为宜。但斯大林回答，希望毛不要急于来莫斯科，担心中国南方在复杂的形势下离开毛的指挥会给革命带来一定风险。由于国内形势的发展迫切需要和苏联加强沟通，因此，中共中央决定派刘少奇秘密出访苏联。

一、刘少奇率团秘密访问苏联

1949 年 6 月 21 日 –8 月 21 日，新中国成立前夕，以刘少奇为首的中国共产党代表团秘密访问苏联，代表团还有高岗[99]、王稼祥等。代表团 6

98 参见“斯大林给科瓦廖夫转毛泽东的电报”，1949 年 5 月 26 日，俄罗斯总统档案馆，45 号全宗，1 号目录，331 号案卷，73–75 张

99 高岗：1949 年 5 月起任中共中央东北局书记。同年 6 月至 1954 年 9 月任东北军区司令员兼政治委员，1950 年 11 月至 1954 年 4 月任党委书记。1949 年 8 月至 1953 年 1 月任东北人民政府主席兼人民经济计划委员会主任（至 1950 年 8 月）。

月26日到达莫斯科，8月14日离开苏联，其间，高岗于7月30日提前回国。[100] 刘少奇此次访苏的主要任务就是取得苏联对中国革命的理解以及在各个方面的支持和援助。[101] 此外，借此机会到苏联和政府的各重要机构或企业进行参观，充分学习苏联的建国经验，为新政权的建立做准备。

根据有关资料，刘少奇与斯大林共会晤了4次。其中正式会谈3次：6月27日和8月5日在克林姆林宫斯大林办公室的会谈，6月11日在克林姆林宫政治局会议室的会谈。7月27日斯大林在他的寓所孔策沃别墅设宴招待中共代表团。[102]

此外，刘少奇还就访苏安排、贸易问题和对外政策方面的事宜分别于科瓦廖夫、米高扬和外交部长维辛斯基举行了若干次正式会谈。苏联方面对此次中共高层的秘密访问做了充分的准备。在初次与刘少奇会见的6月27日晚，斯大林就爽快地答应了中共之前所提的援助请求，甚至还主动提出了其它援助内容，包括贷款、专家派遣、向新疆派遣歼击机、帮助建立中国自己的海军舰队以及飞机装配和修理工厂以及同意建立莫斯科和北平之间的空中航线等。刘少奇对斯大林给予的巨大帮助表示了衷心的感谢，并表示苏联向中国提供的异常优惠的条件，是历史上前所未有的，这些帮助体现在了中国生活和工作的各个方面。[103]

7月4日，中国代表团向苏共和斯大林递交了刘少奇签署的报告，就中国革命目前的形势、新政治协商会议与中央政府、关于外交问题、苏中关系问题等一系列重要问题向苏共汇报，交换看法。其中阐述了中共目前

100 参见金冲及主编：《刘少奇传》，北京：中央文献出版社，1998，第646、653页。
101 参见师哲：《在历史巨人身边》，北京：中央文献出版社，1991，第395页。
102 参见沈志华：《无奈的选择——冷战与中苏同盟的命运（1945-1959）》（上），北京：社会科学文献出版社，2013，第113页。
103 参见“斯大林与中共代表团会谈纪要”，1949年6月27日，俄罗斯总统档案馆，45号全宗，1号目录，329号案卷，1-7张。

面临的困难并急需援助的请求："中共长期处在农村游击战争的环境中，对外面的事情知道的很少，现在要来管理一个如此大的国家，并进行经济建设和外交活动，我们还需要学习很多东西。在这方面，联共（布）给予我们的指示和帮助，是十分重要的，我们迫切地需要这种指示和帮助。除苏联派专家来中国帮助我们外，我们还希望派一些苏联教授到中国来讲学，并由中国派一些参观团去苏联参观和学习，除此之外，派一些大学生去苏联学习。"[104] 斯大林表示同意，并在旁边加注了一个"好"字。为了表明中共对苏共的立场，该报告中在谈到中苏两党关系时说："关于联共（布）与中共的两党关系问题。毛泽东同志与中共中央是这样认为的：即联共（布）是世界共产主义运动的统帅部，而中共则只是一个方面军的司令部。局部利益应当服从世界利益，因此，我们中共服从联共（布）的决定，尽管共产国际已不存在，中共也没有参加欧洲共产党情报局。在某些问题上，如果中共与联共（布）出现分歧，中共在说明自己的意见后，准备服从并坚决执行联共（布）的决定。我们认为应该尽可能地密切两党的相互联系，相互派遣适当的政治上的负责代表，以便处理两党有关的问题并增进两党相互的理解。"报告提出："希望斯大林同志及联共（布）中央对中共的工作和政策，能够经常地不客气地给予指示和批评。"尽管斯大林不同意中共服从联（布）共的提法，在旁边加注了"不"字，但从字里行间，可以感受到中共决定倒向苏共的真诚态度，这对最大限度争取到苏联的援助也是非常重要的。[105]

104　参见"刘少奇给联共（布）中央和斯大林的报告"，1949 年 7 月 4 日，俄罗斯总统档案馆，45 号全宗，1 号目录，328 号案卷，11-50 张

105　参见沈志华："从西柏坡到莫斯科：毛泽东宣布向苏联"一边倒"——关于中苏同盟建立之背景和基础的再讨论（之二）"，《中共党史研究》，2009 年第 4 期。

二、刘少奇访苏取得的一系列成果

在为期一个半月的访问期间，中共与苏共领导人就中国革命形势、建国、发展经济、外交、中苏两党关系等交换了意见，商谈了一系列问题，包括政治、经贸、贷款、专家派遣、交通建设和文化交流等，双方就很多问题达成了一致。

为了全面了解和全面学习苏联经验，刘少奇通过科瓦廖夫向斯大林提交了访问日程和请求援助的清单。

（一）希望在莫斯科逗留的时间内了解：

（1）联共（布）的机构和党的机关工作；

（2）苏联国家的结构；

（3）经济机构、国民经济的规划和国家经济的管理；

（4）国内教育、文化工作的安排；

（5）群众组织（工会、志愿团体等）的结构和工作；

（6）参观工厂、集体农庄、国营农场和企业。[106]

（二）请求派遣各专业的苏联教授（包括马克思列宁主义理论教授）来中国高等院校讲课，但首先希望：

（1）派遣一批重要的经济管理干部（总局的领导人、厂长）去苏联一个半月至两个月，学习具体工业部门的工作；

（2）在苏联为中国建立一个专业的高等院校，学习人数 1,000 人。培养对象为：一、领导干部、工程师、技术员，学制为 1 年；二、中层领导干部，学制为 2 年；三、青年人，学制可达 5 年。这类高等学校的培养目标是工业、贸易、财政、法律等方面的专家。

106　参见“科瓦廖夫给斯大林的报告”，1949 年 7 月 6 日，俄罗斯总统档案馆，3 号全宗，65 号目录，363 号案卷，20-23 张。

对于第一个请求，苏联政府给予了周密的安排。在接下来的半个多月里（15日至26日），中共代表团同苏联国家党政机关的许多部门领导，如苏联国家计委、外交部、商业部、财政部、国家银行的负责同志进行了交流与座谈，并参观了许多工厂和集体农庄。[107] 此外，苏联方面还给中国代表团安排了与许多苏联专家的会见，以便就有关问题同这些专家进行询问与回答。

对于第二个请求，苏联同意接收一批中国经济管理干部赴苏进行短期学习。关于建立大学一事，略费了一番周折，最终确定了在中国由苏联帮助建立。斯大林在7月11日的会谈中表示："这是好事，有困难，但可以办。"[108] 7月25日，毛泽东复电刘少奇，说"同意在莫斯科建立一个中国大学。我们正需要学习苏联在各项工作中的和资产阶级不同的一套学说和制度，设立这样一个大学是很必要的。但经费应该讲明由中国担负为事宜。"[109] 7月29日苏共中央政治局开会专门讨论建立中国大学的问题。苏方提出把学校设在哈萨克斯坦的阿拉木图市。出于各种考虑，8月7日，刘少奇和王稼祥建议把这所学校定在北平，请苏联派教授过去为中国的干部和学生讲课。毛泽东复电表示同意。后经苏共中央外交委员会讨论并起草决议，派遣了苏联教育专家 П.И. 费森科和 В.Ф. 菲利波夫帮助筹建这所学校，这就是培养中国理论家和领导干部的摇篮——著名的中国人民大学。[110]

107　参见薄一波：《若干重大决策与事件的回顾》上卷，中共中央党校出版社，1991，第37-38页。

108　参见"刘少奇致中共中央电"（1949年7月18日），《建国以来刘少奇文稿》第1册，北京：中央文献出版社，2005，第30-39页。

109　参见中共中央文献研究室：《刘少奇年谱（1898-1969）》下卷，北京：中央文献出版社，1996，第219页。

110　参见沈志华：《无奈的选择——冷战与中苏同盟的命运（1945-1959）》（上），社会科学文献出版社，2013，第118页。

除此之外，刘少奇在苏联访问期间，还取得了如下积极的成果，包括党建合作、军事援助、签署贷款协议、专家派遣协定，以及向外交部取经等。7月11日，中共代表团参加了苏共中央政治局会议并就增进两党关系问题进行商讨；27日，刘少奇、高岗和王稼祥与斯大林、布尔加宁[111]、华西列夫斯基[112]讨论军事合作计划；30日，刘少奇与马林科夫[113]在克里姆林宫签署了贷款协定。当天下午，刘少奇还与苏联外交部长维辛斯基进行了三个小时的会谈，维辛斯基应中方的要求主要介绍了关于外交部的组织结构、工作形式和工作方法，关于培养、利用和配置干部，关于在其他国家中的全权代表机构和领事馆的组织、状况以及工作内容，外交舞台上斗争的基本原则和这一领域中最主要的经验以及对新中国中央政府在外交工作方面的建议。[114]8月9日，苏联部长会议开会讨论并做出了关于派遣苏联专家赴中国的决议。同日，刘少奇将专家派遣协定全文报请中央批准。10日，中共中央回电，同意照此签字。[115]最终，刘少奇带着220名苏联高级经济干部和工程师与他一同于8月14日离开莫斯科回国。王稼祥则留在莫斯科，与9日抵达莫斯科的张学思和刘亚楼一起与苏方就帮助中共建立航校和海校等问题继续协商。至此，刘少奇秘密访苏的使命基本圆满完成。尽管还有一些涉及国家和民族利益的关键问题未能达成一致，但毕竟开启了中苏结盟的具体运作。可以说，刘少奇访苏后，中苏战略合作的构架

111 尼古拉·亚历山德罗维奇·布尔加宁：苏联元帅，时任苏联部长会议副主席，苏联共产党中央政治局委员。

112 亚历山大·米哈伊洛维奇·华西列夫斯基：苏联元帅，时任苏联武装力量部部长。

113 格奥尔基·马克西米连诺维奇·马林科夫：时任苏联部长会议副主席。

114 参见“维辛斯基与刘少奇关于外交问题的会谈记录”（1949年7月30日），中译文载《党史研究资料》1998年第2期。

115 参见中共中央文献研究室、中央档案馆：《建国以来刘少奇文稿》第1册，北京：中央文献出版社，2005，第44页。

已经形成。[116]

综上所述，中苏两国领导人通过这两次秘密的高层访问，增进了相互间的了解与信任，确定了意识形态的共同认识，为缔结同盟关系奠定了基础。面临新中国国家建设的重重困难，中共最大限度的向苏联寻求经济和军事援助，还试图在国家管理、文化教育和体制建设等各个方面，积极借鉴苏联的经验，虚心向苏联学习如何建设一个社会主义国家。从这个意义上说，刘少奇这次访苏也是中国共产党人移植苏联社会主义模式的开端。[117]

第三节 毛泽东宣布“一边倒”的既定方针，掀起全面向苏联学习的高潮

毛泽东在与米高扬会谈时，就充分肯定了苏联对中国革命的援助，特别是对东北的军事援助，他强调：“苏联过去和现在都给予中国共产党很大的援助，为此中共非常感谢联共（布）。……如果没有苏联的援助，我们难以取得现在的胜利。苏联在东北提供的军事援助占你们给我们提供的全部援助的1/4，的确起了实质性作用。”同时，他还表现出了自己的亲苏情怀，并表示在中共内部对此有广泛的共识。米高扬的记录这样说：“在庆祝十月革命周年的那一天，他们强调说，中国应该站在以苏联为首的反对帝国主义的阵营一边。毛泽东最后说，对我们来说，中

116 参见 Chen Jian, “The Sino-Soviet Alliance and China's Entry into the Korean War”, Working Paper, № 2, 1992, CWIHP, p.15

117 参见孔寒冰：《中苏关系极其对中国社会发展的影响》，北京：中国国际广播出版社，2004，第64页。

间道路是没有的。”[118] 在 2 月 5 日的会谈中，毛泽东再次明确，斯大林关于中国革命是世界革命的一部分的指示，以及对南斯拉夫的谢米奇的民族主义的批判对他尤为珍贵。毛泽东几次强调，他是斯大林的学生，坚持“亲苏方针”。[119]

一、中共“一边倒”方针产生的背景

与米高扬在西柏坡进行多次会谈后，毛泽东更加坚定了向苏联靠拢的方针，并在党内公开提及这一点，就等时机酝酿成熟之际，即中共计划访苏后得到苏联明确援助中国的具体内容后再对外宣布倒向苏联。

1949 年 3 月 13 日，毛泽东在七届二中全会的总结报告中指出：“中苏关系是密切的兄弟关系，我们和苏联应该站在一条战线上，是盟友，只要一有机会就要公开发表文稿说明这一点。”[120] 这里所说的正是中共向苏联的“一边倒”既定方针，它的形成有其一定的背景。

第二次世界大战后，东西方出现冷战，世界分为社会主义和资本主义两大阵营，以后形成“北约”和“华约”两个军事集团，将东西方分割成两个世界市场。当时的美国从“遏制共产主义”的总战略出发，不愿断绝与国民党政府的关系而对新中国采取友好态度。而苏联方面，曾在中国共产党革命的各个阶段给予支持。战后国际形势发生变化并形成两大对立阵营后，中共多次表示自己站在以苏联为首的社会主义阵营一边。而斯大林

118　参见“毛泽东同米高扬关于中苏关系以及中国国内问题的谈话记录”（1949 年 2 月 4 日），俄罗斯总统档案馆，39 号全宗，1 号目录，39 号密卷，第 54-63 张。

119　参见“毛泽东同米高扬关于中共国内政策的谈话记录”（1949 年 2 月 5 日），俄罗斯总统档案局，39 号全宗，1 号目录，39 号密卷，第 64-73 张。

120　参见中共中央文献研究室：《毛泽东文集》第 5 卷，北京：人民出版社，1996，第 262 页。

在6月27日接待秘密访苏的中国代表团时，又明确表示了苏共对中共的立场，并决定向中共中央提供3亿美元贷款，按照1%的年利率，以设备、机器和各种类型的材料、商品的形式提供给中国，平均每年6,000万美元，为期5年，而中方将分10年进行偿还。除了资金方面的援助，斯大林还表示："我们准备在国家机构、工业和你们想要学习的所有方面，全面帮助你们。"[121] 这种表态对战后急于巩固新政权、恢复经济，又迫于各种困境的中共而言，具有十分重要的意义。

二、毛泽东公开宣布"一边倒"的方针

中美间的几次接触无果而终后，毛泽东从国内发展经济的需求出发，更加坚定了倒向苏联的决心，同时为避免斯大林的误会和疑心，尽快争取苏联的信任，毛泽东于1949年7月1日，即中国共产党成立28周年的纪念日之际，在《人民日报》发表了一篇题为《论人民民主专政》的文章，公开宣布了将要建立的新中国向苏联和社会主义阵营"一边倒"。这是中共在建立全国政权以前公开宣示的重要战略决策。文中说："一边倒，是孙中山的四十年经验和共产党的二十八年经验教给我们的，深知欲达到胜利和巩固胜利，必须一边倒。积四十年和二十八年的经验，中国人不是倒向帝国主义一边，就是倒向社会主义一边，绝无例外。骑墙是不行的，第三条道路是没有的。……不要国际援助也可以胜利。这是错误的想法……'我们需要英美政府的援助。'在现时，这也是幼稚的想法。现时的英美统治者还是帝国主义者，他们会给人民国家以援助？……我们在国际上是属于以苏联为首的反帝国主义战线一方面的，真正的友谊的援助只能向这

121 参见"斯大林与中共代表团会谈纪要"（1949年6月27日），俄罗斯总统档案馆，45号全宗，1号目录，329号案卷，1-7张。

一方面去找。”[122] 该文正式表明了以共产党为执政党的新中国将坚决执行“一边倒”方针、反对走“中间路线”的立场。

此后，7 月 4 日刘少奇在《致联共（布）中央和斯大林的报告》中进一步强调：“在国际活动的政策上，我们一定要与苏联一致。我们的政策就是要向苏联一边倒，如果不与苏联一起站在反帝国主义的阵营，而企图走中间路线，那是错误的。”[123]

9 月 3 日，刘少奇在北平向高级干部就他访苏会谈情况做报告时热情称颂了中苏友谊，他强调：“目前最重要的任务是重建经济，为此，我们需要苏联专家的帮助。中国必须在意识形态、政治、经济、技术、法律、组织、教育、文化等方面全面向苏联学习。”自此，中国拉开了一直到 50 年代末持续不断学习苏联经验的序幕。

此外，毛泽东在 1950 年 2 月 17 日结束首次访问苏联之行后，回国沿途特地参观了一些苏联的城市和工厂，特别留意考察了苏联经济建设的经验，一边参观工厂，一边询问和思索。苏联经济建设的成功经验对毛泽东产生了巨大的吸引力，他从苏联国家建设的历史中看到了中国未来的希望，即建立一个以大工业为基础的新中国。尽管中国当时还很落后，工业水平很低，但中国只要学习苏联的成功经验，就会很快的发展起来，像苏联一样，拥有自己的大工业，这对于领导恢复和发展中国经济的毛泽东而言，无疑是个巨大的鼓舞。随后，3 月 3 日到达沈阳后，毛泽东在东北局高级干部会议上，讲了他的访苏观感，更加明确了全面学习苏联经验的决心。他谈到：“我们参观了苏联一些地方，使我特别感兴趣的是他们的建设历史。他们现在的工厂有很大规模，我们看到这些工厂，好像小孩子看到了大人一样，

122　参见《人民日报》，1949 年 7 月 1 日第 1 版；

123　参见“刘少奇致联共（布）中央和斯大林的报告”（1949 年 7 月 4 日），俄罗斯总统档案馆，45 号全宗，1 号目录，328 号密卷，第 11-50 张。

因为我们的工业水平很低。但是，他们的历史鼓舞了我们。我们参观了列宁格勒、莫斯科、西伯利亚的几个工厂，我们看到了那些已经发展起来的农庄，问了这些工厂、农庄发展起来的历史。他们现有的许多大工厂在十月革命时很小或者还没有。汽车工厂、飞机工厂在十月革命时只能搞修理，和我们现在差不多，不能造汽车，不能造飞机。过了若干年以后可以造一些，但造的数目也很少。他们那时比欧洲小国丹麦造的还少，而现在一个工厂一年能造出几万台汽车。这一历史告诉我们一些什么呢？这就是说，我们可以从极小的修理汽车、修理飞机的工厂，发展到制造汽车、制造飞机的大工厂。其它方面，将来我们的发展也是很大的。现在没有的，将来我们可以制造出来。苏联同志告诉我们，我们会很快发展起来的。第一个社会主义国家发展的历史，就给我们提供了最好的经验，我们可以用他们的经验。”[124]

毛泽东第一次访苏及其在政治、经济方面所取得的成果，是对他提出的“一边倒”方针的成功实践。不仅维护了民族尊严和国家主权，还提高了中国的国际地位。毛泽东访苏期间所签订的《中苏友好同盟互助条约》、《关于中国长春铁路、旅顺口及大连的协定》和《关于苏联贷款给中华人民共和国的协定》，不仅固定了中苏友好合作的关系，还为巩固新政权和大规模恢复国民经济建设创造了良好的外部条件。

三、全国掀起全面学习苏联的高潮

新政权成立后面临的主要问题是如何迅速发展生产力，尽快建立自己独立的工业体系，实现工业化。毛泽东早在1944年就提出：“由农业基

124　参见“毛泽东在中共给中央东北局高级干部会议上的讲话记录”（1950年3月3日），转引自：中共中央文献研究室编，《毛泽东传（1949–1976）上》，北京：中央文献出版社，2003，第53页。

础到工业基础，正是我们革命的任务。”[125] 1949 年 3 月召开的七届二中全会也明确指出，要把中国由农业国转变为工业国作为奋斗的目标。中国既然选择了苏联的社会主义发展道路，也决心借鉴苏联的社会主义建设经验，就必然会选择优先发展重工业的苏联社会主义模式。随着苏联对华援助的展开，中国全盘接受了苏式的政权建设和经济管理思想，从理论到实践，从制度到管理，处处照搬苏联的经验，全国各行各业掀起了全面学习苏联的高潮。

1949 年 10 月 5 日，刘少奇在中苏友好协会总会成立大会上的报告中指出：“我们之所以特别重视和珍贵中苏两国人民的友谊与合作，还因为苏联人民所走过的道路正是我们中国人民将要走的道路。苏联人民建国的经验值得我们中国人民很好地学习。我们中国人民的革命，在过去就是学习苏联，‘以俄为师’，所以能够获得今天这样的胜利。在今后我们要建国，同样也必须‘以俄为师’，学习苏联人民的建国经验。现在苏联有许多世界上所没有的完全新的科学知识，我们只有从苏联才能学到这些科学知识。例如：经济学、银行学、财政学、商业学、教育学等等，在苏联都有完全新的一套理论，是世界其他国家所没有的。至于苏联进步的政治科学与军事科学那就更不待说了。苏联的文化完全是新的文化。吸收苏联新的文化作为我们建设新中国的指针，是中国人民目前的迫切任务。因此我们特别需要苏联人民的友谊的帮助与合作。”[126]

1950 年 10 月 25 日，中国志愿军入朝作战，使中国与西方本来就很紧张的关系更加紧张。中国不但无法从西方资本主义大国获得援助，而且连正常的贸易交往都无法进行。抗美援朝战争使中国在国际上的“一边倒”

125　参见“毛泽东给秦邦宪的信”（1944 年 8 月 31 日），参见《毛泽东文集》第 3 卷，北京：人民出版社，1996，第 207 页。

126　参见《中苏友好》（创刊号），1949 年。

政策更没有回旋余地了。中国除了接受苏联的全面援助，走苏联模式的社会主义道路，已别无选择。

1953年6月，党内基本确定了过渡时期总路线，决定进行社会主义改造，即向社会主义过渡。共产党也进一步明确了要“沿着苏联所胜利地走过的社会主义工业化和国民经济的社会主义改造的光荣道路”前进。[127]毛泽东在1953年2月7日的政协一届四次会议闭幕会上就已提出：“我们要进行伟大的五年计划建设，工作很艰苦，经验又不够，因此要学习苏联的先进经验。在这个问题上，共产党内、共产党外、老干部、新干部、技术人员、知识分子，工人群众、农民群众，他们中间都有一些人是有抵触的。他们应该懂得，我们这个民族，从来就是接受外国的先进经验和优秀文化的……我们现在学习苏联，广泛地学习他们各个部门的先进经验，请他们的顾问来，派我们的留学生去，应该采取什么态度呢？应该采取真心真意的态度，把他们所有的长处都学来，不但学习马克思列宁主义的理论，而且要学习苏联的先进科学技术，一切我们用得着的，统统应该虚心地学习。对于那些在这个问题上因不了解而产生抵触情绪的人，应该说服他们。就是说，应该在全国掀起一个学习苏联的高潮，来建设我们的国家。”[128]“学习苏联先进经验”成为举国上下喊得最为响亮的口号之一。[129]为响应毛主席学习苏联先进经验的号召，2月10日的《人民日报》社论还特别指出：“抱怀疑的态度、抱着一种侥幸的心理，东张西望，浪费时光，或以某些困难为藉口而不愿学习都是不允许的，因为苏联经验对我国建设事业的发

127 参见毛泽东：“祝贺苏联十月革命三十六周年给马林科夫的电报”（1953年11月5日），载《人民日报》，1953年11月7日。

128 参见《毛泽东文集》第六卷，北京：人民出版社，1999，第263-264页。

129 参见《建国以来毛泽东文稿》第3册，北京：中央文献出版社，1989，第615页。

展是有决定意义的。”[130] 8月26日，毛泽东在给军事工程学院题写的训词中写道：“向苏联学习，这是我们建军史上的优良传统，无论任何时候，任何工作部门，都应当如此。”“我们必须学习苏联的先进科学和技术知识，学习苏联军事工程建设的丰富经验，学习苏联顾问同志的学习态度和工作态度，学习苏联顾问同志高度的爱国主义和国际主义精神。在学习上应该是虚心诚恳，不要学一点就自满和骄傲”[131] 9月9日，中共中央专门下发《中共中央关于加强发挥苏联专家作用的几项规定》的文件，文中强调“正确地学习与运用苏联先进经验，是胜利完成我国各项建设任务的一个重要因素”，这进一步推动了全国向苏联学习的高潮。

伴随着各行各业全面学习苏联经验的这一过程，苏联社会主义模式自然而然在中国得以真正安家落户。虽然这种学习是全方面的，但首当其冲的还是理论上的学习，即学习苏联的马克思列宁主义理论。新中国成立不久，中国著名的马克思主义哲学家、理论家艾思奇在《人民日报》上发表署名文章，专门论述了向苏联学习马克思列宁主义的原因及对新中国的意义。他指出：“苏联是中国革命人民的导师，而首先和主要是中国人民马列主义理论的导师。”他认为，中国经济和文化的落后性，反动统治的残酷性，革命斗争的艰苦性，以及广大党员干部中间普遍存在的主观主义和教条主义，是中国人民学习苏联的主客观原因。由于马克思列宁主义理论知识掌握得不多，水平也不高，与中国所面临复杂的革命与建设任务不相适应，所以，广大的党员干部不仅要用极大力量来学习，而且要从头学习。他强调，在这里，我们除了自己要努力之外，就需要苏联兄弟的帮助。文中还号召多做苏联理论方面的介绍者，希望自己设法直接得到苏联同志们的教益。苏联在这方面过去对我们给过重大无比的帮助，今后当然还会给

130　参见“贯彻毛主席的伟大号召”，《人民日报》社论，1953年2月10日。

131　参见《建国以来毛泽东文稿》第4册，北京：中央文献出版社，1990，第309-310页。

我们同样重大的帮助。”[132] 应该说，向苏联学习马列主义，实际上更多的是学习斯大林亲自参与编写的教科书《联共（布）党史简明教程》。该书出版于 1938 年，曾被苏联、法国、意大利、英国、美国和德国等国的共产党誉为马克思列宁主义基础知识的“百科全书”，毛泽东也对此书加以盛赞，将它评价为“一百年来全世界共产主义运动的最高的综合和总结”[133]。《联共（布）党史简明教程》一书是对苏联模式经验和理论的全面总结，是苏联模式理论化的重要体现，它通过宪法的形式将苏联模式固定了下来。从内容上看，该书的主要特点集中在以下三个方面：一是，突出领袖个人，开始是列宁，后来是斯大林；二是，突出无产阶级反对资产阶级的斗争和党内的路线斗争；三是，突出苏联社会主义革命和社会主义建设在思想、政治和经济方面的经验。一直以来，《联共（布）党史简明教程》在中国长期被规定为“干部必读”书目，至 1956 年以前也是高校马列主义基础课的主要教材。应该说，这本书整整影响了几代中国人，改革开放前很少有党政干部没读过这本书。此外，1952 年 11 月 7 日，中共中央发出指示，要求全党高级干部组织学习斯大林的新作《苏联社会主义经济问题》，强调此书对于马克思主义是一重要发展，对于我国即将开始的大规模经济建设有巨大的指导意义。[134] 1953 年 4 月 23 日，中共中央再次向全党发出指示，规定干部理论学习的高级班和中级班在 1953 年 7 月到 1954 年 12 月的一

---

132 参见艾思奇：“学习苏联、学习马列主义”，《人民日报》，1949 年 11 月 7 日，转引自：孔寒冰，“‘一边倒’与苏联社会主义模式”，载《国际政治研究》，2001 年第 3 期。

133 参见“改造我们的学习”，《毛泽东选集》（第三卷），北京：人民出版社，1991，第 802-803 页。

134 参见中共中央办公厅、中央档案馆编研部编：《中国共产党宣传工作文献汇编（1949-1956）》，北京：学习出版社，1993，第 459-460 页，转引自沈志华，《无奈的选择——冷战与中苏同盟的命运》，北京：社会科学文献出版社，2013，第 317 页。

年半内，都要学习《联共（布）党史简明教程》第九章到第十二章，以及列宁、斯大林论社会主义经济建设的一部分著作。《指示》不仅规定了学习的时间、进度和方法，还明确了领导责任制，要求全党主要干部系统地了解苏联国家工业化、农业合作化和完成社会主义建设的基本规律。[135] 其主要目的就是在今后我国的经济建设中正确理解和利用苏联在这方面的经验。

除了引进的方式，学习苏联经验的重要方式还包括派遣党政干部到苏联实地考察。中共中央曾派遣各种派代表团到苏联取经。例如，早在 1950 年 2 月 2 日，毛泽东和周恩来还在莫斯科访问时，刘少奇亲自给斯大林写信，请求接待由党的组织部门领导干部组成中共代表团赴苏“研究联共（布）的组织工作经验”。代表团由 42 人组成，在苏联考察学习长达 3 个月。

伴随着国家政权的稳固和经济建设的全面展开，中国在党建、政治、经济、军事、科研的管理，以及文化、教育等领域，全面汲取苏联经验，效仿苏联模式展开社会主义国家建设。1953 年 2 月 13 日，在北京各界庆祝《中苏友好同盟互助条约》签订三周年大会上讲话，刘少奇指出：“从今年起，我国已经进入大规模的计划建设的时期。为了把我们国家的建设工作做好，我们必须努力向苏联学习，必须把虚心学习和运用苏联的先进经验看作是推进我们国家建设工作的首要条件之一。”[136]

与此同时，苏联在制订经济计划、建设和改造大型工业企业、教育改革、国防领域等多方面向中国展开了全面的援助。

135　参见《建国以来毛泽东文稿》第 4 册，北京：中央文献出版社，1989 年版，第 309-310 页，转引自：沈志华，“以苏为鉴：毛泽东对苏共二十大的最初反应和思考”，《暨南史学》，2004 年第 12 期。

136　参见刘崇文，中共中央文献研究室：《刘少奇年谱》下卷，北京：中央文献出版社，1996，第 159 页（电子版）。

第四章

苏联对华的全面援助

为了尽快恢复经济，保障国家安全，中共必须建立并加强与苏联的同盟关系，争取苏联的全面援助。1949 年 12 月 16 日，中央人民政府主席毛泽东首次访问苏联。1950 年 2 月 14 日，中国同苏联签订为期 30 年的《中苏友好同盟互助条约》，进一步从法律上固化了两国在政治和军事上的同盟关系。签订《中苏友好同盟互助条约》后，两国又缔结了贸易和经济合作协定。苏联政府不仅动员大量人力、物力，帮助中国编制经济发展规划，还通过项目援建、设备供应、提供低息贷款，以及派遣顾问和专家，帮助培养中国国家建设急需的各类技术和管理人才，从而帮助和推动了中国国民经济的恢复和发展。这样，通过人才的请进来和走出去，传授和学习了完全不同于资本主义的苏联的理论和制度。中国从政治、经济、文化等各个方面，全面复制了苏联的社会主义建设经验。

第一节 苏联帮助中国制定第一个国民经济五年发展计划

国民经济五年发展计划的制定源于苏联，是苏联国民经济远景计划的一种主要形式，它可以正确确定国家未来五年经济增长的实际资源需求，然后根据实际需求来拟定具体的生产和建设计划，以及国民经济各个部门之间和国家各地区之间的基本比例。苏联第一个五年计划的编制始于1925年，该计划于1928年开始实施。苏联通过五年计划的实施，迅速实现了工业化，成为经济强国。到1955年，苏联已实施了5个五年计划，苏联模式在这一过程中得以进一步固化。

新中国成立后，中国确定的经济方针就是要以建立苏联模式为目标，其核心是在经济恢复的基础上，逐步建立和形成以国有经济成分为主体的计划经济体制。随着经济建设大规模的展开，借鉴苏联国民经济发展计划的经验，然后制定和实施自己的国民经济五年计划，自然被提上了中共中央的议事日程。

一、中共中央决定编制第一个五年计划

1951年2月，中共中央政治局扩大会议根据国民经济发展的实际情况，做出“三年准备、十年计划经济建设”的重大决策。1953年元旦，《人民日报》发表社论，宣布我国经济恢复时期已经结束，今年将开始执行国家建设的第一个五年计划，要求立即着手开始五年计划编制的各项准备工作，并做出具体的部署。该计划的基本任务是依据党在过渡时期的总路线和总任务而确定的，是我国由新民主主义向社会主义过渡的重大步骤。这一计划的实施为实现社会主义工业化奠定了初步的基础。

“一五”计划从着手编制，到1955年提交第一届全国人民代表大会第二次会议审议通过，历时三年多的时间，先后提出过多个方案。一开始，由政务院中央财政经济委员会和1952年成立的国家计划委员会尝试编制过十年或十五年的远景发展规划，但都因为没有经验、地质资源情况摸不清、可供使用的统计资料极少，以及缺乏相关人才等因素，没有搞出成型的东西来。后来，向苏联学习，并得到苏联政府的具体援助，计划的编制工作就比较顺利了。[137] 究其原因，主要是在制定和准备实行国民经济发展的第一个五年计划时，中共对于计划经济缺乏整体的了解和统筹。正如毛泽东后来所说：“重工业、银行、统计、计划，我们完全不懂，完全没有经验，横竖自己不晓得，只好搬”。[138]

为了尽快落实和加强“一五”计划的编制工作，1952年初，根据周恩来总理的提议，中共中央政治局扩大会议决定成立组成领导小组，由周恩来、陈云、薄一波、李富春、聂荣臻、宋劭文6位同志具体负责“一五”计划的编制工作，以尽快拿出一个向苏联提出援助要求的基本依据。1952年5月21日至6月5日，中财委召开全国财经会议，对“一五”计划进行了深入而具体的讨论。根据当时的国际国内形势以及中国的实际情况，李富春同志提出，经济建设的重点要放在重工业，尤其是钢铁、燃料动力、机械军工、有色金属和化学工业等基础工业上，为我国工业化打下基础，而农业、轻工业和交通等事业应当围绕重工业这个中心来发展。[139] 陈云同志认为，今后要集中力量抓好地质勘察和人才培养，依靠现有基础，争取

137 参见薄一波：《若干重大决策与事件的回顾》上卷，北京：中共中央党校出版社，1991，第285-286页。

138 参见“毛泽东在成都会议上的讲话”（1958年3月10日），转引自沈志华，《无奈的选择——冷战与中苏同盟的命运》，北京：社会科学文献出版社，2013，第319页。

139 参见朱佳木：“在中国特色社会主义道路上实现中华民族的伟大复兴（上）”，《中共云南省委党校学报》，2012年第5期。

提高经济发展的速度。会后，经过反复研究和修改，于1952年7月向中共中央和政务院提交了《一九五三年至一九五七年计划轮廓（草案）》及其《总说明》，内容涉及煤矿、电力、石油、钢铁、有色金属、化工、机械、电器、交通、轻工、农业、林业和水利等行业，共计有二十五本小册子，这些文件对“一五”计划的方针任务和主要指标做了轮廓性的安排。[140]之后，周恩来在1952年8月主持起草了《三年来中国国内主要情况及今后五年建设方针的报告提纲》和《中国经济状况和五年建设的主要任务》，确定了今后五年经济建设的方针，其基本任务是：为国家工业化打下基础，发展农业，加强国防，逐步提高人民的物质生活和文化生活水平，并保证中国经济向社会主义发展。提出要在现有工业基础上发展，并准备和开始在中国大后方建立新的工业基地，工业建设必须采取苏联先进的统一的技术标准，并依靠苏联专家的指导和技术援助。[141]

二、周恩来率团出访苏联商谈一五计划的制定与中国工业化建设

为了征求苏联对五年计划轮廓草案的意见，并争取进一步的援助，1952年8月15日，周恩来亲自率领中国政府代表团一行六十余人前往苏联访问，与苏联政府商谈即将于1953年开始的第一个五年计划制定和中国工业化建设的问题，并就经济、军事、科技等方面的合作进行谈判。8月20日，斯大林与周恩来举行了第一次会谈，就“一五”计划制定中涉及的地质勘探、设备援助、技术资料提供、专家派遣、人才培养、军事装备等问题向苏联提出了帮助请求。[142]8月23日和28日，周恩来分别将有关文件的俄译本送交

140　参见房维中、金冲及主编：《李富春传》，北京：中央文献出版社，2001，第421－422页。

141　参见金及冲主编：《周恩来传》，北京：中央文献出版社，1998，第1070－1071页。

142　参见“斯大林与周恩来的会谈记录”（1952年8月20日），俄罗斯总统档案馆，45号全宗，1号目录，329号密卷，第54－72张。

苏联政府代表团和斯大林。双方约定，待苏联党政领导人看完这些文件后，中国政府代表团再与斯大林本人就具体内容进行会谈。[143] 苏联领导人看了中方的《草案》后认为，这还不能算是五年计划，不仅不是计划，即使作为指令也不够。[144] 因为，其中缺乏国家财政和金融方面的说明及各种重要产品的产量计算数据等，未指出设计、新建和扩建工业企业所必需的地质数据，也没有提出所需人员的数量等方案。9 月 3 日，斯大林与周恩来就五年计划方案的意见再次进行了会晤。周恩来强调："计划能否实现，取决于中国人民的努力和中国预计从苏联得到的援助。"斯大林在会谈中对计划的内容提出了一些原则性的具体建议，同意帮助中国设计一批重点工业项目，并提供设备和贷款。此外，斯大林还建议最好将计划留有余地，把总增长率规定为 15%，在年度计划中则定为 20%。但对劳动者必须提出超额完成计划的口号，这样计划就能超额完成。斯大林说苏联历来就是这样编制计划的，留有一定余地，因为总会出现一些不利的条件，总有考虑不周之处。[145]

10 月，刘少奇率领中共中央代表团出席苏共十九大会议，苏联国家计划委员会主席萨布罗夫同刘少奇、李富春举行会谈，就"一五"计划提出了一些重要的建设性意见。除了建议将国民经济建设计划的增速从 18% 降至 11–12% 外，还在设备供应数量、派遣专家和技术人才培养等方面提出了意见。

143 参见熊华源、廖心文：《周恩来总理生涯》，北京：人民出版社，1997，第 63 页。转引自：沈志华《无奈的选择——冷战与中苏同盟的命运》，北京：社会科学文献出版社，2013，第 279 页。

144 参见薄一波：《若干重大决策与事件的回顾》上卷，北京：中共中央党校出版社，1991 年，第 286 页。

145 参见"斯大林与周恩来的会谈记录"（1952 年 9 月 3 日），俄罗斯总统档案馆，45 号全宗，1 号目录，329 号密卷，第 75-87 张。

三、苏联帮助中国制定和完善第一个五年计划

计划中涉及的面比较广，且多数工业项目与苏联援助有关。由于计划中缺乏项目的具体数据，苏联方面强调，需要请国家计划委员会帮助研究计算各个项目后才能提供的准确数据，这样大致需要两个月的时间。因此，斯大林同意周恩来先行回国，由李富春率领近 50 人的代表团留下继续与苏联的有关部门广泛接触，商谈苏联援华的具体项目，等待苏方对《草案》做出具体答复。他们一直待到来年的 6 月，历时 9 个月的时间，在苏联帮助下完成了第一个五年计划。[146] 为了弥补自身经济知识的不足，提高综合业务能力，以便回国尽快胜任经济建设的艰巨任务，李富春率领的代表团特别请求苏联国家计委组织安排学习，传授相关的经济知识。苏方同意了这一请求，邀请了著名的经济学家，结合苏联经济建设的经验教训，在 1953 年 1 月 30 日至 2 月 26 日期间，为中国代表团成员举办了十几次的课程。每次讲 4—5 个小时，内容涉及马克思的剩余价值学说、国民经济按比例发展规律、国民经济两大部类的理论以及积累和消费、工资和劳动生产率增长比例的关系等等。在学习中，中方代表团成员不仅结合中国的建设实际，写心得体会，还将学习笔记、讨论提纲、讲课材料等整理出来，寄回国内，带领更多的人学习苏联计划经济建设的理论和实践经验。[147] 后来，这些材料由国家计委整理编辑出版，书名为《关于经济计划问题》。[148]

2 月，苏联组成以萨布罗夫为首的专家代表团，分组与中国代表团讨论研究中国的五年计划方案，并提出具体修改意见。1953 年 4 月 4 日，米高扬向李富春通报了苏共中央、苏联国家计划委员会和经济专家对中国

146 参见“斯大林与周恩来的会谈记录”（1952 年 9 月 3 日），俄罗斯总统档案馆，45 号全宗，1 号目录，329 号密卷，第 75-87 张。。

147 参见房维中、金冲及:《李富春传》，北京: 中央文献出版社，2001，第 437-439 页。

148 参见袁宝华: “赴苏联谈判的日日夜夜”，《当代中国史研究》，1996 年第 1 期。

“一五”计划的回复意见。其中，强调“一五”计划的基础是以重工业为主的工业化，并提出了十分具体的建议，如：建议工业年平均增速应安排在14–15%较为合适；建议加强地质勘探等发展经济的基础性工作；建议大力发展手工业和小工业来弥补大工业的不足；建议注重农业的发展，发展城乡物资交流；建议巩固人民币，扩大购买力，建议发展商品流通；建议培养自己的专家；建议技术人员的增速要高于工人的增速，但要扩大工业和建筑业中技师对工程师的比例等。从苏联的经验来看，国家工业化所面临的最艰巨的任务之一就是需要培养大量熟练业务的干部和从劳动人民中培养知识分子，因此报告中还对此专门提出建议，要专门做出培养熟练工人、干部和工程技术人员的计划。苏方的这些意见虽然立足于苏联的经验，但基本符合中国当时的国情，所以中方对此非常重视，这些意见也成为修改“一五”计划的重要参考。[149] 5月18日，库兹涅佐夫大使专程给周恩来和高岗送来了苏联国家计委关于中国“一五”计划任务的正式意见书，中方立即将此报告转给了毛泽东和中央有关领导，第二天中央就讨论通过了苏联的意见书，并于5月20日向莫斯科回文，以电话方式将中央的意见通知了李富春。[150] 至此，第一个五年计划的方案才算原则上确定下来。此后，又经过了反复的酝酿和讨论，最终于1955年2月完成编制，同年3月在中共全国代表大会上通过了关于这一计划的草案决议，并于7月5日由第一届全国人大第二次会议正式审议通过。“一五”计划对经济发展做出了全面的计划性安排，其内容包括绪言和11章，分别是：（1）第一个五年计划的任务；（2）第一个五年计划的投资分配和生产指标；（3）工业；

149　参见薄一波：《若干重大决策与事件的回顾》，北京：中共中央党校出版社，1991，第287–288页。

150　参见“苏联国家计划委员会关于中华人民共和国五年计划任务的意见书”，《中共党史资料》总第69辑，1999年3月，第1–4页。

（4）农业；（5）运输和邮电；（6）商业；（7）提高劳动生产率和降低成本的计划指标；（8）培养建设干部，加强科学研究工作；（9）提高人民的物质生活和文化生活的水平；（10）地方计划问题；（11）厉行节约，反对浪费。总计达 11 万余字。[151]

从以上简要的“一五”计划编制过程来看，苏联对中国制定这一计划提供了极大的帮助，不仅组织了专门的研究团队，多次审阅和帮助修改，还提出了许多宝贵的意见，传授了相关的知识。中国在工业建设、计划管理、金融、统计等方面，基本照搬了苏联的做法，就连“一五”计划的所有表格都是苏联专家、顾问帮助搞的。[152] 中国通过编制“一五”计划，不仅对国家的国情进行了全面系统的调查，同时也培养了大批计划工作干部和经济工作干部，为探索我国工业化发展道路积累了可贵的经验。根据“一五”计划的部署，中国在苏联的援助下开始了全面的工业化建设，并逐步向社会主义进行过渡。

第二节 苏联派出大批顾问和专家来华工作

苏联对华的物资和技术援助，在很大程度上是通过苏联派到中国工作的苏联顾问和专家实现的。应该说，派遣专家来华是苏联对华援助的重要方式，苏联专家对中国建国初期的经济建设发挥了巨大作用，他们以先进的技术和专业能力，通过自身丰富的经验言传身教，为中国的社会主义建

151 参见《中华人民共和国发展国民经济的第一个五年计划 1953-1957》，北京：人民出版社，1955，目录部分。

152 参见李越然：《李越然回忆录：中苏外交亲历记》，北京：世界经济出版社，2001，第 55 页。

设事业做出了贡献。

一、苏联派遣来华顾问和专家的规模

建国初期，鉴于国内外的形势，中国急需大量的顾问和专家，一方面是巩固新政权，保卫国家安全，另一方面是恢复经济，建设国家。根据最初负责专家工作的科瓦廖夫回忆，到中华人民共和国成立之初，在华苏联专家的人数已有600余人[153]，这个数字主要是指的是经济技术顾问。此外，当时来华的还有大量军事顾问和专家，总人数可达2,200余人，其中73%是军事人员。[154]他们除了帮助中国建设重要工程，更重要的是向中国传授了苏联社会主义建设中治国、治校、治厂的经验，这也使中国的各行各业，乃至行政体制和管理机制，都深深打上了苏联体制的烙印。

在此，需要说明的是，顾问与专家不同，其工作范围和职能有所差异。顾问一般都是苏联的高级干部，职务水平较高，如副部长、总局副局长或司局长等级别。来华后一般分配在政府各主管部门，大多是在政治、军事和行政管理部门，负责机构设置、规章制度、管理体制等方面的全面咨询工作。顾问一般可参与重大问题的决策，并协助解决。除文教专家和军事专家通常归入顾问的范畴外，其余专家基本都是专业技术人员。他们一般在企业或经济主管部门工作，帮助执行援助的项目，解决具体的技术问题。此外，与技术专家不同的是，苏联顾问有责任定期将关于自己的工作情况报告寄给莫斯科，而高级顾问则需要在一年内回国2–3次，直接进行汇报

153　参见 Ковалев Диалог Сталина с Мао Цзждуном // Проблемы дальнего востока, 1991, №6, с 84.（科瓦廖夫："斯大林与毛泽东的对话"，载《远东问题》1991年第6期，第84页》）

154　参见沈志华:《苏联专家在中国1948–1960》，北京：新华出版社，2009，第62页。

并接受指示。[155]

1950 年 3 月 27 日，中苏两国政府在莫斯科签订了针对派遣顾问和专家的《关于苏联专家在中国工作的条件之协定》。协定中规定：来华的苏联专家在中国各企业、各机关及各组织领导工作，接受中方领导，服从中方管理，工作期原则上限定为一年；中国以货币形式支付专家工资，工资标准应参照同等职务与资格的中国专家的工资水平；中国保证专家应享有的各项生活条件，如提供合乎标准的住所，供给食粮、工业品，提供工资之外的各项补贴等。[156] 同年 10 月 25 日，中苏两国政府又签订了《关于苏联专家派遣到中国负担技术援助之付款条件的协定》。两个文件原则上相同，只是支付方法不同。

实际上，大量的顾问和专家在中苏签订有关来华顾问和专家待遇及条件的协定之前，就已经开始在华工作了。中国政府对于苏联专家的到来给予了高度的评价，要求各单位积极配合，虚心向苏联专家学习。1949 年 8 月 27 日，在中共中央东北局召开的欢迎 220 名苏联专家来华的干部大会上，刘少奇发表重要讲话，他指出："苏联专家远道而来，他们把家属放在家里，把本身的工作也放下不顾，千里迢迢到中国来，这就是伟大的国际主义精神，我们要把他们当做很好的老师。"[157] 此外，在处理与专家关系方面，还提出了"有理扁担三，无理三扁担"原则。刘少奇指出，在工作中

155　参见俄罗斯联邦国家档案馆，8627 全宗，12 号目录，1239 号案卷，258–287 张。转引自 Заверская, «Советские специалисты и формирование военно-промышленного комплекса Китая (1949-1960 годы)»,1998,c.67.（[俄]扎维尔斯卡娅：《苏联专家与中国军工体系的形成（1949–1960）》，圣彼得堡国立大学历史学副博士论文，1998，第 67 页）

156　参见"关于苏联专家在中国工作条件的协定（1949 年 8 月）"，中国外交部档案：109-00192-01。

157　参见《建国以来刘少奇文稿》（第 1 册），北京：中央文献出版社，1998，第 58 页。

中国一方要严格要求自己，如果与苏联专家的关系搞不好，首先要从自身寻找原因，要承担搞坏关系的责任。为了充分发挥苏联专家的作用，消除他们在工作中因不了解中国国情而存在的种种弊端，中国特地要求有关部门加强与专家的沟通，不断帮助苏联专家了解中国各方面实际情况，从而在实际工作中提高援助工作的效率。1950 年 6 月，周恩来特地致信陈云，就如何帮助苏联专家了解中国国情提出具体意见。随后，周恩来于当年的 12 月 9 日批准了《关于加强专家工作的几项具体办法》。办法规定：（1）每月由周恩来、李富春、薄一波分别向苏联专家作一次关于中国政治情况和各种政策方针问题方面的报告，其主要目的就是促使苏联专家加深对中国的了解，提出与中国国情相契合的工作意见与更有针对性的建议；（2）将政府的各项政策性文件编译成俄文供苏联专家参考，便于他们更好的指导工作；(3)每个季度召开一次苏联专家工作汇报会议，便于及时了解情况，做出调整。此外，周恩来还要求外国专家局编制和印发了《专家工作通讯录》。这一办法进一步加强了对来华苏联专家的管理工作，为下一阶段大规模迎接苏联援华专家做好了准备。

为了弥补新中国干部、专业技术人才和管理人才的奇缺，及时学习现代技术和先进管理经验，中国不得不大量聘请一批苏联专家到政府经济部门、大型企业以及高等院校去工作，以便协助政府、企业和高校进行有效管理。在政府经济部门工作的苏联顾问，主要集中在中央各部委。例如在政务院中央财政经济委员会聘请的苏联顾问，主要是在计划、统计和经济核算等方面提出建议和协助处理问题。根据苏联中央的档案资料数据，仅 1954 年第一季度，苏联专家在中共中央和政府各部委担任顾问的就达 403 人，约占在华专家人数的三分之一。其中 318 人，即四分之三以上的顾问集中在北京。[158] 这些顾问在华的工作单位几乎遍及中央政府的所有部门，

158 参见 ЦХСД, ф.5, оп.28, д 187, л.15-19(现代史文献保管中心，5 号全宗，28 号目录，

从安全、军事、经济、情报，到教育、文化、体育、卫生，无所不在。即使是在中共中央的工作机构中，也有 20 名顾问（1954 年），他们主要在中央政治法律委员会和中共中央下属的马列主义学院和马克思－恩格斯－列宁－斯大林著作编译局工作。[159] 苏联专家和顾问在中国政治、经济体制及各项规章制度的构建方面发挥了重要的作用，就连《中华人民共和国宪法草案》也是在苏联专家的帮助下起草和制订的。[160]

苏联派出大批专家来华的高潮时期是在朝鲜战争结束后的 1953 年，中国开始实施以“一五”计划为核心的大规模经济建设后，各部门对于苏联专家的需求急剧增加。与此同时，苏联的新任领导人赫鲁晓夫调整了对华的政策，对中国进行了大规模的援助，由此形成了从 1954 年开始，一直到 1958 年的中苏关系“蜜月期”。出于政治上需要中共鼎立支持的目的，赫鲁晓夫进一步推动了中苏两党和两国的合作，苏联专家来华工作由此出现了高潮。

为了更好的学习苏联专家的经验，中共中央在 1953 年 9 月 9 日专门下发了一个文件，题为《中共中央关于加强发挥苏联专家作用的几项规定》，主要是为了能够在经济建设中正确地学习与运用苏联先进经验，强调这是

---

187 号案卷，15-19 张），转引自 Кейпл Д. Развенчание мифа о советско-китайском монолите, 1949-1960// Институт Всеобщей Истории РАН, Холодная война: новые подходы и новые документы, Москва, 1995, с.342.（[俄] 克伊普尔：《揭穿苏中大国关系的神话》，莫斯科：俄罗斯科学院世界历史所出版社，1995，第 342 页）

159　参见 ЦХСД, ф5, оп.30, д,228, л.98,（现代史文献保管中心，5 号全宗，30 号目录，228 号案卷，第 98 张），转引自：Заверскаяя,《Советские специалисты и формирование военно-промышленного комплекса Китая (1949-1960 годы)»,1998,с.65（[俄] 扎维尔斯卡娅：《苏联专家与中国军工体系的形成（1949-1960）》，圣彼得堡国立大学历史学副博士论文，1998，第 65 页）

160　参见沈志华：《无奈的选择——冷战与中苏同盟的命运 1945-1959》上，北京：社会科学文献出版社，2013，第 352 页。

胜利完成我国各项建设任务的一个重要因素。为此，政务院还决定在全国范围内组织所有的企业单位学习苏联的先进经验，总结学习苏联专家和发挥苏联专家作用方面存在的问题。

“一五”计划期间，来华的苏联专家主要集中在基础工业部门。到1954年底，在中国各厂矿企业的苏联和东欧各国专家，82.4%集中在重工业部、一机部、二机部和燃料工业部系统。[161] 在1954–1957年工业项目建设过程中，按照经济和技术合作协定，苏联除向中国提供了大量机器设备、设计图纸、技术资料和各种制品的生产许可证外，还派遣了近5,000名专家，其中1954年983名，1955年963名，1956年1,936名，1957年952名。[162] 在华工作的苏联专家人数在1956年底达到最高峰，为3,113人，其中技术专家2,213人，经济顾问123人，科学和文化领域的顾问和专家403人，军事顾问和专家374人。[163]

这些顾问和专家在华工作期间的主要作用体现在帮助中国在各个行业和企业内部推广苏联的先进经验和技术，并帮助建立和完善了自身的管理体系。以下从几个典型的部门，进一步说明苏联顾问和专家所发挥的作用。

二、全国总工会的顾问与专家

新中国成立以后，为了更好地肩负起新形势下的历史使命，全国总工

161 参见《1953–1957年中华人民共和国经济档案资料选编》固定资产投资和建筑业卷，北京：中国物价出版社，1998，第396页。

162 参见 Филатов Научно-техническое сотрудничество, с.24. 转引自：沈志华，《苏联专家在中国1948–1960》，北京：新华出版社，2009，第144页。

163 参见“谢皮洛夫致苏共中央的报告”（1957年1月4日），《中苏关系：俄国档案原文复印件汇编》第11卷，第2810–2813页，转引自：沈志华，《苏联专家在中国1948–1960》，北京：新华出版社，2009，第144页。

会（以下简称全总）曾多次邀请苏联工会代表团来华，介绍苏联工会工作经验，帮助培养工会干部，并指导全总更好的开展工会工作。根据时任全总国际部科长、俄文翻译的阎明复先生回忆，1949 年 12 月邀请的苏联工会代表团分有两个组，一个是以全苏工会中央理事会主席团委员、乌克兰总工会主席柯列班诺夫为组长的顾问组，团员有苏总工会劳动保护部副部长库兹聂佐夫、工资部副部长莫吉列夫。他们主要的任务是在全总机关帮助展开工会的管理工作。另一个是讲师组，由三位专家组成：一位是讲授国际工会运动史的日梅霍夫教授；第二位是讲授苏联工会运动史的马尔柯夫教授；第三位是讲授苏联工会实际工作教程的苏联机器制造业工会中央委员会主席柯列金工程师。他们此行的目的是在全总干校为中国的工会干部授课，帮助培养中国自己的工会干部。其中，科列金老师讲授的是《苏联工会实际工作教程》，主要系统阐述了“无产阶级专政”下工会的地位、使命和具体工作。这些知识对新中国的工会工作具有极大的参考价值，同时引起了学员们的极大兴趣。授课结束后，全总干校、工人出版社根据苏联专家的讲义内容进行整理，先后印刷出版的三本教材《国际工会运动史教程》、《苏联工运动史教程》和《苏联工会实际工作教程》。[164] 这些教材对中国在党领导下开展工会建设和实际工作具有重要的指导意义。

1951 年初，苏联总工会受邀派来了第二批工会顾问组。组长是工资专家叶夫斯特拉托夫，组员有社会保险专家谢苗诺夫、劳动保护专家库兹聂佐夫、文教专家库什聂鲁克。他们在全总的工资部、劳动保险部、劳动保护部和文教部工作，期间都参加了有关法规草案的起草工作。[165]

1953 年 9 月至 12 月，全总请来了第三批苏联专家，在天津干校举办了最后一期培训班。专家组组长为负责讲授工资问题的苏联铁路工会中央

164 参见阎明复：“在全总工作期间我见证的中苏关系”，《百年潮》，2010 年第 5 期。
165 同上。

副主席库良勃克，第二位是负责讲授劳动保护问题的苏联总工会劳动保护部副部长库兹聂佐夫，第三位是负责讲授机械工业部门技术安全的季托夫工程师。培训结束后，根据苏联专家的讲义出版的两本书：《苏联工会群众生产与工资工作教程》和《苏联工会劳动保护与技术安全教程》，对完善企业的工资制度和劳动安全制度起到了积极的作用。此外，苏联专家还专程赴东北考察，与劳动干部商谈，对中国企业在劳动管理方面普遍存在和急需解决的问题进行商谈，并给出具体的意见和建议。半年后，政务院根据全国总工会建议颁布制定了《国营企业内部劳动规则纲要》，并责成各企业主管部门根据该《纲要》，制定出本部门的劳动规则。[166]

苏联顾问和专家通过三期干校培训班，为中国工会干部传授了苏联的工会管理经验，对中国的工会组织来说是很好的借鉴。苏联通过这种援助的形式，为新中国培养了大批优秀的工会干部，完善了工会在劳动管理方面的体制建设。正是因为有了这些宝贵的经验，五十年代初，地方工会组织构架才得以逐步健全，产业工会随之逐步建立，基层工会的组织工作开展得有声有色。在组织生产竞赛、搞技术革新运动、开展合理化建议、评选先进生产者、劳动模范，还有推进职工业余教育、建设职工文化活动阵地等工作过程中，基本都是学习苏联的做法。比如，苏联的实践表明，组织劳动竞赛就是企业提高劳动生产率的最好途径之一。为此，中华全国总工会在 1954 年 1 月发出了《关于在国营厂矿企业中进一步开展劳动竞赛的指示》，指出："劳动竞赛是发展生产、实现国家的社会主义工业化的可靠保证，是社会主义建设的根本方法。"[167]此外，全总还借鉴苏联的经验，

166　参见《1953–1957 年中华人民共和国经济档案资料选编》劳动工资和职工保险福利卷，北京：中国物价出版社，1998，第 316–321 页。转引自：沈志华《苏联专家在中国 1948–1960》，北京：新华出版社，2009，第 154–155 页。

167　参见《1953–1957 档案・工业卷》，北京：中国物价出版社，1998，第 234 页。

对全国各行业的现行工资状况进行了调查，着手制定工资改革方案，逐步推行符合按劳分配原则的统一的工资制度，建立劳动保险制度，完善劳动立法工作。这些工作的顺利进行，都得到了苏联顾问和专家的帮助和悉心指导。

三、教育部门的顾问与专家

我国教育部早在成立之初，就聘请了一部分苏联专家在部、司两级担任顾问。他们的主要任务是参与重大的教育决策，并在全国性教育工作会议上作报告，介绍苏联经验。部长及各司负责人随时就各种重大问题征求苏联专家的意见。[168] 1951 年 3 月，我国教育部的第一位专职顾问、苏联教育家达拉巴金来华担任教育部师范和普通教育顾问。1952 年高等教育部成立后，第一任首席顾问福民到任，他一直工作到 1953 年 6 月，任满回国。

教育部门除了聘请首席顾问外，还根据不同的专业聘用相应的教育顾问相继来华任职。比如，列别捷夫在 1954 年 2 月来华担任首席顾问，任期三年；9 月阿尔西波夫来华任工业教育顾问；1955 年 2 月，综合大学顾问格里斯谦柯，中等专业教育顾问顾思明、克拉斯诺杰姆斯基，农业教育顾问叶尔绍夫，政治教育顾问德古今和军事教育顾问斯拉夫诺夫相继来华任职。1956 年后我国取消了聘请苏联专家担任教育部顾问的制度，但在教育部仍设专家组组长一职。1957 年 9 月到 1960 年 8 月，曾主管过苏联综合大学的西涅茨基出任苏联专家组组长一职，他也成为最后离开教育部的苏联专家。[169]

168　参见教育部：《关于教育部苏联专家的情况汇报》（教育部档案，1952 年永久卷，卷 43），转引自：毛礼锐、沈灌群：《中国教育通史》（第 6 册），济南：山东教育出版社，1989，第 88–89 页。

169　参见李涛：“建国初期前苏联教育专家来华的历史考察”，《山西大学学（哲学可以说，苏联专家为新中国教育事业的起步发挥了举足轻重的作用。根据有关资料的统计，1949—1952 年，我国各类教育机构聘请苏联教育专家共计 187 人，其中主要是俄语专家（49 人），政法财政专家（52 人）、理工科专家（56 人）。[170] 除了在教育机构任职的教育专家外，这一时期短期来华访问的苏联学者也通过讲演会、座谈会等形式向中国人民广泛介绍了苏联各个领域的建设经验和成就。例如：1949 年 10 月，应邀来华访问的苏联文化艺术科学工作者代表团团员、俄罗斯联邦共和国人民教育部副部长杜伯洛维娜向首都各机关团体教育工作者 1,000 多人作了“关于苏联教育制度及教育措施”的报告；代表团团长法捷耶夫在北京大学作了“苏联文化建设”的讲演；代表团团员、莫斯科东方大学副校长富辛格教授在华北人民革命大学作了题为“苏联大学生的政治教育”的讲演。1950 年 10 月，苏联教育学专家卡尔波娃、学前教育专家戈林娜应教育部和全国妇联的邀请，在北京作了关于苏联小学教育及幼儿教育的系列报告，每次听讲者都有近千人，其影响之大，范围之广由此可见一斑。

在高等教育领域，苏联专家同样产生了重要的影响。他们援助中国政府创办了文科大学的样板中国人民大学和工科大学的样板哈尔滨工业大学。中国人民大学是苏联专家援助创办的第一所新型大学，它的使命是在苏联先进经验的基础上开创一种全新的培养社会科学人才的高等学校模式。

1950—1957 年，该校共聘请苏联专家 98 人，是全国聘请苏联专家最多的高等学校。这些专家对大学全面接受苏联经验起到了重要的作用。[171]

社会科学版）》，2006 年第 1 期。

170　参见毛礼锐、沈灌群主编：《中国教育通史》第 6 卷，济南：山东教育出版社，1989，第 103 页。

171　参见沈志华：《苏联专家在中国 1948—1960》，北京：新华出版社，2009，第 78 页。

由于人民大学还担负着翻译苏联社会科学书籍，将其传播到各级高校中去并为其培养文科师资的重任，因此学校所设置的专业都是社会主义建设发展所迫切需要的。结合第一学期课程的开设，全校共组建了 6 个教研部，聘请了 50 位苏联教授，成立了 500 余人的俄语专修班，开始全面学习苏联经验。苏联专家帮助人民大学建立了一套高等教育制度和教学方法，并逐步推广到了全国高校。[172] 到 1953 年时，中国人民大学在校学生已经达到 5,000 人，毕业学生 4,587 人，其中专修科 3,996 人、本科 591 人。同时，该校还为全国高等学校培养研究生约 2,000 人，翻译教材 1,300 余种、印数 89 万余册，编写教材 500 多种、印数 702,911 册。[173] 到 1959 年时，中国人民大学已经为党和国家培养了 3000 多名马克思主义理论教师，培养了 12000 名财经、政法类干部，真正成了马克思主义教育在中国的坚强阵地。[174] 而哈尔滨工业大学则聘请了 67 名苏联专家，仅次于人民大学。1951 年春，以顾林为首的第一批、共计 10 名苏联专家到校工作。除了帮助进行培养研究生，他们还为每个专业制订教学计划，亲自为本科生授课、作教学示范。为了迎接第一个五年计划，1952 年 10 月，哈尔滨工业大学仿照苏联中等技术学校特别班开设了专修科。该校在苏联专家的帮助下基本采用了苏联高等教育的教学体制。为了把哈尔滨工业大学学习苏联的经验推广到全国，高教部还特地在该校连续举行了五届“教学方法与科学技术”报告会。应该说，哈尔滨工业大学作为当时理工科高等学校学习苏联经验的一个新典型，奠定了新中国理工科高校“高速成批生产”各种专门

172 参见毛礼锐、沈灌群主编：《中国教育通史》第 6 卷，济南：山东教育出版社，1989，第 89-92 页。

173 参见吴玉章：“中国人民大学三年来工作的基本总结”，《人民日报》1953 年 10 月 3 日 7 版。

174 参见中国人民大学：《马克思列宁主义的坚强阵地——中国人民大学》，《光明日报》1959 年 5 月 22 日第 2 版。

人才的基本模式。它的成功经验随后在全国推广开来，并迅速形成了一股新的学习高潮。苏联专家在1951–1957年间为该校直接培养或指导的研究生达235人，本科生373人，他们后来成为哈尔滨工业大学的中坚力量，保证了学校教学、科研工作的顺利进行。[175]

为了加强自上而下有系统地学习苏联教育经验的效果，高等教育部还专门创立了《高等教育通讯》杂志，刊登苏联专家介绍教学经验的讲话，交流各地学习苏联教育的经验。中国人民大学、北京大学、清华大学、哈尔滨工业大学、北京农业大学、北京医学院等6所首批全国重点高等学校大多聘请了苏联专家。

除普通高等学校外，当时军队院校和北京马列学院（中共中央高级党校）也聘请了一些苏联教育专家。比如，马列学院早在1949年12月就聘请了4位苏联专家讲授苏联党史，后又开设了马列主义基础、政治经济学、新闻学、哲学、历史等课程。除了授课，他们还编写讲义，在党校刊物《向专家学习》上发表文章介绍经验，并辅导年轻教师，传授教学和科研的工作经验。

1953至1957年，我国一共聘用苏联教育专家521名，其中工科类240名，占到来华教育专家总数的46%。据不完全统计，到1957年上半年止，苏联专家一共为我们培养了研究生和进修教师8,285人。[176] 1958至1960年，共聘任苏联教育专家213人，其中工科类134人、占62.9%，理科类44人、占20.6%。而高校系统在此期间，共聘请苏联专家107名，所属学科大多数是我国教学和科研上急需的理工科尖端学科。他们不仅帮助学校指导高

175　参见姜振寰："苏联援助中的哈尔滨工业大学"，《哈尔滨工业大学学报》，2004年第9期。

176　参见陈章仕：《新中国对外文化交流史略》，北京：中国友谊出版社，1999，第436页。

等学校的专业设置，明确专业的培养目标，讲课和编写教材，制定教学大纲和有关教学文件，修订专业教学计划，培养师资及研究生，还帮助学生进行生产实习、课程设计及毕业设计，并协助建立实验室及资料室等。[177]

此外，在苏联教育专家的帮助下，我国教育部门还有组织地翻译了苏联的教育计划、教育大纲、教材和各种文献资料。仅 1953 年，就翻译出版了 1,837 种苏联书籍，其中包括自然科学和生产技术类书籍 528 种，高等学校教材 277 种。[178]

从上述内容可以看出，中国教育部门在苏联专家的帮助下，建立了一整套以苏联模式为样本的教育体制、教学经验和教学方法。而苏联的教育顾问和专家对中国教育体制的建立和发展则发挥了重要的作用。比如，苏联专家对第一次全国高等教育会议的召开、高等学校暂行章程的制定、高等工业院校调整方案的确立、高等学校课程草案的拟订都起到了积极的作用。[179] 我国大学的教科书、教学计划、教学大纲多由苏联专家帮助制定，俄语成为大学中最普遍的外国语。通过苏联专家，我们还得到了很多苏联教学资料，包括各种教学计划、教学大纲和其他教学文件，从而为我国高等学校的教学改革提供了重要依据。

周恩来在 1959 年 10 月 2 日的文章中指出，在十年里苏联先后派遣了经济、文教专家 10,800 多人来华工作。技术专家大约占全部苏联专家与顾问的 80%，其中许多是为建设“一五”计划工程而来华工作的专家和技

177 参见［苏］鲍里索夫，科洛斯科夫：《苏中关系 1945-1980》，北京：三联书店出版社，1982，第 151 页。

178 参见陈章仕：《新中国对外文化交流史略》，北京：中国友谊出版社，1999，第 71 页。

179 参见李涛：《借鉴与发展 – 中苏教育关系研究（1949-1976）》，杭州：浙江教育出版社，2006，第 63-65 页。

术人员。[180]他们的到来，确保了“一五”计划的顺利实施。

四、苏联军事顾问与专家

苏联在中国设有军事总顾问团，负责领导在中国各总部、军兵种、大军区和军事院校的苏联顾问和专家。军事总顾问最初是由苏联首任驻华使馆武官科托夫中将兼任。中国人民志愿军出国作战后，斯大林派苏军副总参谋长扎哈罗夫大将作为其私人代表来到中国，不久便接任了军事总顾问的职务，科托夫为副总顾问。扎哈罗夫在 1951 年 4 月中旬奉命回国，之后由空军上将克拉索夫斯基接任军事总顾问一职。克拉索夫斯基在 1952 年 7 月回国后，由原来的副总顾问科托夫兼任总顾问。1953 年 7 月科托夫任职到期后，由原华东军区首席军事顾问彼得鲁舍夫斯基上将接任。1957 年 7 月彼得鲁舍夫斯基回国，由杜鲁方诺夫上将接任，直至 1960 年 7 月回国。[181]

苏联军事顾问和专家负有对中国军队在业务和技术上全面指导的职责，其中包括：一、指导军委领导机关、各总部、各军兵种和大军区机关的领导业务；二、指导各技术兵种部队有关日常训练、军事工程建设、常规和尖端武器的使用以及装备、测试场地、基地维护的技术传授和指导业务；三、指导军事指挥学校的教学和学术研究业务；四、指导军事工程技术院校的专业知识传授业务。与在中国政府部门的顾问和经济技术专家不同，苏联军事顾问和专家不受苏联驻华使馆和总顾问领导，而是受苏联军方的直接领导。[182]

180　参见周恩来：“伟大的十年”，《人民日报》，1959 年 10 月 6 日第一版。

181　参见周恩来军事活动纪事编写组编著：《周恩来军事活动纪事（1918–1975）》下卷，北京：中央文献出版社，2000，第 119–122 页。

182　参见沈志华：“朝鲜战争期间在华的苏联军事顾问”，《百年潮》，2003 年第 3 期。

苏联军事顾问与专家对中国的援助主要体现在帮助中国按照苏联的模式与经验建立军校，建设军事教育体系和军队建制、培养人才方面。

中国聘请苏联的军事顾问的历史可以追溯到黄埔军校。为奠定革命武装基础，培养革命的后备军事力量，孙中山接受了共产国际代表马林的建议，下令“仿效俄国”，于 1924 年 1 月创办了有中国共产党人参加的陆军军官学校，即著名的黄埔军校。建校之初，孙中山“以俄为师”，真诚聘请了数十名苏联政治、军事人才来华帮助创办军校。[183] 这些富有教育理论和实践经验的苏联专家担任了黄埔军校的军事、政治顾问，在政治制度、军事组织、军事指导、理论建设和课程设置等方面，作出了重大贡献。[184] 黄埔军校的军事教育是由苏联顾问负责指导的。加伦[185]将军指派蔡诺比拉夫为军事总顾问，组织学校顾问团。苏联顾问、专家与中国军事教官一起，用新的军事理论和军事技术，结合中国实情，制订切合实际的教学计划和课程内容。[186] 在训练中采用了当时苏联和世界上最先进的革命理论和最先进的军事技术来培养学生。而教材则选用了苏联当时最先进的资料，并重新编订了典、范、令和战术、兵器、筑城、地形与交通通讯五大教程作为教材。[187] 同时，黄埔军校的训练装备和办学经费，也得到了苏联的大力援助。[188]

183　参见尚明轩等：《一代天骄孙中山的历程（下）》，北京：解放军文艺出版社，2001，第 46 页。

184　参见袁伟等：《中国军校发展史》，北京：国防大学出版社，2001，第 265 页。

185　加伦是瓦西里·康斯坦丁诺维奇·布留赫尔（1889--1938）的中国名字。 20 世纪 20 年代苏联在华军事总顾问。

186　参见袁伟等：《中国军校发展史》，北京：国防大学出版社，2001，第 268 页。

187　参见覃异之：“黄埔建军〔A〕”，《文史资料选辑》第二辑，北京：中华书局出版社，1960，第 7 页。

188　参见赵阳辉：“中国现代军事院校的创办与苏联援助”，《自然辩证法通讯》2004 年第 5 期，第 71 页。

新中国寻求苏联援助创办军事院校始于空军，因此最早一批来的苏联军事专家是空军顾问和教官。根据空军司令员刘亚楼 1949 年 8 月访苏达成的协议，由苏联帮助中国建立 6 所航校，派遣专家 878 名。10 月 19 日，第一批空军专家抵华后便飞赴各地考察和选择校址。11 月中旬以后，包括校长、教官、地勤保障人员在内的大批专家陆续到达，立刻被分配到各航校参加建校工作。[189] 他们中的绝大多数担任各个航校的航空理论教员和飞行教员。接着是海军聘请的以克洛契柯夫为首的 84 位专家，于 1949 年 10 月 25 日抵达沈阳，后转往大连帮助海军建校办学。11 月，奉军委命令赴苏商谈中国海军建设问题的华东海军司令员张爱萍携苏联专家库兹敏少将（后为海军第一任首席顾问）及金戈尔、西维琴科、郝利夫、纳斯科夫、茹尔夫共六人由北京抵达南京华东海军，12 月更有 621 名海军顾问到达。[190]

对于建国后聘请的苏联军事顾问和专家，聂荣臻将军曾说："建国初期聘请的一大批苏联军事顾问与专家，对我军现代化正规化的建设提出一些好的主意，做了一些有益的工作。"[191]

以海军为例，由于兵种复杂，技术含量高，从建立初始就学习和借鉴苏联海军的先进经验、先进科学技术，聘请了大批苏联专家和顾问，帮助中国建立海军航空学校、组建了海航部队和海军防空组织等，这些顾问和专家对加速海军建设起到了重要的作用。中央军委于 1950 年 1 月 12 日正式任命了萧劲光为海军司令员，之后他专门赴苏进行了一次考察和学习，

189　参见吕黎平：《赴苏参与谈判援建空军的回忆》，北京：解放军出版社，1992，第 146 页。

190　参见萧劲光：《萧劲光回忆录》（续集），第 44-45 页，《当代中国海军》，第 48-49 页、第 105 页。转引自沈志华：《苏联专家在中国（1848-1960）》，北京：新华出版社，2009，第 68 页。

191　参见聂荣臻：《聂荣臻回忆录》，北京：中国人民解放军出版社，2007，第 734 页。

就苏联海军的建设情况和经验、海空军的作用和编制原则、海军防御工程和兵力部署等做了详细的了解，并在此基础上，结合中国的实际情况，编织出《海军三年建设规划》。在8月11至30日召开的海军建军会议上讨论通过，并号召全体指战员向苏联学习，将“以苏联海军为榜样，向苏联专家学习”作为一条建军原则。该规划包括海军要建立三个航空师，分三期建立三个航空学校，训练空、地勤人员一万名，在沿海战区修建二至三个海军专用机场等。结合这些任务的实施，苏联派出了大批的海军顾问和专家帮助。根据与苏联专家顾问并肩作战筹建海军的副司令员刘道声回忆：“向苏联学习，我们海军首先聘请了大批顾问和专家。1950年以后，每年都要聘请一批，少则几十人，多到几百人。到1960年，海军聘请了3300人。他们分配到机关、部队、院校，大部分干得相当不错，工作很有成绩，对我们帮助很大，为我们人民海军的初期建设做出了贡献。”在海军的各兵种中，海军航空兵是苏联一手帮助建立起来的，苏联顾问和专家的影响可谓相当广泛，也具有一定的代表性。据有关统计，1950–1959年间，来华工作的中国海军航空兵苏联顾问与专家共计206名，分布在海军航空部、海军第一航空学校、二航校、航一师、航二师、航三师、航五师和水上飞机大队。其中级别较高的有：海军司令员第一任首席顾问库兹敏少将、海航司令员第一任首席顾问牟兴少将、海航司令员第二任首席顾问苏沃洛夫少将、海航司令员第三任首席顾问库兹涅佐夫中将，海航第一任等。来华的苏联专家除了司令员顾问、校长顾问、参谋长顾问、教育长顾问、后勤顾问，还涉及了其它许多相关的专业，如：机务总工程师、机场修造专家、军械专家、特设专家、通信专家、领航专家、雷达专家、无线电专家、水鱼雷专家、歼击机飞行专家、通射专家、野战修理专家、改装组专家、盲目设备专家、空勤机械长专家、报务射击专家，还有理科教官、飞行教官、修理厂厂长教官等。综观苏联专家在海军航空兵的八年，他们除了介绍苏联海军、海空军的有关情况和经验，还帮助拟制了中国海军航空兵的组织机构和编制、各级部门和人员的工作职责；拟定三五年发展规划和短期工作计划；翻译和制定各种条令条例和规章制度；翻译和编写教学大纲、教材、讲义，亲自指导飞行训练、技术培训和新设备改装等；勘察机场、靶场、阵地，提出部队、院校布局或调整方案建议；指导部队作战、训练、管理、机务和其他保障工作，此外还帮助解决技术难点，检查处理飞行事故，协调聘请苏联专家和向苏联派遣留学生事宜。苏联专家不仅从军事技术上给予了很大帮助，中国军人从他们身上还学到了不少优良传统和作风，重视正规化建设、规章制度建设，这些都对中国的军队建设树立了典范，产生了重大而广泛的影响。[192]

此外，中国的军事院校基本是在学习苏联军事教育经验的基础上创办并发展起来的。军事学院创办初期所用的教材，主要是以引进、翻译苏联现成的条令和教材为主，而后在总结人民解放军的作战经验和吸收借鉴苏联军队等外国军队的先进经验的基础上，编写各类教材。例如，在海军学校创办初期，苏联顾问和专家对教学的各个方面都给予了帮助和指导，包括从教育计划和教学大纲的制定、教材的编译、教员的培养，到教学设备的筹办、实验室的建立，再到教学的组织领导和各种规章制度的建立等。直到 1953 年，海军各学校独立办学能力有所提高，教学工作也逐步走上了正轨之后，苏联专家的数量才逐年减少。[193] 此外，军校学员的学习时间也参照苏联军事院校的做法，实行“六节一贯制”，即每天上午连续上 6

---

192 参见杨忠义：《苏联专家与中国海军航空兵》，北京：中国人民解放军出版社，2013，第 229、329-333 页。

193 参见夏光：“从华东军区海校到海军联校”，《海军回忆史料》，北京：解放军出版社，1999，第 152 页。

节课，每节课50 分钟，课间休息10分。另外，中国军事院校的编制本身也是学习苏联的。从1950年的全军第一次院校工作会议到1951年第二次院校会议，尽管全军院校的编制由“三部一处”制，即训练部、政治部、校务部和干部管理处，调整为“四部一处”制，即训练部、政治部、干部部（处）、物质保障部和队列处（部），但都是参考苏联的编制制定的，和苏联军事的机构很接近。[194]

朝鲜战争爆发后，为了援助中国对美作战，提升中国军队的素质，苏联基本满足了中国提出的关于增派军事顾问和专家的请求。[195]

综上所述，大量苏联专家和技术人员来华，不仅是必要的，也是急需的。他们对中国国民经济各个领域的恢复与发展、国防建设、提升政府管理水平，以及促进各项事业较快走上正轨，都起到了积极的作用。10年中，在中国进行技术援助的苏联专家共达8,500 多人。

从1957年开始，随着中苏关系的发展变化，在华工作的苏联专家人数开始呈现下降趋势。1960年7月，随着中苏分歧的公开化，两国关系骤然恶化，苏联政府也随之于16日宣布，将撤走在中国34个部委系统与其它机构工作的全部专家。这些撤走的苏联专家分布在我国44个城市的经济、国防、文教、科研等250多个单位，他们的撤走对我国的建设事业造成了相当大的损失。[196]

194 参见袁伟等:《中国军校发展史》，北京：国防大学出版社，2001，第658–659页。

195 参见沈志华：《苏联专家在中国1948–1960》，北京：新华出版社，2009，第69–70页。

196 参见金铁宽：《中华人民共和国教育大事记》（第1卷），济南：山东教育出版社，1995，第562页。

第三节 苏联接收中国派遣的大批留学生

如前所述，建国之初，除缺乏资金、技术、设备之外，最重要的是缺乏人才。在西方国家对我国实行封锁的情况下，聘请苏联顾问和专家，虽然在建设新中国社会主义大厦中发挥了重要作用，但毕竟不能完全解决建设人才匮乏的根本问题，国家必须把工作重点转向培养自己的高、精、尖科学技术人才队伍。因为要学习苏联发展工业特别是重工业，最为奇缺的就是相关专业技术人员，特别是高级技术人员。当时，我国科研、教育、工程技术、工业、文艺等方面的高级人才不到 7 万人。到 1952 年时，中国科学院所属机构也只有研究人员 7200 多人。当时，很多事关国家建设的重点工程，由于技术复杂，都需要大批高级专业技术人才。[197] 为了实施第一个五年计划，据估算，国民经济各部门需要补充专业人才 100 万，熟练工人 100 万人，仅工业和交通运输业就需要增加技术人员 39.5 万人。而此期间，国内大专院校的毕业生仅有 28.3 万人，且好多专业尚未开设，建设事业需要大量具有专业技术水平的建设和管理人才，缺口十分巨大。[198]

1954 年 9 月，周恩来在一届全国人大一次会议的《政府工作报告》中也指出，有计划的工业生产和工业建设对于我们是一个全新的课题，问题很多，其中之一就是技术力量不足和技术管理不善；没有现代化的技术，就没有现代化的工业；我国工业中原有的技术力量很弱，需要的高等学校所能培养出来的技术干部，在数量、门类和质量上都还不能在短时期内满

197 参见教育部国际合作与交流司：《走向世界的中国教育交流与合作》，转引自教育部：《共和国教育 50 年》，北京：北京师范大学出版社，2000，第 592 页。

198 参见黄利群：《中国人留学苏（俄）百年史》，北京：中国文史出版社，2002，第 153-154 页。

足工业和基本建设的需要。[199] 因此，一方面需要通过国内高等院校培养各类技术人才，但旧中国高等教育体制固有的重文轻理、专业设立不完整等顽疾在新中国高校院系调整后，短时间内无法满足国家建设的迫切需要；另一方面，则需要大量向外派遣留学生，培养尖端技术和科学前沿人才。为此，中共中央决定有计划地向苏联及东欧各社会主义国家派遣留学生，并将其作为新中国科学教育发展十年规划的一部分内容，由中央统筹实施。之后，党中央成立了由聂荣臻、李富春、陆定一组成的领导小组，主持留学生的派遣工作，专门负责制定有关方针与计划，确保人才的培养与经济建设计划相协调。当时，党中央对选派留学生的工作十分重视，诸如每年的派遣人数、专业比例等这些具体而细微的问题，都要呈报周总理逐一审批。

一、建国前苏联接收的中国留学生

事实上，苏联早在上世纪 20 年代初，就开始接收中共派遣的部分留学生，帮助培养革命干部，除东方大学中国班和中山大学外，还有一些苏联的政治和军事高校接收了中国留学生，其中不乏刘少奇、董必武、邓小平、朱德、叶挺、聂荣臻、陈云、李富春、王稼祥、伍修权等一大批党和国家的高级干部。30、40 年代，苏联又接收了一批中共革命领袖的后代在苏联的伊万诺沃国际儿童院学习和生活，为革命培养后备力量。建国前夕，为了学习苏联先进的科学技术，培养我们自己的技术专家，担当建设新中国的重任，1948 年 8 月，中共中央决定由东北局具体负责，向苏联派遣能力突出、政治可靠的年轻干部，在苏接受正规高等教育。派遣人员的范围限

199　参见中共中央文献编辑委员会编：《周恩来选集》下卷，北京：人民出版社，1984，第 136-137 页。

定在了军级以上的烈士子女或高级干部子弟，共 21 人，其中 19 名为党员。具体名单与留学院校和专业如表 4–1 所示。

表 4–1　中共 1948 年选派去苏联留学的 21 名学生列表

№	姓名	学校	专业	备注
1	谢绍明	莫斯科大学	飞机制造	谢子长之子
2	江明	莫斯科季米里亚席夫农学院	农业经济	高岗外甥
3	任湘	莫斯科地质勘探学院	地质勘探	任卓明之子
4	罗西北	莫斯科莫洛托夫动力学院	水力发电	罗亦农之子
5	崔军	莫斯科莫洛托夫动力学院	水力发电	崔田夫之子
6	李鹏	莫斯科莫洛托夫动力学院	水力发电	李硕勋之子
7	贺毅	莫斯科莫洛托夫动力学院	水力发电	贺晋年之子
8	林汉雄	莫斯科莫洛托夫动力学院	水力发电	张浩之子
9	肖永定	莫斯科莫洛托夫动力学院	电动力系	肖劲光之子
10	邹家华	莫斯科包曼高等工业学校	机械制造	邹韬奋之子
11	刘虎生	莫斯科包曼高等工业学校	机械制造	刘伯坚之子
12	张代侠	莫斯科包曼高等工业学校	机械制造	张宗逊之侄
13	任岳	莫斯科古比雪夫建筑学院	工业及民用建筑	任卓明侄女
14	叶正明	莫斯科飞机制造学院	飞机设计	叶挺之子
15	叶正大	莫斯科飞机制造学院	飞机制造	叶挺之子
16	杨廷藩	莫斯科财经学院	国民经济、时政关系	杨棋之子
17	叶楚梅	莫斯科财经学院	经济系	叶剑英之女
18	罗镇涛	莫斯科财经学院	信用货款	罗炳辉之女
19	项苏云	莫斯科纺织学院	棉纺	项英之女
20	高毅	莫斯科动力学院	水电系	高岗之子
21	朱忠洪	莫斯科飞机专校	飞机制造	王稼祥义子

资料来源：根据欧美同学会留前苏联与独联体分会编，《学子之路 – 新中国留苏学生奋斗足迹》大型画册，北京：中国青年出版社 2000 年版整理。

从表中可以看出，这批青年学子们在选择专业上，都把国家需要和个人兴趣结合在了一起，全部选择了工科专业。[200] 专业涉及水利发电、机械

200　参见周尚文、李鹏、郝宇青：《新中国初期“留苏潮”实录与思考》，上海：华东师范大学出版社，2012，第 23 页。

制造、飞机设计、飞机制造、地质勘探、轻工棉纺、农业经济、国民经济财政、信用贷款等。[201] 1955–1956 年期间，这批留学生中除两人因病提前回国外，其他都以优异的成绩结束了在苏联的学习，回到了祖国的怀抱。当时，正值第一个五年计划实施之际，他们无一例外地要求到基层和生产建设的第一线，用自己在苏联所学的知识在祖国最需要的地方参加国家建设。建国前中共派出的这批留苏学生，在客观上对建国初期大规模派遣留苏学生的工作产生了较大的影响，起到了先锋的作用。

二、建国后苏联接收首批中国留学生

建国后，中共领导人要求苏联接收中国派出的大批留学生到苏联学习，并签署了相关的协定。为此，中共中央成立了留学生派遣工作领导小组，决定向苏联及东欧人民民主国家大规模派遣留学生。1950 年 5 月 13 日，政务院文化教育委员会分党组向毛泽东、刘少奇、朱德、周恩来和陈云汇报了派遣留学生的接洽工作，主要内容包括：（1）拟派往苏联留学生 200 名。经过文教委与政府各部门接洽，各部门皆已开出要派的人数和所学的项目；（2）捷克斯洛伐克提出互相交换 10 名留学生，（学语言、历史），并愿给中国 50 名奖学金，同时要求中国派 50 名公费生；（3）波兰向中国提出互相交换 10 名（学语言、历史）留学生。[202]

由于赴苏留学生补贴问题尚未得到解决，因此 1950 年派遣留学生赴苏的计划不得已暂时搁置，中国决定先小规模选派留学生赴东欧学习。

201　参见欧美同学会留苏联和前独联体分会：《学子之路——新中国留苏学生奋斗足迹》大型画册，中国青年出版社，2000；转引自周尚文、李鹏、郝宇青：《新中国初期“留苏潮”实录与思考》，上海：华东师范大学出版社，2012，第 24 页。

202　参见《对政务院文教委分党组关于派遣留学生请示的批语》（1950 年 5 月 15 日），中共中央文献研究室、中央档案馆编《建国以来刘少奇文稿》（第 2 册），北京：中央文献出版社，2005，第 174–175 页。

1950 年 9 月，中国和东欧五国，即波兰、捷克斯洛伐克、匈牙利、保加利亚和罗马尼亚，达成了互换留学生的协议，总共派遣 35 名留学生，其中 5 名在捷克斯洛伐克学习兵工专业，5 名在波兰学习煤炭专业，其余的全部在当地学习语言和历史专业，以备外交工作的急需。1951 年 1 月 4 日，周恩来在拜会苏联驻华大使尤金时，请求苏联政府和人民民主国家政府允许派遣大量中国大学生去他们的大学和学院学习。[203] 1951 年夏，根据周恩来的建议，毛泽东向斯大林提出，希望苏联为中国培养技术人才，以适应今后大规模经济建设的需要。

1951 年 8 月 1 日，中国正式向苏联提出计划派遣 375 名学生和 88 名干部赴苏学习、实习的请求。8 月 5 日，斯大林复电同意。1951 年 8 月 13 日、19 日，新中国首批 375 名留学生分两批奔赴苏联。[204] 由此，拉开了苏联大规模接收中国派遣留学生的序幕。建国后首批中国赴苏留学生的专业主要集中在恢复经济建设所急需的行业，包括：卫教系统、水利建设、轻重燃料工业、交通运输等领域，其中工科学生 261 名，占 70%；理科 35 人、农科 9 人、医科 28 人、财经 11 人、文教 10 人、政法 21 人。从男女比例看，男生 313 人，占留苏学生总数的比例为 83.5%，女生仅为 62 人，占 16.5%。在这批留苏的 375 名学生中，大学生有 239 名，研究生有 136 名。[205] 他们中的很多人在学成归国后都成为了相关行业领域的开拓者和带头人，填补了科学教育领域的一些空白，承担了行业发展、学科建设、人才培养等重任。例如：卫生部原部长钱信忠（第一批留学生出国领队）、中国工程院原院长宋健（首批赴苏研究生之一，就读于莫斯科包曼工学院）、中

203 参见“尤金给斯大林的报告”（1951 年 1 月 20 日），АРАН，ф.1636，оп.1，д.194，л.9-20（俄罗斯科学院档案馆，1636 号全宗，1 号目录，194 号案卷，9-20 张）

204 参见《人民日报》，1951 年 8 月 25 日。

205 参见周尚文、李鹏、郝宇青：《新中国初期“留苏潮”实录与思考》，上海：华东师范大学出版社，2012，第 31 页。

国政法大学原校长江平（首批赴苏12名法律留学生之一，就读于莫斯科大学法律系）、社科院法学所前所长王叔文（首批赴苏12名法律留学生之一，就读于莫斯科大学法律系）和经济所前所长刘国光（首批赴苏财经类研究生之一，就读于莫斯科经济学院）等。[206]

1951年12月6日，中苏双方签订了《关于中国公民在苏联进行生产技术实践的条件的协定》。1952年8月9日，中国驻苏大使张闻天和苏联副外长普希金代表两国政府又签订了《（中苏两国政府）关于中华人民共和国公民在苏联高等学校（军事学校除外）学习之协定》。[207]在这两个协定中规定，苏联帮助中国培养专家主要是通过接收中国留学生学习和技术干部实习这两种途径：留学生的学习侧重于理论和实践，由教育部同意派遣，而实习生则偏重于对实际技术的掌握和使用，在“一五”计划期间由工业部门独立派遣。通过协商，双方在协定中对于中国留学生的管理细则进行了详细的规定，特别是对留苏大学生和研究生的生活条件和苏联提供的学习条件等方面的内容。苏方特别强调，中国留苏学生的待遇完全等同于苏方同等程度的在校生。按照当时苏方的规定，苏联方面支付中国留苏大学生的津贴是每人每月500卢布，研究生的津贴是每人每月700卢布。除此之外，苏联方面还支付教授及教员工资、学费、杂费、住宿费以及因派遣大学生和研究生奔赴学习地点所需的差旅费。根据协定，去苏联留学的大学生和研究生，除教科书费和公用事业费外，中国政府仅需向苏联政府支付50%的助学金，而到苏联厂矿实习的中国技术干部，只需支付少量

206　参见周尚文、李鹏：“一种新的留学模式的开端——新中国首批（1951年）派遣留苏学生的历史考察”，《历史教学问题》，2007年第12期。

207　参见李滔：《中华留学教育史录：1949年以后》，北京：高教出版社，2000，第83-84页。

实习费，其数额仅为学习指导费的10–20%。[208]

值得注意的是，与中国历史上历次派遣留学生不同的是，新中国成立后的派遣留学生计划主要是为了适应国家下一步大规模经济建设的需要，所学的专业主要是与工业和国防建设相关的技术与管理专业。同时，为更好的管理和协调赴苏留学生的工作，避免之前与苏方对接过程中出现的问题，国内相关部门迅速提出了改进的建议与措施，明确了选派的指导原则，细化了留学生管理办法，以适应大规模派遣留学苏联学生的需要。

三、国内完善赴苏留学生的选派工作，苏联大规模接收中国留学生

建国后拉开的留学生派遣工作意义重大，但由于受到主客观条件的限制，政府在1951年首次派遣赴苏留学生的选派工作中存在很多不足和需要改进的地方。首先，选派建国后首批留苏学生之时，两国还没有签订相关的协定，加之选派时间仓促，从7月6日教育部下文到9月初苏联院校开学，仅有不到两个月的操作时间，所以留学生的选拔工作无法做到细致与周到。而且，当时被选派的学生在国内没有进行相应的留学培训，组织方面对留学生的管理又缺乏相应的管理机构，所以造成苏方在施教和管理过程中产生了一些不满。1951年10月15日，首任驻苏联大使张闻天转给教育部一份关于留苏学生的报告，文中明确指出："为了搞好留学生的工作，急需在大使馆内部设立公开的专管留学生的部门。因为现在留学生已经不是几十人，而是几百人的问题了。这一大批留学生又包括各方面的专门人才，情况很复杂，问题也多，加强对他们的管理，十分必要。事实上，学生有事就找大使馆，苏方有关留学生的问题，也找大使馆，而大使馆向

208　参见周尚文、李鹏、郝宇青：《新中国初期"留苏潮"实录与思考》，上海：华东师范大学出版社，2012，第41、214页。

来没有专管留学生的干部，感到很大困难。……因此，我们建议在大使馆内增设留学生部，或留学生管理处。”[209] 其次，就是我们缺乏对苏联教育体制和培养机制的了解和认识，在工作中一味套用国内的教育管理经验，其后果就是出现了许多脱节和无法对接的现象，这直接影响了该项工作的效率。比如，苏联接收的首批136名攻读研究生学位的留学生大多是国内各业务部门选派出来的在职干部，学成回国后将重回原部门从事实际的工作，而苏联的研究生所培养对象的目标主要是日后能够独立工作的科学研究人员和高等学校的教师，一般只有在高等学校毕业并有两年以上工作经验的人才有资格报考研究生，在通过考试后才有可能被接收为研究生。由于两国对研究生的培养目的不同，所以留苏的中国研究生在苏学习期间遇到了很多意想不到的困难。其中一部分难以适应的，不得不降为大学生来培养，其余能勉强适应的，则不得不通过延长学习年限来弥补。此外，这批留学生在国内学习的专业与到苏后的留学专业常常不一致，给苏联的培养工作带来很大困难。这主要是我们对苏联的大学专业科系设置不够了解，没有向苏联提出具体的要求，所以出现了留学生专业不对口，甚至学校不接头的现象。根据教育部相关的档案资料显示，首批派遣的留学生中有37人更换了专业，占到了留学生总数的10%，[210] 还有些学生专业分配不当，影响了学习的效果。

针对这些问题，党和政府高度重视，制定了“严格选拔，宁少勿滥”的留学生指导方针，进一步细化了留苏预备生的选拔办法。1952年初，经国务院批准，成立专门的留苏预备部，地点设立在北京俄语专科学校，它主要负责对选拔上来的留学生进行出国前的综合培训工作，强化对基础俄

209　参见李滔主编：《中华留学教育史录：1949年以后》，北京：高教出版社2000，第230页。

210　参见教育部长期档1952–86卷：《留学生改换学校及学习科系登记表》。

语的教学，其培训时间占到了整个业务培训的3/4还多。1952年3月31日，首批419名留苏预备生进入留苏预备部开始接受统一的出国强化俄语培训和政治思想考察。从1953年起，各地开始统一执行教育部制定的《1953年留苏预备生选拔办法》，主要从政治素养、文化水平、外语能力和身体条件等方面进行考察，办法中明确了具体标准和选拔程序。随后，对选派出来的留学生一律先在国内的留苏预备部进行为期一年的俄语强化培训和政治思想教育和品德考察，之后才派往苏联学习。留苏预备部除了对留苏预备生进行培训和政治审查之外，还负责筹备出国学生的物资供给。尽管当时国家财政十分困难，但为了尽快改变旧中国贫穷落后的面貌，适应未来大规模经济建设的需要，国家在其它方面缩减开支，尽可能的保证派遣留学生的费用。当时留学生的个人生活物资完全是由国家实行配给制度予以保障的。刘少奇同志在1952年夏天给留苏预备生做动员讲话时曾指出，培养一个留学生相当于25—30户农民全年的劳动收入。[211] 此外，为了加强对留学生的统一管理和指导，驻苏大使馆在1952年初专门成立了留学生党委和留学生管理处。一方面对留学生加强政治领导，解决留学生在学习和生活方面的困难，负责建档和回国鉴定等事宜，同时可以与国内的各有关部门保持联络，负责考察和了解留学生的学习动态，定期组织去留学各地巡查留学生学习工作的进展，并及时报告给国内的有关部门；另一方面则可以加强与苏联教育部和有关部门的联络，协助办理与留学生有关的事务，同时进一步研究苏联高等教育体系的特点，具体了解专业课程设置，为后续的留学生派遣工作提供参考建议，改进派遣方案。1954年，随着中苏关系进入“蜜月”时期，两国在各个领域的交流与合作越来越广泛和深

211 参见北京外国语大学档案馆俄院永留B7-23：《刘少奇同志给1952年暑期留苏学员的讲话》，转引自：周尚文、李鹏、郝宇清：《新中国初期“留苏潮”实录与思考》，上海：华东师范大学出版社，2012，第42页。

入，加之国内经济建设所需高级人才的需求达到空前，苏联高校接收中国留学生的规模不断扩大，当年接收的中国留学生的数量达到了1,375人，其中研究生149人，大学生1226人。从派遣数量上看，是上年的2.36倍。其中工科学生1,020人，占74.2%，主要集中在特殊工种、采矿、冶金、机械制造、电机、化工和建筑类。此外，理科学生73人，农科56人，财经38人，政法21人，医科80人，文科42人，师范7人，艺术22人，首次派出体育类留学生16人。[212] 1955年8月，经过严格审查和筛选，苏联接收的中国留学生总共有1932人，其中大学生1660人，研究生239人，进修教师33人。按专业划分，工科学生1386人，占全部留苏学生的71.7%，依旧主要集中在特殊工种、采矿、动力、冶金、机械制造、电机、化工、运输和建筑类。此外，理科学生127人，农科145人，财经58人，政法45人，医科66人，文科63人，师范14人，艺术23人，体育5人。1955年起，中央改变了留学生派遣方针，提出了“争取多派研究生，少派或不派高中生”的指示。由于在具体执行过程中，迫于生产实践和国家建设的需要，这一方针在当年没有完全贯彻执行，但总的趋势悄然发生了变化。1956年仍旧是苏联接收中国留学生的高峰之年，总共接收了1933人，其中其中大学生1343人，较上年减少317人；研究生493人，较上年增加254人；进修教师97人，较上年增加64人。按专业划分，工科学生1274人，占全部留苏学生的65.9%，还是主要集中在特殊工种、采矿、动力、冶金、机械制造、电机、化工、无线电和建筑类。此外，理科学生215人，农科188人，财经44人，政法28人，医科72人，文科80人，师范13人，艺术13人，体育6人。[213] 1956年中央又一次明确了上年提出的选拔留学

212 参见教育部永久档1960-41卷：《1951-1959年派赴苏联留学生分科人数统计表》。

213 参见李鹏、周尚文：“建国初期留苏学生是怎样选派的”，《历史教学问题》，2008年第2期。

生的方针，各部门在选拔规定上进行了一些调整和修改，同时根据李富春副总理提出的几点意见，在派遣专业上要充分契合国家建设的急需，减少轻工业、农林、卫生保健、师范、图书馆和社会科学留学生的派遣数量，对已经派遣在苏联学习这些专业的学生，要指导他们调整专业，逐步转向重工业建设领域所需要的专业。1957 年 4 月 27 日，毛泽东给陈云关于派遣留苏学生的批示中指出："严格控制，统一解决，并指定一个机关统一管理。以后应当少派，派去的要精。已去而品格恶劣或程度太低的，可否考虑调回。"[214] 根据中央高层的指示精神，同时受到国际国内整体大环境的影响，1957 年之后苏联接收中国派遣的留学生数量出现了大幅下降。至五十年代末，苏联接收各个专业中国留学生的情况详见表 4–2。

表 4–2　1951–1960 年苏联接收中国派遣留苏学生的统计表[215]：

类型 年份	大学生	研究生	进修教师	合计
1951	239	136		375
1952	209	11		220
1953	523	60		583
1954	1226	149		1375
1955	1660	239	33	1932
1956	1343	493	97	1933
1957	40	220	115	375
1958	8	191	55	254
1959	65	282	61	408
1960	158	66	93	317

214　参见中央文献研究室编：《建国以来毛泽东文稿》第六卷，北京：中央文献出版社，1987，第 449–450 页。

215　参见周尚文、李鹏、郝宇清：《新中国初期　"留苏潮"实录与思考》，上海：华东师范大学出版社，2012，第 47、52、54 页。

从表中可以看出，50 年代中期，苏联的高等院校、科研机构、企业和设计单位为中国培养了大批的技术干部和熟练的技术工人，其培养的目的针对性很强，主要是为了配合苏联援助的建设项目。

60 年代初，由于国际形势的变化和中苏关系日趋紧张，苏联接收中国派遣的留学生数量急剧萎缩。1961 年下降至 74 人，1962 年为 55 人，1963 年为 17 人，1964 年仅有 3 人，1965 年为 53 人，且苏联接收的中国留学生主要以研究生和进修教师为主，且缩短了学习的年限，在所学专业上也大多是语言翻译及非重点行业的专业，参见表 4–3。

表 4–3　1961–1965 年苏联接收中国派遣留苏学生的统计表[216]：

类型 年份	大学生	研究生	进修教师	实习生	合计
1961	8	30	36		74
1962		30	16	9	55
1963		15	1	1	17
1964		3			3
1965		25	28		53

根据欧美同学会留苏分会出版的《学子之路——大型画册》附录的统计数据，50 年代初到 60 年代中期，苏联接收中国选派的留学生总数为 16,000 余人，其中包括大学生、研究生、进修教师和实习生。苏联 20 多个城市的 220 多所大学和科研机构接收了近万名中国留苏学生，其中在莫斯科、列宁格勒两城市接收学习的人数占留苏学生总人数的 70%。留学生全部都由国家派遣，他们所学的专业超过 40 个。为执行苏联的援建计划，

216　参见周尚文、李鹏、郝宇清：《新中国初期“留苏潮”实录与思考》，上海：华东师范大学出版社，2012，第 63 页。

第一个五年计划期间，苏联的工厂、矿山、企业等对口单位还接收了由我国 29 个工业部门派遣的近 8,000 人到苏联进行工艺技术和管理方面的实习。

除教育部门派遣的以外，苏联最好的 25 所军事院校，如：伏罗希洛夫高等军事学院、苏联红旗空军学院、茹可夫斯基空军工程学院、苏联装甲坦克兵学院、苏联红旗军事通信工程学院、苏联海军伏罗希洛夫军事指挥学院、苏联海军克雷洛夫军事工程学院、莫斯科炮兵军事工程学院、苏联古比雪夫军事工程学院等，也向中国军事留学生敞开了大门。据统计，苏联接收由军委系统派遣学习军事专业的留苏留学生人数约 800 名，他们所学的专业组成了我军现代化建设的整体架构。此外，1951—1957 年间，苏联还接收了由中国共青团中央派遣的 6 期学员，共计 138 名，每批学期为 1 年。[217]

1966 年 5 月，"文化大革命"开始，教育部、外交部发出了"关于国外留学生回国参加文化大革命的通知"，由此留苏学生的选拔派遣工作戛然而止。1966 年 11 月 2 日，中国留苏学生 65 人乘"东风"号国际列车离开莫斯科返回祖国。至此，从建国初期陆续开始派遣至苏联的中国留学生全部回国。

四、50 年代留苏学子在社会主义建设事业中发挥的作用

50 年代初期至 60 年代中期，苏联帮助培养的这批留学生为中国工业化和经济建设事业提供了重要的科技和人才资源。他们中的绝大多数都获得了苏联的红皮毕业证，是苏联高校的优秀毕业生。留学归国后，绝大多数人立即奔赴国家科研、生产、教学的第一线，辛勤耕耘，努力工作，凭

217　参见周尚文、李鹏、郝宇清：《新中国初期"留学潮"实录与思考》，上海：华东师范大学出版社，2012，第 30-64 页。

借着在苏联学到的先进理论知识和业务技能，迅速成为各行各业的骨干，为国家社会主义建设发挥了无可替代的作用。正如航天一院原所长王曼霞学长在接受访谈中谈到的，国家在所有留苏学生毕业前就为他们分配好了工作单位，她1958年7月20日从苏联回国后，在火车站由高教部的工作人员开了封介绍信后，被车直接从火车站接到了事先分配好的工作单位——国防部五院。当时正值中国仿制苏联“1059”导弹（后被命名为“东风一号”）的技术资料运到国内，其中有32本与橡胶有关的技术资料。由于国内原来没有这个专业，所以没人能准确的翻译相关的技术词汇。而王曼霞在苏联学的就是橡胶专业，她的到来对单位而言，如同是久旱逢甘露。她顾不上路途的劳顿，立刻学以致用，投入到技术资料的翻译校对工作中。因要向“八一建军节”献礼，所有资料的翻译和校对工作必须在7月30日完成。由于时间任务紧迫，她每天就睡2–3个小时，吃住全在临时安排的办公室，终于按时完成了单位交给的首项任务。后来，她依靠不服输的精神和良好的专业素养，成了院里的科研骨干，带领自己的团队与国内的同行联合攻关，在短短几个月内就攻克了导弹试制中“八大橡胶密封件”的技术难题，使所有橡胶件全部合格，保证了导弹研制配套的需要。后来，她并在国内开创了密封技术研究、阻尼减震材料研究的先河，荣获一等功和多种奖项。

50年代的留苏学子用自己在苏联所学的知识报效祖国，建设国家，涌现出了一大批优秀的政治精英和国家级科技精英。这个群体中有超过200人成为了部级以上的领导干部，第三代国家领导集体中大多有留苏的教育背景；有4位荣获了最高科学技术奖，分别是：金怡濂（2002年）、王永志（2003年）、谷超豪（2010年）、孙家栋（2010年）[218]，占到全部获

218　参见《回眸——欧美同学会留苏分会成立20周年》，北京：内部印刷，2010，第139页。

奖人数的25%；截止到2005年，有101位入选中国科学院院士，109位入选中国工程院院士。[219]他们之中的政治精英和科技精英代表有：李鹏（1949年赴莫斯科动力学院留学，回国后曾任国务院总理、全国人大委员长）、邹家华（1949年赴莫斯科包曼高等工学院留学，回国后曾任国务院副总理、全国人大副委员长）、林汉雄（1949年赴莫斯科莫洛托夫动力学院留学，后任建设部部长）；改革开放后1980年首批当选的中国科学院院士冯康（1951–1953年在苏联捷克洛夫数学研究所从事学术研究）和张宗祜（1951–1955年在苏联莫斯科地质勘探学院攻读副博士研究生）、以及叶选平（1951年赴苏联工厂实习，后任全国政协副主席）、曾宪林（1951年赴莫斯科斯大林机床与工具学院，后任轻工部部长）、何光远（1951年赴基辅工学院留学，后任机械工业部部长）、钱信忠（1951年赴苏联第一医学院留学，后任卫生部部长）、李淑铮（1951年赴苏联中央团校留学，后任中共中央对外联络部部长）、刘国光（1951年赴莫斯科经济学院留学，后任中国社会科学院副院长）、田增佩（1951年赴苏联中央团校留学，后任外交部常务副部长）；朱训（1952年排位苏联第涅伯彼得罗夫斯克矿业学院地质勘探系学习，回国后曾任地矿部部长、全国政协秘书长）、李根深（1952年赴莫斯科莫洛托夫动力学院涡轮机械制造专业攻读副博士研究生，回国后曾任中共十三届中央委员、哈尔滨市委书记）；林华宝（1952年赴苏联格勒建筑工程学院土木系学习，回国后当选中科院院士，是著名的卫星设计师）；尉健行（1953年赴乌拉尔卡明斯克铝加工厂实习，后任中央书记处书记、中纪委书记）、宋健（1953年赴苏联莫斯科包曼工学院学习，回国后任国务委员兼国家科委主任）、阮崇武（1953年赴莫斯科汽车机械学院留学，后任公安部部长）、李伯勇（1953年赴茹科夫斯基空军

219　中国初期“留学潮”实录与思考》，上海：华东师范大学出版社，2012，第181、183页。

军事工程学院，后任劳动部部长）、董辅礽（1953 年赴苏联莫斯科国立经济学院攻读副博士研究生，回国后任中国社科院经济研究生名誉所长）、吴祖强（1953 年赴莫斯科国立柴可夫斯基音乐学院理论作曲系学习，回国后任中国音乐家协会名誉主席，中央音乐学院名誉院长）；江泽民（1954 年赴斯大林汽车制造厂实习，后任中共中央总书记、国家主席、中央军委主席）、刘华清（1954 年赴苏联海军指挥学院学习，后任中央军委副主席）、钱其琛（1954 年赴苏联中央团校学习，后任国务院副总理兼外交部长）、郭树言（1954 年赴苏联乌拉尔工学院冶金系黑色金属铸造专业学习，回国后任湖北省省长、国务院三峡工程建设委员会副主任兼党委书记）、王涛（1954—1963 年在斯维尔德洛夫斯克矿业学院和莫斯科石油学院留学，后任石油部部长）、葛修润（1954 年赴敖德萨建筑工程学院水利系就读，1995 年当选工程院院士）、梅自强（1954 年赴莫斯科纺织学院就读，1995 年当选工程院院士）、朱育理（1954 年赴莫斯科斯大林机床与工具学院留学，后任航空航天部副部长）、朱高峰（1954 年赴列宁格勒电信工程学院留学，后任邮电部副部长）、汪家镠（1954 年赴苏联中央团校留学，后任中共中央党校常务副校长）；聂力（1955 年赴列宁格勒工学院留学，后任国防科工委副主任）、王永志（1955 年赴莫斯科航空学院导弹设计专业就读，1994 年当选工程院院士、1992 年任中国载人航天工程总设计师）、汪品先（1955 年赴苏联莫斯科大学地质学就读，1994 年当选中国科学院院士）；李岚清（1956 年赴斯大林、高尔基汽车制造厂实习，后任国务院副总理）、傅志寰（1956 年赴苏联莫斯科铁道学院铁道电气化专业学习，回国后任铁道部部长，2001 年当选工程院院士）、朱丽兰（1956 年赴敖德萨大学留学，后任科技部部长）、刘纪原（1956 年赴莫斯科包曼高等工学院留学，后任航空航天部副部长）、刘剑锋（1956 年赴基辅工学院留学，后任电子工业部副部长）、石钟慈（1956 年赴苏联科学院斯捷克洛卡数学研究所学习计算数学，1991 年当选中国科学院院士）；曹刚川（1957 年赴苏联炮兵军事工程学院留学，后任中央军委副主席兼国防部部长）、谷超豪（1957 年赴莫斯科大学力学数学系进修，1980 年当选中科院院士）、丁衡高（1957 年赴列宁格勒精密机械光学学院就读，后任国防科工委主任，上将）、周光召（1957 年赴苏联杜布纳联合核子研究所就读，回国后曾任全国人大副委员长、中国科学院院长，1980 年当选中科院院士）、徐家福（1957 年赴莫斯科大学进修，中国计算机软件先驱）、傅恒志（1958 年赴苏联列宁格勒工学院就读，1995 年当选工程院院士）、胡启恒（1958 年赴莫斯科化工机械学院留学，回国后任中国科学院副院长）；李贵鲜（1960 年赴莫斯科门氏化工学院留学，后任全国政协副主席）等。[220]

苏联为中国培养的这一代的留苏学子们在新中国社会主义建设的各个领域均做出了卓越的贡献，开拓了很多学科建设的先河，为国家的工业发展奠定了基础。特别是苏联专家撤走后，能发扬“独立自主、自力更生”的精神，勇于克服社会主义建设过程中遇到碰到的一个又一个的难题，最终成功地完成了剩余项目的建设工作。

苏联通过向中国派遣顾问和专家，以及接收留学生为中国培养各行各业的人才，不仅给中国送来了先进的科学技术，同时也送来了苏联的社会主义理论、经验和制度。

220　参见李鹏、周尚文：“建国初期留苏学生是怎样选派的”，《历史教学问题》，2008 年第 2 期；

第五章

“一五”时期的苏联援助和中国计划经济管理体制的确立

计划经济是苏联社会主义经济制度的基本特征之一。国家对生产、资源分配以及产品消费，即对生产什么、怎样生产和为谁生产事先进行计划。计划具有行政和法律的强制性，必须坚决执行，所以这种计划又称为指令性计划。而五年计划是国家实现对经济管理的主要工具。

中国的第一个五年计划（1953–1957）（以下简称“一五”）实际上苏联帮助制定的。“一五”计划最重要的任务是集中力量落实苏联援助的156个建设项目，为中国的社会主义工业化打基础。1952年8月，政务院总理周恩来再次率领中国政府代表团一行60余人访问苏联。代表团此行带去了中国“一五”计划的框架草案。在与斯大林等联共（布）领导人多次会谈，议定完苏联援助中国的基本原则后，周恩来与陈云等于9月22日先行回国，其余绝大部分人留下，在时任政务院财政经济委员会副主任的李富春的领导下，与苏方按部门和行业进行对口谈判。

顺便说一下，中国的第二个五年计划也是按照这个路子制定的。1956年6月19日–9月3日，时任国务院副总理兼国家计划委员会主任李富春率领50多人组成的代表团出访苏联。李富春对苏联人说："我们在计划工作中，一直学习苏联的经验，我们过去第一个五年计划就是同苏联专家一起研究、讨论制定的，实施得很顺利。今年中共即将召开第八次代表大会，要向大会提交第二个五年计划的建议，由大会代表审议。这次我们带来的'二五'计划草案，就是征求我们的老师、苏联同志的意见的，希望你们帮助我们把第二个五年计划编制好。"[221]

新中国成立后的经济方针就是以建立苏联模式的计划经济为目标，在经济恢复的基础上形成以国有经济成分为主体的社会主义计划经济管理体制。

为了"一五"计划的顺利实施，统筹进行大规模经济建设，中央按照苏联的经验，成立了国家计划委员会，后又撤销了六大行政区，省市区直属中央，强化了中央的"集权"，并逐步形成了高度集中统一的计划经济管理体制。通过苏联援华工程的建设，苏联高度集中的、计划模式的工业管理体制乃至国民经济管理体制被移植到中国，主要表现为两个方面：一是中国计划经济体制的建立。所有苏联援华工程的确立、选址、勘探、建设、投产等各项工作都是在计划经济体制框架下统筹进行的；二是工业管理体制的建立。在苏联援华工程中，各个工厂从技术到管理都全面移植了苏联的经验和做法，并且在此基础上建立了中国自己的工业企业管理范式被推向全国。

221　参见阎明复："我随李富春访问苏联"，《炎黄春秋》，2005年第04期。

第一节 苏联帮助实施“156项工程”

“156项工程”是苏联援助新中国工业项目的总称，也是建国初期新中国国家工业化战略的最重要组成部分。在这些重点工程项目中，绝大部分都是中国新兴工业部门企业的建设项目，目的主要是为了帮助中国建立起门类齐全的工业体系，填补空白，为实现社会主义工业化打好基础。

一、“156项工程”的由来

“156项工程”项目是苏联三次援华项目的总称。它几乎涉及了国民经济工业部门的所有重要领域。

第一批援助项目。1950年毛泽东首次访苏期间，双方签署了一系列条约和协定，其中《关于苏联贷款给中华人民共和国的协定》中规定，苏联提供年利率为1%的3亿美元贷款，帮助中国新建和改建一批工业企业，这批项目主要涉及煤炭、电力、钢铁、有色、化工等基础工业和国防工业的项目，包括：9个黑色冶金有色冶金企业、9个矿井、1个露天矿、13个机器制造厂、1个汽车制造厂、4个化学厂、11座水电站、2个造纸厂，共计50项。

第二批援助项目。1952年8月周恩来率中国政府代表团访苏期间，与斯大林等苏共领导人议定苏联援助中国的基本原则，然后由代表团成员李富春等留在莫斯科与苏方商讨援建项目的细节，经过长达八个月的商谈后，于1953年5月15日签署了《苏联政府援助中国政府发展中国国民经济的协议》，苏联答应帮助中国在1953—1959年内新建和改建91个大型工程项目。其中有： 2个钢铁联合企业，各年产钢120—150万吨；8个有色冶金企业，年产锡3万吨，铝1.5万吨，钼精矿1万吨，钨精矿3万吨，钒钛精矿13万吨；9个煤矿，年产煤1990万吨；3个洗煤厂，年产煤450万吨；1个石油炼油厂，年处理原油100万吨；32个机器制造厂，其中年产冶金、矿山、石油设备7.5万吨、金属切削机床3.6万吨、载重汽车6万辆、拖拉机1.5万辆、轴承1000万个；16个动力机器及电力机器制造厂，年产发电机组各为36万千瓦（可以扩大到60万千瓦），以及其他无线电和电气产品；7个化学厂，其中3个化学厂年产氮肥18万吨、合成橡胶1.5万吨；10个火力电站，年发电量共41.3万千瓦；2个医药工业企业和1个淀粉厂。协议还规定，连同1950年签订的50个项目共141个企业，都将在1953—1959年期间分别开工。当时预计，141个企业建成后我国的工业生产能力将大大增长，在黑色冶金、有色金属、煤炭、电力、石油、机器制造、化学工业等方面，都将超过现有生产能力一倍以上；我国将有自己的汽车工业和拖拉机工业；机械方面和国防工业方面将有许多新的产品出现。到1959年我国的钢铁、煤炭、电力、石油等主要重工业产品，大约等于苏联第一个五年计划时的水平，将接近和超过日本发动侵略中国战争时1937年的水平，即：钢的产量超过500万吨，煤达到一亿吨，电力在200 亿度以上，石油250万吨左右。[222]

第三批是1954年10月苏共领袖赫鲁晓夫访华参加国庆5周年庆典期间确定的。访问期间，中苏两国领导人就中苏科学技术合作问题以及苏联政府帮助中国新建和扩建企业等问题举行了多次会谈，最终于1954年10月12日，中苏两国政府达成《对于1953年5月15日关于苏联政府援助中华人民共和国中央人民政府发展中国国民经济的协定的议定书》，在其

222　参见"李富春关于与苏联政府商谈苏联对我国经济建设援助问题的报告"（1953年9 月3日），转引自："中财委李富春副主任在中央人民政府委员会第二十六次会议上关于与苏联政府商谈苏联对我国经济建设援助问题的报告(摘要)"，载《山西政报》，1953年第18期。

备忘录中又新增加了15项援助项目，包括7个造船业项目、3个石油工业项目、1个小型拖拉机厂、2个有色金属企业和扩建2个钢铁企业。至此苏联援华项目达到了156项，通称为“156项工程”。这些项目在建设过程中由于地质条件等限制性因素，经反复核实调整，实际开工建设的只有150项。由于在一届人大二次会议通过的“一五”计划公布的“156项”在先，所以依旧沿用了“156 项工程”的通称。[223]

二、“156项工程”的项目构成及其工业布局

“156项工程”（实际实施150项）项目的构成是：军事工业企业44个——航空工业12 个、电子工业10 个、兵器工业16 个、航天工业2 个、船舶工业4 个；民用工业企业106个，其中冶金工业20 个——钢铁工业7个、有色金属工业13个；化学工业企业7个；机械加工企业24 个；能源工业企业52个——煤炭工业和电力工业各25个、石油工业2 个；轻工业和医药工业3个。[224]

“156项工程”主要分布在哈尔滨、齐齐哈尔、吉林、长春、沈阳、抚顺、包头、西安、洛阳、太原、兰州、成都、武汉、株洲等城市。“156项工程”改变了过去70%左右的工业企业集中在沿海的布局。106个民用工业企业中，有50个设在东北，32个设在中部；44个国防企业有35个布置在中、西部地区，其中21个安排在川陕两省。[225]这主要是考虑到要改变旧中国工业布局不合理的状况。近百年来旧中国的工业，可以说基本没有工业基

223 参见陈夕：“156 项工程与中国工业的现代化”，《党的文献》，1999年第5期。
224 参见薄一波：《若干重大决策与事件的回顾》上卷，北京：中共中央党校出版社，1991，第297页。
225 参见张久春：“20世纪50年代工业建设‘156项工程’研究”，《工程研究——跨学科视野中的工程》，2009年第1期。

点。据1952年的统计数据显示，沿海各省的工业产值约占全国工业总产值的70%，其中，钢铁80%集中在沿海（主要在鞍钢），纺织70%在上海、天津、青岛三市。[226]中国的大西北虽然占全国国土面积1/3，但它解放时的工业产值仅占全国的2%。这种原有的工业布局，一方面不利于资源的合理配置；另一方面也不利于国家的经济安全。在"一五"计划编制初期的1952年，政务院财政经济委员会就提出"以国防观点，长期建设的观点与实际情况相结合"为工业布局的出发点。为此，中央将项目中相当大的一部分安排在工业基础相对薄弱的内地，并形成了以沈阳、鞍山为中心的东北工业区，以太原为中心的山西工业区，以武汉为中心的湖北工业区，以京、津、唐为中心的华北工业区，以郑州为中心的河南工业区，以西安为中心的陕西工业区，以重庆为中心的川南工业区，以兰州为中心的甘肃工业区等。这150个项目的具体建设地址和名称是：

煤炭工业部分：河北（峰峰中央洗煤厂、峰峰通顺三号立井）；山西（大同鹅毛口立井、潞安洗煤厂）；辽宁（辽源中央立井、阜新平安立井、阜新新邱一号立井、阜新海州露天矿、抚顺西露天矿、抚顺龙凤矿、抚顺老虎台矿、抚顺胜利矿、抚顺东露天矿）；吉林（通化弯沟立井）；黑龙江（兴安台二号立井、鹤岗东山一号立井、鹤岗兴安台十号立井、兴安台洗煤厂、城子河洗煤厂、城子河九号立井、双鸭山洗煤厂）；安徽（淮南谢家集中央洗煤厂）；河南（平顶山二号立井、焦作中马村立井）；陕西（铜川王石凹立井）。

石油工业：辽宁（抚顺第二制油厂）；甘肃（兰州炼油厂）。

电力工业：北京（北京热电站）；河北（石家庄热电站一、二期）；山西（太原第二热电站、太原第一热电站）；内蒙古（包头四道沙河热电

226　参见《1953-1957档案·综合卷》第390-391页，转引自董志凯、武力：《中华人民共和国经济史（1953-1957）》（上），北京：社会科学文献出版社，2011，第91页。

站、包头宋家壕热电站）；辽宁（阜新热电站、抚顺电站、大连热电站）；吉林（丰满水电站、吉林热电站）；黑龙江（富拉尔基热电站、佳木斯纸厂热电站）；河南（郑州第二热电站、洛阳热电站、三门峡水利枢纽）；湖北（青山热电站）；湖南（株洲热电站）；四川（重庆电站、成都电站）；云南（个旧电站一、二期）；陕西（西安热电站、户县热电站一、二期）；甘肃（兰州热电站）；新疆（乌鲁木齐热电站）。

钢铁工业：河北（热河钒钛矿）；内蒙古（包头钢铁公司）；辽宁（鞍山钢铁公司、本溪钢铁公司）；吉林（吉林铁合金厂）；黑龙江（富拉尔基特钢厂一、二期）；湖北（武汉钢铁公司）。

有色金属工业：辽宁（抚顺铝厂一、二期、杨家杖子钼矿）；吉林（吉林电极厂）；黑龙江（哈尔滨铝加工厂一、二期一）；江西（大吉山钨矿、西华山钨矿、岿美山钨矿）；河南（洛阳有色金属加工厂）；湖南（株洲硬质合金厂）；云南（锡业公司）；甘肃（白银有色金属公司）。

化学工业：山西（太原化工厂、太原氮肥厂）；吉林（吉林染料厂、吉林氮肥厂、吉林电石厂）；甘肃（兰州合成橡胶厂、兰州氮肥厂）。

机械工业：辽宁（沈阳第一机床厂、沈阳风动工具厂、沈阳电缆厂、沈阳第二机床厂）；吉林（长春第一汽车厂）；黑龙江（哈尔滨锅炉厂一、二期、哈尔滨量具刃具厂、哈尔滨仪表厂、哈尔滨汽轮机厂一、二期、哈尔滨电机厂汽轮发电机车间、富拉尔基重机厂、哈尔滨炭刷厂、哈尔滨滚珠轴承厂）；河南（洛阳拖拉机厂、洛阳滚珠轴承厂、洛阳矿山机械厂）；湖北（武汉重型机床厂）；湖南（湘潭船用电机厂）；陕西（西安高压电瓷厂、西安开关整流器厂、西安有色金材料厂、西安电力电容器厂）；甘肃（兰州石油机械厂、兰州炼油化工机械厂）。

轻工业：黑龙江（佳木斯造纸厂）。

医药工业：河北（华北制药厂）；山西（太原制药厂）。

军事工业：兵器工业（高炮、航空炮、中型坦克、炮弹及引信、炸药、发射药、光学仪器、防毒面具等）；航空工业（歼击机、轻轰炸机、教练机、发动机、仪表等）；电子工业（电子管、磁控管、电阻电容、多种雷达、指挥仪、坦克台等）；船舶工业（江南造船厂、沪东造船厂、武昌造船厂、芜湖造船厂等）。[227]

从上述“156项工程”的构成和重点建设项目的工业布局来看，苏联援建的这些项目，主要是为了帮助我国建立比较完整的基础工业体系和国防工业体系的骨架，起到了奠定我国工业化初步基础的重大作用，并在很大程度上改变了我国工业长期一种沿海的状态，促进了区域经济的平衡发展。

这150个实际完成的项目总投资额达到了196.1亿元，其中东北投资87亿元，占实际投资额的44.3%；中部地区投资64.6亿元，占32.9%；西部地区39.2亿元，占20%。[228]随着“一五”计划期间大规模工业建设的展开，内地投资比重不断提高，一批新建项目的建成投产，使内地工业产值占全国工业总产值的比重从1952年29.2%提高到了1957年的32.1%。[229]这大大促进了内地经济的发展，改变了当地落后的经济面貌，并加快了国家工业化的进程。

227　参见宋凤英：“奠定中国工业化基础的“156项工程”揭秘”，《党史博采》，2009年第12期。

228　参见中国社会科学院国情调研成果：《前苏联援华“156项工程”的历史沿革及其对中俄战略合作的启示调研报告》，2012年；陆大道：《中国工业布局的理论与实践》，北京：科学出版社，1990。

229　参见薄一波：《若干重大决策与事件的回顾》上卷，北京：中共中央党校出版社，1991，第299页。

三、苏联援助“156 项工程”的项目建设

“156 项工程”是“一五”计划期间中国全面实施工业化建设的重要内容，它的建设经历了苏联援助和自主建设两个阶段。50 年代属第一个阶段，项目工程基本是在苏联专家指导下建设的。“一五”计划期间是“156 项工程”项目建设的高潮，至 1957 年年底，“156 项”工程中有一半以上的项目已按期全部建成或部分建成投产。截至 1960 年年底，“156 项工程”已建成 133 项，还有 17 项正在建设中。1960 年 7 月 16 日，苏联政府单方面撕毁了对华援助合同，宣布到 1960 年 9 月 1 日前撤走全部在华苏联专家后，“156 项工程”（实际实施的 150 项）进入自主建设阶段，直至 1969 年才全部建成，总共历时 19 年。[230]

第一阶段的“156 项工程”建设，从技术上来讲，主要依赖于苏联的援助。许多项目的勘探、选址、设计、实施都是在苏联的工业设计机构、工厂等相关单位的技术援助下完成的。在此过程中，苏联对华的援助是“一揽子”的，除了提供成套设备和全部技术，帮助进行工程项目的设计，还派来了相关的专家进行现场指导。

以煤炭工业为例：在煤炭工业领域的 25 个项目中，最终实际建成投产的有 17 个项目，它们是：1、鹤岗东山 1 号立井；2、鹤岗兴安台 10 号立井；3、辽源中央立井；4、阜新平安（五龙）立井；5、阜新新邱 6 号立井；6、阜新海州露天矿；7、鹤岗兴安台洗煤厂；8、焦作中马村立井；9、淮南谢家集洗煤厂；10、峰峰马头（中央）洗煤厂；11、抚顺西露天矿；12、抚顺龙凤矿立井；13、抚顺老虎台矿斜井；14、双鸭山洗煤厂；15、铜川王石凹立井；16、峰峰通顺二矿立井；17、抚顺东露天矿。这些项目的实际投资额为 11.06 亿元，“一五”计划期间开工矿井建设规模 12 处，

230 参见刘振华（国家档案馆）：“建国初“156 项”工程项目的确立”，《中国档案》，2009 年第 3 期。

能力达1610万吨，投产矿井5 处，能力780万吨；建设洗煤厂4 处，洗煤能力600万吨，均为在第一个五年计划时期开工。这些项目的建成迅速扩大了煤炭工业的规模，增加了原煤和洗精煤的产量。在建设中，所有这些项目的援助都是一条龙式的，即：由苏联帮助设计，提供设备，指导施工，直至建成投产。比如辽源西安竖井（即辽源中央立井）就是有代表性的例证之一。根据《辽源矿物局志》的记载，该矿井是吉林省的第一座大型矿井，由苏联煤炭工业部矿井设计总院列宁格勒矿井设计院帮助设计，它采取了合理的开拓部署、先进的生产工艺、成套的机械设备以及合理的地面布置，从而做到了各个环节衔接有序、配套齐全，且工业场地布置紧凑合理，大大提高了工作效率。该矿井的采煤工作面用的是苏联顿巴斯联合采煤机，全矿井安装工程总数为142件、3193吨。从风钻、电钻打眼或风镐卸煤、康拜因采煤，到工作面刮板输送机——溜煤口——蓄电池机车——链式推车——翻转罐笼——自动装载站——箕斗——皮带输送机——给煤机——漏斗——地面装车等一条龙的整个过程，全部是机械化和自动化。建设中，苏联向矿区派出了专家，对工程实施进行现场指导，确保严格按照设计进行。有的援建项目，如抚顺矿区改造项目，1953年末苏联派来了地质勘探专家，反复研究日伪时期留下的图纸资料，带领中国工程技术人员对矿区实施全面勘察，新探明了6.49亿吨储量，并查清了46亿吨油母页岩矿藏。在此基础上，1956年10月委托苏联列宁格勒设计院编制总体改造设计，对矿区做了全面的发展规划，经国家建委批准后按照这个总体规划对采区进行了改建及生产配套工程的建设。1957年抚顺矿区产煤900万吨，比1952年的533吨增长了68.85%。此外，在援助中，我们将苏联煤矿建设的管理和技术引入到了中国。所有援建的矿井、露天矿、选煤厂都有完整的成套设计。通过这些项目的实施和苏联专家的指导提高了我国自身的设计能力，特别是对单项工程的设计具有重要的指导意义。1952–

1957年，煤炭工业系统先后在北京、沈阳、上海、重庆、武汉、西安等六大矿区建立了煤矿设计院和一个选煤的专业设计院。通过学习苏联帮助设计项目的规程、规范和标准，结合现场施工，迅速培养了一批自己的行业技术干部，为今后煤炭工业自力更生的发展奠定了基础。可以说，这些援建项目的建成对我国煤炭工业发展起到了重要的作用，同时为社会主义工业化建设提供了重要的能源保障。[231]

在涉及“156项工程”援助项目中，苏联还提供了许多国内定型产品的样机、专门设计的成套设备、工艺资料、以及其他技术资料，并帮助中国仿制出了许多急需的工业产品，包括米格喷气战斗机、歼击机、坦克、加农炮、导弹、汽车、履带式拖拉机、发电设备、矿山机械、重型机器设备、飞机发动机等。“一五”计划时期，中国机械工业在引进苏联技术和测绘仿制的基础上发展了超过4,000项的新产品，其中大部分苏联给提供了产品图纸。[232]

在技术资料的转让费方面，苏联几乎是无偿提供的，在转让中仅收取了资料复制纸张印刷费。1953年5月15日签订的《中苏经济合作协定》，首次以独立条款的形式确定了无偿向中国提供技术文件的原则。[233] 1949–1957年，苏联根据中国两国政府间的科学技术协定向中国提供科学文献和技术资料共3646套，而中国提供给苏联的只有84套，具体数据详见表5–1。此外，为了配合第一个五年计划的实施，周恩来曾致信苏联部长会议第一

231　参见蒋洪翼、周国华：“50年代苏联援助中国煤炭工业建设项目的由来和变化”，《当代中国史研究》，1995年第4期。

232　参见董志凯、武力：《中华人民共和国经济史（1953–1957）》（上），北京：社会科学文献出版社，2011，第134页。

233　参见 Филатов Л.В. «Научно-техническое сотрудничество между СССР и КНР, с. 7-8, 转引自沈志华：“新中国建立初期苏联对华经济援助的基本情况（下）——来自中国和俄罗斯的档案材料”，《俄罗斯研究》2001年第3期。

副主席莫洛托夫，提出急需苏联政府向中国提供以下方面的技术资料，包括：苏联现行的工业产品标准，即国家标准、全苏标准、暂行技术条件及各企业的制造规格；建设矿山、学校、工厂和医院的典型设计；工业及交通企业的技术操作规程；机器制造图纸和先进企业的原材料、电力、燃料消耗的技术经济定额等。苏联方面在两天后便答复同意满足中方的要求。[234]

表 5-1　1949-1957 年中苏两国交换技术资料统计如下表所示：

交换的技术资料	苏联给中国的（套）	中国给苏联的（套）
基本建设设计	751	1
机器设备制造图纸	2,207	28
工艺过程说明	688	55
总　计	3,646	84

资料来源：张柏春、张久春《苏联援华工业项目中的技术转移》，载《中共党史资料》，2004 年第 1 期。

为了配合工业化建设，培养更多的专业技术人才，苏联派出的专家还利用高等教育为中国培养大批管理和技术人才。比如帮助中国建立了 26 所涉及炼钢、采矿和地质等各种专业的工程学院。院校内部都参照苏联的做法，制定统一的教学计划，课程教学大纲和具体目标等都是效仿苏联的。许多学校甚至直接使用大量的苏联教材，有些课程由苏联专家亲自讲授。当时，俄语是国内各个大学的必修课。此外，苏联还结合援建的项目，大规模接收相关企业的实习生。“156 项工程”的建设中，几乎每个厂的厂长、

234　参见“周恩来给莫洛托夫的信”（1952 年 9 月 6 日），《党的文献》，1999 年第 5 期。

总工程师以及技术骨干都在苏联接受过相应的专业技术培训。[235]

此外，苏联在向我国提供成套设备和专门的生产技术的同时，还在地质勘查、选择厂址、设计基础资料的搜集，企业设计任务书的确定、方案设计、建筑施工指导、设备安装调试和开工运转、技术干部的培养，一直到新产品的研制等各方面，都给予了全面的、系统的技术指导。从1950–1959年，我国从苏联引进的技术设备投资折合人民币总计73亿元。[236]十年中，苏联提供的资料和设计图纸仅仅在1953年就达到23吨，在1954年更达到55吨。[237]由于苏联的援助，中国在“156 项工程”建设过程中通过技术实践和消化苏联提供的技术资料，逐步形成了现代工厂和重要产品的设计能力，提高了本国的工业设计水平，进而使得中国工业领域的科技水平得到了前所未有的提升，从落后于发达国家一百年，迅速提高到20世纪40年代的水平。“一五”计划期间，中国的设计单位从78个增加到198个。每个单位的设计人员有200–1000人，设计和勘察的工作量分别增长了4.1%和5.1%。通过中国自行设计或部分设计的大中型工业项目已达413个。[238]1956年，周恩来说：“由于努力向苏联学习的结果，我国工程界现在已经学会了许多现代化工厂、矿井、桥梁、水利建设的设计和施工，

235 参见王奇：“‘156项工程’与20世纪50年代中苏关系评析”，《当代中国史研究》2003年3月，第10卷，第2期。

236 参见唐艳艳：“从‘156项工程’的建设看后发优势的发挥”，《理论月刊》，2009年第12期。

237 参见沈威风：“奠基”，《经济观察报》，2009年4月3日。

238 参见Л.В. Филатов, Экономическая оценка научно-технической помощи Советского Союза Китаю 1949-1966. Институт Дальнего Востока. Главная редакция восточной литературы издательства «Наука», 1980. с.28.（费拉托夫：《苏联对华科技援助的经济评估（1949–1966）》，莫斯科：远东研究所东方文学出版社主编《科学》，1980，第28页）

在设计大型机械、机车、轮船方面的能力也有很大的提高。"[239]

对于苏联的援助，薄一波曾回忆说："每当回顾'156项工程'的建设，总是想到不要忘记斯大林，不要忘记苏联人民，不要忘记那些来华帮助过我们的苏联专家。在短短的5年中，苏联政府之所以能动员那么大的人力物力，帮助我们编制计划、援建项目、供应设备、传授技术、代培人才、提供低息贷款，并且派出3000多名专家和顾问来华帮助我们建设，是同斯大林的支持分不开的。"陈云同志对此也说过："苏联是社会主义国家，那时他们对我们的援助是真心真意的。比方说，苏联造了两台机器，他们一台，我们一台。"[240]由此可以看出，苏联当时对华的援助是真诚的，有成效的。苏联帮助建设的"156项工程"，使得中国企业的生产能力、工艺水平都有了很大的提高。很多重要的工业部门，如：飞机制造业、汽车制造业、发电设备制造业、重型机械制造业、精密机械制造业，高级合金钢制造和有色金属冶炼等，都从无到有一一建立起来了，这奠定了我国工业化初步的物质技术基础。1956年底，伴随着社会主义改造的完成和私有制的消灭，我国形成了以苏联模式为样本的中国计划经济管理体制。

第二节 "156项工程"的援助与中国计划经济管理体制的形成

新中国成立前，毛泽东在探索新中国经济管理体制时，提出了新民主

239 参见周恩来："关于知识分子问题的报告"，中央文献研究室编：《建国以来重要文献选编》第8册，北京：中央文献出版社，1994，第19页。

240 参见薄一波：《若干重大决策与事件的回顾》上卷，北京：中共中央党校出版社，1991，第299—300页。

主义经济不仅是一个过渡性的经济，而且还是一个计划与市场相结合的经济。1953 年开始执行第一个五年计划后，逐步转变成了以单一公有制和政府行政性计划管理为特征的计划经济。在此期间，计划管理逐步加强，物资计划分配比重开始加大。随着公有制经济的比重逐步提高和社会主义改造的完成，我国逐步建立了苏联式的高度集中的以公有制为主体的计划经济体制，形成了以指令性计划为主的、指导性计划为辅的计划经济管理体系。

一、“156 项工程”的实施对高度集中计划经济管理体制形成的影响

“一五”计划期间，在全面学习苏联的氛围下，经济体制也仿效苏联模式，这对中国形成高度集中统一的经济管理体制产生了重大影响。而“156 项工程”的实施则促进了对中国计划经济管理体制的形成。这主要是由于“一五”期间的计划建设规模宏大，国家财力、人力、物力等各种资源十分有限，为了发展建设周期长、投入额度高的重工业企业，保证有关国计民生的重点项目的有效实施和重点产业的顺利建设，客观上只能通过中央政府集中管理社会的资金、物资技术力量和广大的人力，然后依据统一的计划按需合理分配使用所有的经济资源和力量。这样才能保证迅速形成新的生产力，发展国民经济的薄弱环节和经济落后地区，有利于减小国民经济各部门间和各地区间发展不平衡的差异。“一五”计划期间，伴随着“156 项工程”的建设，中国在经济建设上全面学习苏联，不仅是经济体制仿效苏联模式，所有项目的工业管理体制也都向苏联学习。因此，苏联式经济决策权、管理权高度集中和统一于中央的管理体制通过“156 项工程”的援助，对我国形成高度集中统一的计划经济管理体制产生了重大的影响。

经济决策权和管理权的高度集中和统一是这种体制主要的基本特征，

即国家行政组织直接管理和指挥企业的一切活动，经济权利与经济责任分离，企业的生产经营活动主要依靠国家行政组织的决议、命令、指示等行政手段来指挥，企业实行以指令性计划为主的产品生产，实行统一的管理模式，在企业和经济组织内部的管理上，贯彻"一长制"原则。

国民经济恢复时期，国家对资源的配置基本上是通过市场来实现的。1953 年大规模工业化建设开始后，由于以政府为主体的投资向重工业和国防工业倾斜，国民经济进入物资紧缺的运行状态，这促使国家加快了以行政手段取代市场机制来进行资源配置。1953 年出现的农副产品短缺促成了国家在商业方面对最大宗商品的计划控制。

"一五"计划期间，苏联援助中国的"156 项工程"都是以政府行为为主，集中力量，统一安排实施的。1953—1957 年，中央政府财政预算内的基本建设投资为 531.18 亿元，占基本建设投资总额的 90.3%，国家成为基本建设项目投资的主体。"156 项工程"的投资建设规模巨大，除了集全国之力组织建设之外，还必须加强对国家建设任务的计划管理，并要求制定出相应的国家经济发展的年度计划和中长期计划。在《中共中央关于编制一九五三年计划及五年计划纲要的指示》中就指出："这一建设规模之大，投资之巨，在中国历史上都是空前的。为了加速国家建设，除应动员全国力量，集中全国人力和物力以外，必须加强国家建设的计划工作，使大规模建设能在正确的计划指导下进行。"[241] 为此，中央借鉴苏联的经验，决定增设独立于中央人民政府政务院的中央人民政府国家计划委员会（简称国家计委），负责管理全国基本建设的年度计划和中期规划，行政上直属中央。1952 年 11 月 15 日国家计委成立，内设 16 个局、1 个私营企业计划处和一个统计局，原由政务院财政经济委员会领导的重工业部、第一

241　参见"中共中央关于编制一九五三年计划及五年计划纲要的指示"，《建国以来重要文献选编》第 3 册，北京：中央文献出版社，1992，第 448、449 页。

机械工业部等13部划归到国家计委，由其领导。由于中国自身缺乏全国范围内大规模有计划的经济建设经验，国家计委又没有掌握最基本的国民经济具体统计数据和相应的资源情况，所以在计划方法和管理体制方面，只能学习苏联的经验。1952年我国颁布的《国民经济计划编制暂行办法》，就是依据自身的具体情况，参考苏联计划工作的经验而制定的。[242] 国家计委的成立，标志着传统计划经济的核心开始形成。1953年底，中央撤销了在国民经济恢复时期曾发挥重要作用的六大行政区机构，权力进一步向中央集中。随着苏联援助的“156项工程”大规模的展开，以基本建设为核心的经济管理权力不断向中央政府集中，并最终形成了高度集中的计划经济体制。这在当时是大规模工业化建设的客观需要，也是建立单一公有制和计划经济社会主义模式的必然结果。

二、中国社会主义计划经济体制管理体制的确立

社会主义计划经济体制管理体制主要体现在集中统一的计划管理体制、以中央集权为主的财政体制、中央直接管理企业和统一调配物资及高度集中的商业流通体制、高度集中的劳动用工和工资管理制度等许多方面。

在国民经济恢复时期，鉴于当时的经济环境，我国实行的是国营经济主导下的多种经济成分并存、计划管理与市场调节相结合的经济体制。1952年底，到国民经济恢复时期结束时，中国社会经济结构发生了深刻的变化，国家参照苏联的经验逐步建立起了计划管理机构，并对一定范围的国民经济实施了计划管理，初步建立了计划经济的运行机制。具体表现在：（1）建立了高度集中、统一管理的财政体制，形成了以中国人民银行为核心和基础的金融体系；（2）建立了新的流通体制和商品调拨制度，对

242　参见董志凯、武力：《中华人民共和国经济史1953-1957》（上），北京：社会科学文献出版社，2011，第458页。

全部资金和国家掌握的物资实行统收统支，纳入中央贸易部的统一管辖；（3）建立了统一的物资供应体制；（4）国家对外贸易实行集中经营、统一管理等。[243] 此外，还在劳动就业方面，对用工制度进行了规范，集中了招工审批权；在工资制度方面，采取由地区到全国逐步清理、逐步统一、逐步调整的方针。这些措施构成了我国计划经济体制的雏形，为“一五”计划时期迅速平稳向单一公有制和计划经济过渡奠定了基础。

从1953年开始，中国加快了推进工业化的步伐，走上了向苏联模式的社会主义经济过渡的道路。“一五”期间苏联援建的“156项工程”在很大程度上将中国直接引向了计划经济的方向，也促成了中国社会主义计划管理体制的逐步形成。随着大规模经济建设迅速展开，在国家财力、物力、人力有限的情况下，国家加快了经济体制从市场向计划的变革，所有制结构比例也相应发生变化。国营经济一方面通过各级政府的投资而扩张，另一方面则通过公私合营的形式，将原有的私营资本主义经济纳入自己的体系中，公私合营的企业实际上也变成了国营性质的企业。而原来那些规模很小，以家庭或个人经营的城镇工商业个体经济，也被改造成了各种形式的合作社和合作小组。表5–2和5–3反映了“一五”计划期间，国民收入公私比重和全国工业总产值公私比重的变化。

表5–2　1953–1957年国民经济收入公私比重

单位：%

年份	国营经济	合作社经济	公私合营经济	资本主义经济	个体经济	总计
1952	19.1	1.5	0.7	6.9	71.8	100.0
1953	23.9	2.5	0.9	7.9	64.8	100.0

243　参见郭乃硕：“中国共产党治国思想研究”，东北师范大学博士论文，2007年5月。

1954	26.8	4.8	2.1	5.3	61.0	100.0
1955	28.0	14.1	2.8	3.5	51.6	100.0
1956	32.2	56.4	7.3	-	4.1	100.0
1957	33.2	56.4	7.6	-	2.8	100.0

资料来源：中国科学院经济研究所、中央工商行政管理局编：《中华人民共和国私营工商业社会主义改造统计提要（1949-1957）》，1958年10月。

表5—3　1953—1957年全国工业总产值公私比重（包括手工业）

单位：%

年份	国营	合作社	公私合营	私营	个体手工业	总计
1949	26.3	0.4	1.6	48.7	23.0	100
1952	41.5	3.3	4.0	30.7	20.5	100
1953	43.1	3.9	4.5	29.3	19.2	100
1954	47.1	5.3	9.8	19.9	17.9	100
1955	51.3	7.6	13.1	13.2	14.8	100
1956	54.5	17.1	27.2	0.04	1.2	100
1957	53.8	19.0	26.4	0.05	0.8	100

资料来源：中国科学院经济研究所、中央工商行政管理局编：《中华人民共和国私营工商业社会主义改造统计提要（1949-1957）》，1958年10月。

在计划管理方面，政府采取了不同的管理办法。对国营企业实行直接计划，即指令性计划，对其它经济成分，则实行间接计划，即指导性计划。到“一五”计划后期，随着计划经济的比重不断扩大，国营经济的比重随之不断攀升。国家计委统一管理、直接下达计划指标的产品，1953年为115种，1956年为308种；中央直属企业，1953年为2800多个，1957年增加到9300多个。[244] 国家管理企业的数量迅速增加，意味着国家指令性计划的范围不断扩大。企业的基本任务就是全面完成国家下达的指令性计划，所有生产资料由各主管部门直接按计划供应，产品由物资或商业部门调拨或收购。在"一五"计划开始的第一年和第二年，国家陆续对粮、油、棉等农产品实行统购统销，并将批发业也纳入了国家的计划管理之中，范围也扩大至所有的城乡（不包括西藏和台湾）。统购统销政策的实行，使指令性计划的范围进一步扩大，即：从工业领域扩至农业领域，从生产领域扩至消费领域，从城镇扩至农村。

在财政方面，在保证国家集中主要财力进行重点建设的前提下实行了划分收支、分级管理的财政体制。"一五"计划时期的财政体制是以中央集权财权为主。中央财政收支在全国财政收支中占比很大，中央支配的财力约占77.7%，地方支配的财力约占22.3%，[245] 这与中央政府所承担的大规模基本建设任务有关。

在金融方面，从1953年起，我国开始实行"统存统贷"的信贷管理体制，由中国人民银行系统统一集中管理各种信贷业务，各级银行吸收的存款要全部上交人民银行总行，而各级银行的贷款则按照总行统一核定的指标严格按计划进行发放。1954年，国家还借鉴苏联20世纪30年代信用改革的示范作用，强制取消了国营企业间的商业信用制度。

在物资供应方面，建立起了计划分配、统一调拨的物资管理体制。

在劳动用工管理方面，1954年撤销大区后，许多国营企业转归中央直属，企业的劳动用工逐步由以地区管理为主过渡到以中央管理为主。企业

244　参见朱镕基主编：《当代中国的经济管理》，北京：中国社会科学出版社，1985，第43-44页。

245　参见董志凯、武力：《中华人民共和国经济史1953-1957》（上），北京：社会科学文献出版社，2011，第340页。

职工人数计划由国家逐年批准下达，劳动计划和劳动管理权逐渐向中央集中。1955年企事业单位停止从社会上招工，用工形式逐步趋向单一，并且形成了能进不能出的“铁饭碗”劳动制度。

在工资制度方面，随着大区的撤销，职工工资集中到中央劳动部门统一管理。1955年，政府统一将供给制改为工资制，统一了国家机关工作人员的工资制度。1956年，又统一制定了企事业单位的工资标准，所有职工的工资定级、升级、薪酬上涨幅度等均由中央统一制定。

此外，为了保证工业化项目的顺利实施，完成“一五”计划的基本任务，中央还加快了社会主义改造的步伐。1956年，随着社会主义三大改造的提前完成，标志着市场经济的基础被取消，并最终确立了以公有制为主体的高度集中的计划经济体制，形成了以指令性计划为主、指导性计划为辅的计划管理体系。

第三节 苏联帮助完善中国工业企业管理体系（以鞍钢为例）

苏联在十月革命后，经过不断地实践与探索，建立了社会主义的经济基础，确立了社会主义制度。30年代中期，随着经济建设事业的全面展开，苏联的工业管理体系已基本形成，工业企业管理水平不断提高。而建国初期中国的工业生产很落后，管理水平十分低下，基本没有一套统一的、科学的工业企业管理方法。1953年，中国按照苏联的社会主义建设经验，开始实施“一五”计划。苏联在“156项工程”中的援助帮助中国工业企业建立起了一套必不可少的现代企业制度。学习和推行苏联在这方面的规章制度，大大改善和加强了中国工业的企业管理水平。

钢铁工业是国民经济的支柱产业，所以鞍钢被列为“一五”计划中的重中之重，也是东北工业建设的重点项目。1952年5月4日，中共中央批示：“要集中全国力量首先恢复和改建鞍山钢铁公司。”[246]在全国人民的支援和苏联的帮助下，“一五”计划期间，鞍钢高速、高效建成了以大型轧钢厂、无缝钢管厂和7号高炉“三大工程”为骨干的一批现代化大型重点工程项目，初步完成了第一个钢铁工业基地的建设和改造。除了在生产技术上有了快速的发展，在企业管理上也积累了丰富的经验，并初步形成了大型钢铁企业的工业管理体系。

一、苏联帮助鞍钢恢复生产、改造设计、提供设备

鞍钢最早的前身是1916年成立的中日合办的鞍山振兴铁矿无限公司及1918年成立的鞍山制铁所，之后演变成1933年成立的昭和制钢所。1945年抗战胜利后，苏联红军进驻鞍山，宣布对鞍钢的设备进行拆除，运往苏联。被拆设备的单位共有25个，被拆机械设备总重达64,750吨，估计金额在2亿美元以上，约合投资额的30%。[247]各厂设备能力损失均超过三分之一，选矿、炼铁、轧钢设备的能力损失则在三分之二以上。[248]到1946年国民党资源委员会接管鞍钢的时候，生产是完全瘫痪的。在国民党接管的22个月中，只修复了2号焦炉和7号炼焦炉及100吨平炉一座，而实际开工的只有焦炉、平炉各1座，以及部分轧钢厂和制造厂。1948年

246　1952年5月4日，中共中央对政务院财经委员会党组3月19日就“全国钢铁工业发展方针、速度等地区分布问题”的请示报告的批复。

247　参见东北物资委员会：《东北经济小丛书》钢铁，东北物资委员会，1947，第29页。

248　参见《鞍山钢铁公司概况报告》，转引自：李华忠、张羽主编：《鞍钢四十年》，沈阳：辽宁人民出版社，1989，第16页。

2月，解放军攻占鞍山。同年4月，经东北局批准，成立鞍山钢铁厂，并成立“护厂工作委员会”，招收3,000多名护厂队员，组织工人护厂护矿，积极为恢复生产做准备。鞍山解放后，组织了局部开工，12月28日，鞍山钢铁公司正式成立。

经过连年战乱的鞍钢，当时已经是一片废墟，需要大修后才能开动。1949年春，鞍钢掀起了修复设备、恢复生产的高潮。1949年7月9日，鞍钢两万多名职工参加了“鞍钢开工大典庆祝大会”，标志着我国的钢铁建设进入了一个新的起点。

新中国成立之初，在经济建设领域，缺乏可靠的技术干部，鞍钢也是如此。副总理兼财政经济委员会主任陈云在10月28日接待苏联大使罗申时说：“国民经济恢复工作中的严重障碍是缺乏忠于人民政府且精通业务的技术干部。国民党留给新政府的只有2万名工程师和专家，他们大多数人的政治信仰是反动的、亲美的。在银行职员和金融专家中反动分子特别多。现在有些地方就已经发现专家怠工的情况。可以肯定地说，美帝国主义者现在和今后会把赌注压在人为扩大我们的经济困难上，压在搞经济怠工、捣乱和破坏活动上。以以下事实为例可以说明中国技术干部的匮乏：在最大的鞍山炼钢公司（在东北），70名工程师中有62名是敌视所有中国人尤其敌视中国共产党人的日本人。在人民解放军中搞后勤和军需的同志转业后，我们在某种程度上能够弥补经济干部的不足。我们现在只好完全依赖国民党留给我们的那些专家。尽管有上述的困难，但是中国人民和中国政府坚信，在苏联兄弟般的援助下，他们定能顺利地克服困难，将数百年来受帝国主义统治奴役的落后中国的经济，引向社会主义建设的康庄大道。”[249]

249　参见“罗申与陈云的谈话备忘录”（1949年10月28日），АВПРФ，ф.0100，оп.42，п.288，д.19，л.58-62。（俄罗斯联邦外交档案馆，0100号全宗，42号目录，288号案卷，58–62张）

为了加速恢复鞍钢生产，把鞍钢早日建成我国第一个现代化钢铁基地，中共中央与苏联政府洽谈协商请求援助。从 1949 年起，苏联陆续派来专家，最多时达到 200 多人。1949 年 7 月末来到鞍钢的苏联冶金专家罗曼诺索夫是到鞍钢工作的第一位苏联专家。到当年的 11 月末，共有 11 位专家来到鞍钢帮助进行恢复工作。[250] 1950 年 3 月 27 日，中苏两国政府签订《关于苏联给予中华人民共和国在恢复与改造鞍山钢铁公司方面的援助的议定书》（同年 10 月 25 日又签订了《补充协议书》）。4 月 19 日签订《1950 年中苏贸易协定，鞍山钢铁公司设计合同》，委托苏联列宁格勒黑色冶金设计院总承包鞍钢的设计，参加设计的单位还有苏联黑色矿山设计院、耐火材料设计院、列宁格勒电力设计院、建筑设计院、钢结构设计院、给排水设计院、哈诺布尔设计院和苏联第五托拉斯。[251] 苏联在当年的 6–7 月先后派出 42 名设计组专家来鞍钢收集资料，为初步设计做准备。与此同时，地质勘探工作得到加强。地质处在苏联专家的帮助下，测绘了全公司平面总图，完成了 216 平方公里矿区、316 公里各种管道和交通线路及 130 公里水道普查，并对周边矿区进行了详细勘探。[252] 1951 年 10 月 12 日，苏联完成了恢复与改建鞍钢的总体与初步设计，将共 120 卷设计图纸交付中国政府。1952 年 4 月 2 日和 11 月 15 日，在苏联专家的帮助下，将 2 号预备精炼炉和 1 号预备精炼炉分别改造成了 150 吨倾动式平炉，大大提高了生产效率，以多炼钢的实际行动支援了抗美援朝战争。8 月 11 日，中苏双方在莫斯科签订《1953–1955 年苏联对恢复与改建鞍钢所给予技术援助之协定书》，根据协定，苏方又派遣了 83 名专家到鞍钢工作，并接受 600

250　参见《鞍山钢铁公司大事记》，李华忠、张羽：《鞍钢四十年》，沈阳：辽宁人民出版社，1989，第 208 页。

251　参见《鞍山钢铁公司大事记》，李华忠、张羽：《鞍钢四十年》，沈阳：辽宁人民出版社，1989，第 209 页。

252　参见李华忠、张羽：《鞍钢四十年》，沈阳：辽宁人民出版社，1989，第 36 页。

多名干部、工人去苏联学习。他们在鞍钢的恢复和建设的过程中作出了很大的贡献。

由于鞍钢恢复与改建采用了苏联的设计，所以其主体成套设备的供应自然也大都由苏联制造。其中“三大工程”的设备来自苏联68个城市148个工厂，总计162,259吨，占该三项工程设备总量的85%。[253]

经过四年多的恢复期，鞍钢成为全国最大的钢铁生产基地。总产值从1949年的0.55亿元上升到1952年的3.76亿元，年均增长33.5%。至1952年鞍钢形成固定资产原值达7.2661亿元，净值4.7607亿元。[254]在苏联的援助和全体职工的努力下，鞍钢——这个中国钢铁工业的摇篮，不仅提前完成了恢复生产的任务，提高了生产水平，更重要的是学习苏联的经验，建立了钢铁工业企业的一整套管理制度并不断完善，从而保障了钢铁生产的顺利进行。

二、苏联专家传授经验，帮助建立和完善鞍钢工业管理体制

50年代鞍钢生产建设的迅速恢复和胜利发展，离不开企业工业管理体制的建立。在鞍钢的建设和改造中，学习苏联在工业企业管理的经验，对于项目的顺利进行，起到了重要的作用。它不仅完善了中国钢铁工业企业的管理体制，提高了自身的管理水平方面，还促进了企业内部生产的发展，为其它钢厂提供了一个管理的基准。

鞍钢的领导体制，基本上是学习苏联的经验，实行厂长负责制，即以马格尼托哥尔斯克冶金联合工厂经验为代表的“一长制”管理方法（简称

253 参见鞍钢史志编纂委员会:《鞍钢志(1916–1985)》，第163页。转引自：张柏春、姚芳、张久春、蒋龙：《苏联技术向中国的转移1949–1966》，济南：山东教育出版社，2004，第52页。

254 参见鞍钢计划处：《鞍钢统计资料汇编》，内部印刷，1987年，第376页。

“马钢宪法”）。1954 年七届四中全会后，中央决定在企业里实行党委领导下的厂长负责制。在生产中，苏联专家帮助在大企业中确立了责任制，成立了一些精干的机构，从而建立了企业管理工作的基础，改变了过去很多工作无人管和无人负责的现象，从而理顺了生产和技术管理工作的秩序。1953 年起，鞍钢有计划、有步骤地加强了计划管理、经济核算、生产调度、技术管理、质量管理和岗位责任制等，从组织体系上加强了集中统一的领导，并且认真贯彻执行，落实到人。1953–1955 三年间，鞍钢共制订和修改了技术标准 243 种，技术规程 417 种，并加强了操作检查。从 1954 年起，全面推行班组经济核算制。不仅如此，苏联专家还在企业管理的各个环节，向鞍钢传授了经验。在生产管理方面，根据鞍钢第一炼钢厂厂志记载，在钢厂工作了六年的陈茂力工程师认为，苏联专家现场指导，协助建立生产秩序，统一操作制度，改进管理方法，采用有效的工艺技术，在当时是起了重要作用的。[255] 具体体现在：一是，严格要求文明施工。钢厂的恢复是在一片废墟上开始的，当时苏联专家组长吉林切夫明确提出了文明生产的要求，并天天检查落实，对铸钢车间主任夏侯纲经常毫不留情面进行批评，要求严格执行。因为没有文明生产，就不会有正常的生产秩序，就无法保证安全生产，当然更谈不上质量了。在明白了这一道理后，夏主任马上向厂领导做了汇报，积极协调各个部门，在两周内清理掉了三座“铁山”，保障了后续的生产有序进行；二是，建立了操作规程和岗位责任制等规章制度。当时的技术操作还有英美式、德日式，其代表是留用的日本少数工长和伪满时的负责人片冈，而现场有工作经验的同志对大型平炉的生产技术和组织工作又不熟悉，所以一出问题就众说纷纭。为此，苏联专家建议参考苏联的操作制度订立操作规程，然后按规程条款进行生产操作，同时

255　参见时任第一炼钢厂厂长马成德的回忆录，《鞍钢第一炼钢厂厂誌第一卷（1933–1985）》，1988，第 315 页。

设置值班主任统管三班生产组织工作，做到统一计划，全面安排。同时建立生产调度系统，直接指挥现场整个生产工作，强调三班值班主任是厂领导在三班指挥生产的代理人，从而加强了三班的生产指挥。后来，这些专职岗位制度的建立和各种规章制度的不断完善，促进了生产工作日趋正常；三是，九座平炉同时生产，建立起了严格的生产管理秩序，这是发展生产的需要和规律。职工通过建立每日的生产作业计划和图表，进行了妥善的安排；四是，建立起了按炉送钢、按罐送钢的制度，并完善了具体管理办法。从此消除了混乱，出现了新的生产秩序。经验证明，建立合理科学的规章制度，不仅使炼钢厂增产，初轧钢锭轧制量也相继提高，错钢和混钢的现象也基本解决；五是，在苏联专家的指导下采用各种新技术新工艺，从而提高了生产效率。比如，在炼铁生产技术方面，使用自熔性烧结矿，采用高压炉顶、高风温和蒸汽鼓风等先进技术，使高炉利用系数大大提高；在炼钢方面，采用了苏联专家帮助研制成功的镁　耐火砖和镁铝砖，以及烧结炉底、快速炼炉、快速修炉、快速炼钢等新技术，大大提高了平炉的利用系数，提高了产量；在工艺方面，改进了初轧生产工艺，实行快速轧钢，使小时处理钢锭量翻了一番还多。[256]

在生产调度方面，1950 年 5 月 24 日，建立了生产科负责全厂生产的管理和调度工作机制，内容包括：生产、统计、计划、定额、冶炼分析、运输及安全。后来根据苏联专家的建议，成立了生产指挥系统—调度室，每班设一名值班长，直接受厂长领导。作业计划由值班长在班前碰头会上下达。下半年，又建立了调度室工作制度，并不断完善，保证了各项生产计划经营目标的实现。

在设备管理方面，实现了从无计划、无标准、无考核的被动维修局面逐步发展到定期检查、确定周期、掌握缺陷和分段管理，形成了设备使用、

256 根据《鞍钢第一炼钢厂厂誌第一卷（1933-1985》回忆录的资料整理。

维护、修理、改造相结合的全员设备管理模式。以一钢厂为例，1953 年以前没有设备管理经验，也没有成立相应的设备管理机构，主要参照日本人留下的设备管理模式进行管理。1953 年，伴随着计划经济体制的实行，公司成立了机械处，对各种机械设备的维护、修理、使用、技术改造方面加强了计划性，并开始建立一些行之有效的制度。1954 年，展开进一步学习苏联的设备管理经验，公司建立了总机械师制度，修改、制定和贯彻各种维护和检修制度。每月制定设备检修计划，在公司统一安排下，按计划停车、停炉进行检修，并举办各种培训班，使厂设备管理水平和检修能力大幅度提高，减少了设备事故，保证了生产。[257] 苏联专家向鞍钢提供了 18 种设备管理表格，这套表格和管理制度几经修改，一直沿用到 1985 年。[258]

此外，苏联先后派到鞍钢工作的专家达 340 名，其中 56 名分别担任鞍钢公司的总顾问和部门顾问，92 名生产专家在厂或车间的开工小组指导工作。鞍钢方面，则在 1951–1957 年间先后派出了大量干部、技术人员和工人到苏联的钢铁企业、研究院所和大专院校进行学习、考察、培训，学习苏联的冶金技术、钢厂建设和管理经验，人数共计 845 名。[259] 比如，1950 年 1 月调入出任鞍钢炼钢厂副厂长的苏维民就在 1951 年被派到苏联学习钢厂管理，1953 年回国后先后担任过一钢厂、二钢厂的副厂长，研究院总工程师，带领技术团队多次完成了全国冶金企业的著名工程的建设与企业改造设计任务，受到了各级表彰，还发表过不少冶金方面的论文和翻译文章。

时任鞍钢一钢厂副厂长庄宗勋，在谈到苏联援助鞍钢时曾说：“鞍钢

257 根据《鞍钢第一炼钢厂厂誌第一卷（1933–1985）》的资料整理，1998，第 125，156 页。

258 参见张柏春、姚芳、张久春、蒋龙：《苏联技术向中国的转移 1949–1966》，济南：山东教育出版社，2004，第 52 页。

259 同上。

恢复生产时期和‘一五’计划时期，工作如此艰巨，但发展如此快，除了全体工人、干部和技术人员忘我劳动外，还和当时认真地贯彻苏联专家的建议分不开。第二次世界大战后的苏联，那时它的工业技术水平比日本先进得多了。它对我国援建的钢铁项目，都是以它当时最新的水平来帮助设计和提供设备的。它派来的专家，帮助我们提高生产技术水平和管理水平是诚心诚意的。50年代的鞍钢，学习苏联是全面的，所以许多重大技术问题都解决了。”[260] 鞍钢在苏联专家的言传身教指导下，凭借全体职工顽强的工作作风，取得了巨大的成就。不仅超额完成了“一五”计划期间国家规定的各项生产指标，有力地支援了全国的经济建设，还培养和锻炼了一支钢铁工业生产建设的骨干队伍，提高了自身的生产技术水平和企业管理水平，基本上形成了中国第一个大型钢铁基地自有的一套系统完整的工业管理体系。

综上所述，“一五”计划期间形成的这种高度集中的计划经济体制，在经济基础薄弱、物资缺乏的现实条件下，对于迅速恢复国民经济、保证以重工业为主的重点建设，以及促进社会主义改造的顺利进行等确实发挥了积极有效的作用，而学习苏联社会主义经济体制的经验是其中一个重要的因素。这一时期，经济势态发展良好，增速明显，并且市场繁荣、物价稳定，人民生活得到显著改善。在1953–1957年间，中国的国民经济以高速度增长，我国工农业总产值年均增长10.9%，其中工业总产值年均增长18%，而重工业产值年均增长 25.4%，农业总产值年均增长4.5%，国民收入年均增长8.9%。[261] 尽管在这种高度集中的计划经济体制下，我们用较短的

260 参见鞍钢第一炼钢厂厂志编纂委员会:《鞍钢第一炼钢厂厂誌第一卷（1933–1985）》，1988，第405页。

261 参见武力:《中华人民共和国经济史》上卷，北京：中国经济出版社，1999，绪论部分。

时间里基本建立起相对独立完整的工业体系，但也付出了波动大、结构失衡和资源浪费严重的代价。[262]

“一五”计划末期，随着经济建设规模的扩大，经济结构日益复杂化，照搬苏联计划经济体制，在经济管理的实践中一些不利于生产力发展的许多固有的弊端逐步暴露出来，包括国家包揽过多，中央政府对经济管得过死等，这直接导致了经济效率低下，企业应变能力差，以及缺乏内在创新动力等负面的结果。同时，它不利于商品经济的发展，片面着重重工业发展，容易引起国民经济比例失调，有碍经济的总体协调发展。对此，党和政府从 1956 年起着手对计划经济体制改革的问题进行深入的思考与探索，力求扩大地方和企业的权限，充分调动其积极性，使之更符合中国经济发展的具体国情。

262　参见武力：“中国工业化路径转换的历史分析”，《中国经济史研究》，2005 年第 4 期。

第六章

“一五”计划期间苏联在国防工业领域的对华援助

新中国成立之初，中国的国防工业基础十分薄弱，专业门类不全，有很多空白，根本不具备国防建设必需的现代化武器装备的研制、生产条件和能力。50年代，帝国主义对中国实行禁运和封锁，中国得到了苏联政府和人民的援助，与苏联签订了多项国防建设的协议，其中包括向中国转让苏军现役装备武器的生产图纸及样品，以及帮助中国建立自己的军工企业。利用这些援助，使苏联工业领域特别是国防工业领域的技术被成规模地转移至中国。苏联的援助，特别是“一五”计划期间援助的项目，对加快中国国防工业初创时期的建设进程，保证国防建设和战备急需，以及构建完整的国防工业体系起到了重要的推动作用。

第一节 在薄弱的国防工业基础上艰难起步

我国近代的军事工业起源于清政府的洋务运动，初期以仿造外国枪炮为主，其发展主要依靠聘用洋员的方式。近代第一家军工企业成立于1861年，后又陆续建立了几十家军工企业。这些近代军事工业基本上属于封建性的官办工业，一些大中型厂、局主要以仿制西方近代枪炮及制造蒸汽舰船为主，而大多数小型兵工厂受到资金、设备和技术力量的限制，只能维修军械和生产一些常用弹药。

辛亥革命后，北洋政府和国民党政府先后建造过一些兵工厂、造船厂和飞机修造厂等，但生产技术落后，设备材料等几乎完全依赖外国。而中共在根据地所建的军工厂，一般规模都较小，厂房、设备都很简陋。建国后接管的大多数军工企业设备陈旧，厂房残破不堪，根本不具备生产国防建设必需的现代化武器装备的条件。新中国的国防工业就是在这样的基础上艰难起步的。

一、近代军事工业的起源

我国近代的军事工业起源于19世纪60至90年代清政府的洋务运动，是在内外交困的压力下兴办起来的。主要以训练新式军队和建立近代军事工业为重点，仿照西方设厂来制造新式枪炮和兵船，用以装备军队，并试图学习西方，建立一套新的防务体系。

为了维护清朝的统治，洋务派官僚以“自强”为目的，创办了一系列近代化的兵工厂。1861年曾国藩在安徽的安庆开设了仿造外国枪炮的军械所，这是近代第一家军工企业。1863年，李鸿章在上海、松江和苏州等地设立了四所类似的小型战地兵工厂。还有1866年闽浙总督左宗棠等人创建的福州船政局以及1867年三口通商大臣崇厚创建的天津机器制造局等。此后的若干年，清政府在沿海、长江沿岸及内地的十几个省市还陆续开办了几十处军工厂及船舶修造厂。这些军工企业中规模较大的有：1865年开办的上海江南制造总局，拥有2000余工人，是当时规模最大的军工厂。

除生产枪炮、水雷、弹药、火药等武器弹药外，还能制造小型军用船舶和修造轮船；福州船政局拥有10多个生产单位，工人最多时达3000余人，主要制造军舰装备福建海军，从同治七年正式开工到光绪二十年甲午战争之前，共造大小兵轮船34只，是当时经营规模最大、设备齐全的新式轮船修造厂；天津机器制造局的规模仅次于江南制造总局，主要制造枪炮、弹药、水雷，是当时中国北方最大的军火供应基地；还有1892年创设的汉阳湖北枪炮厂，能够年产毛瑟枪1万余枝，火炮100余门，该厂雇工约1200人，是洋务运动后期创办的最大、最有成效的军工企业。[263] 其余工厂都因规模过小，开工时间不长就关闭了。到19世纪90年代，只剩下十余处还具备生产能力。晚清时期建立的近代兵工厂有29个，在辛亥革命前夕仅存15个，其中5个主要兵工厂（江南制造局、湖北兵工钢药厂、广东制造军械厂、四川兵工厂、北洋机器制造局）的年生产能力为：炮150门、机枪120挺、步枪46500支、炮弹10.8万发、枪弹6100万发、无烟火药216.5吨。[264] 这种生产能力远远不能满足国防供应的需要。到了清朝末年，其实际产量还不到生产能力的一半，足以证明晚清时期的国防力量是多么脆弱。但洋务派创办的军工企业开启了中国近代军事工业的先河，在客观上对促进生产力的发展具有一定的积极作用。1864年4月，江苏的苏州炮局开始用机器制造兵器，标志着中国近代兵器工业的诞生，也标志着中国近代军事工业的诞生。

二、辛亥革命后的军事工业发展

辛亥革命后，北洋政府和国民党政府先后建过一些兵工厂、造船厂和

---

263 参见“中国近代军事工业之产生”，http://agzy.youth.cn/xzzh/llzs/200912/t20091222_1117983.htm，中国青年网，2009年12月22日。

264 参见“中国近代兵器工业”，http://baike.so.com/doc/292219-309340.html

飞机修造厂等，但生产技术十分落后，设备和材料几乎完全依赖外国。到上世纪 30、40 年代，这些军工厂只能生产步枪、机枪、手榴弹等轻型武器和数量有限的小口径火炮。沿海一些船厂，则主要以修船为主，也建造过一些吨位不大的中小船舶。而航空和无线电等军工厂，则主要进行修理和装配，没有独立的科研能力，更没有自己的生产体系。

辛亥革命后到抗日战争开始前，中国处于军阀割据的状态，军事工业掌握在不同的军阀手中。以兵器工业为例，这一时期不断的战事和无序的发展，使兵工厂的数量和兵器生产能力大大超过了晚清的鼎盛时期，但绝大多数的兵工厂控制在不同割据地的军阀手中，中央政府只控制了为数不多的几家兵工厂，且军阀控制的有些厂的规模、产量和技术水平大大超过了中央政府控制的兵工厂。像当时生产能力最大、技术水平最高的东三省兵工厂被张作霖控制、山西太原兵工厂（包括生产枪、炮、弹、药的工厂）被阎锡山控制等，其产量比国民政府控制的最大兵工厂的产量还要多。虽然持续不断的军阀混战在一定程度上促进了兵器工业本身的发展，但也造成了对企业的破坏，对兵器制造技术整体的进步也造成了阻碍。清末 5 个主要兵工厂中的四川兵工厂和北洋机器制造局在军阀混战中被完全破坏，湖北兵工钢药厂遭受重创，广东制造军械厂被部分破坏，剩余的一些兵工厂也未能幸免于难，均在战事中遭到了不同程度的破坏。尽管这一时期全国兵器总产量比晚清时期有所增加，但质量和水平未有大的提升。除了在制造方面，国民政府在科研方面，也试图有所建树，相继建有兵工研究委员会、理化研究所、应用化学研究所、弹道研究所、百水桥研究所、炮兵技术研究处、航空兵器技术研究处等。但这些科研机构基本均处于摸索的初步阶段，并无什么科研成果。抗战爆发后，随着各种政治势力的合并，各地才逐步把兵工厂集中到国民政府手中，一致对外。而日本发动的侵略战争还迫使兵工单位进行了三次大迁徙，随后才构建起了以重庆为中心的兵工基地，集生产、科研、专业人才培养和原材料生产于一体。后又在这个基地范围内新建 1 家兵器生产厂和 1 家原材料生产厂。在重庆兵工基地之外，云南、贵州、湖南还有几个兵工署直属厂。山西、云南、新疆、甘肃、浙江等省也各自办有 1 个近代兵工厂。

1931 年 10 月，中央红军在福建省兴国县官田镇建立官田兵工厂，标志着共产党领导的人民兵工诞生。国共两党联合抗日后，1938 年 10 月，毛泽东在中共六届六中全会上提出："每个游击战争根据地都必须尽量设法建立小的兵工厂，办到自制弹药、步枪、手榴弹等的程度，使游击战争无军火缺乏之虞。"[265] 从此，陕甘宁边区和各抗日民主根据地利用一切的可能性，创办了许多小规模的军事工业企业。但大都是修理军械的作坊，只有少数厂能生产一些简单的兵器。共产党除了号召建设小型兵工厂之外，还积极开展技术研究工作，培养了一支自己的军工队伍，包括干部、工人和技术人员等。由于长期处在战争状态和农村环境，条件十分艰苦，发展十分有限。到解放前，中国共产党共拥有 94 个兵工厂，职工有 9 万人的规模。其中除少数弹药厂稍具规模之外，一般的工厂都较小，厂房和设备十分简陋。

三、解放后的军工企业概况

新中国成立之初，中国军队的兵力虽然超过 540 万，但在建制上既既无海军，更无空军，基本只有以步兵为主的陆军。在武器装备上，大体上仍旧是"小米加步枪"，国内基本没有军舰、飞机、坦克等重型武器的装备，也没有生产这些装备的军工企业。

解放后人民政府从国民党手中接管的军工企业一共有 72 家，其中兵

265　参见薛幸福主编：《革命根据地军工史料丛书、陕甘宁边区》，北京：兵器工业出版社，1990，第 11 页。

工厂 41 个，航空修理厂 11 个，无线电器材修配厂 12 个，船舶修造厂 8 个，职工人数共计 5 万余人。这些工厂中，只有少数具有一定规模且设备完好，大多数企业设备陈旧、厂房残破不堪，也不具备什么规模。新中国成立前后，人民政府陆续将接管的国民党军工企业与解放区的军工企业进行了整合，并将一部分划归了民用工业部门。据统计，到 1949 年底，共计有军工企业 76 个，各种设备 3 万台（件），职工约 10 万余人。其中：兵工厂 45 个，航空中心修理厂 6 个，无线电器材厂 17 个，船舶修造厂 8 个。[266] 这些军工企业，无论从技术实力，还是从企业规模，都与当时的军事大国差距甚大。国内不具备国防建设所必需的飞机、舰艇、坦克、大口径火炮、军事电子产品等现代化武器装备的研制和生产能力，只能从事旧杂事武器装备的修配和小批量生产，且大多专业不全，没有自己的科研能力，也没有统一的生产标准和工业管理体系。新中国的国防工业建设就是在这样薄弱的基础上艰难起步的。

第二节 学习苏联经验构建国防工业发展体系

建国前夕，党和国家领导人就明确提出了中国国防建设和中国人民解放军现代化、正规化建设的奋斗目标。毛泽东主席在中国人民政治协商会议第一届全体会议上强调指出：“我们将不但有一个强大的陆军，而且有一个强大的空军和一个强大的海军。”[267] 为了实现这个目标，中央军委进

266 参见《当代中国丛书》编辑委员会：《当代中国的国防科技事业》（上），北京：当代中国出版社，1992，第 4-6 页。

267 参见“中国人民站起来了”（毛泽东同志在中国人民政治协商会议第一届全体会议上的开幕词），《毛泽东选集》第五卷，北京：人民出版社，1977，第 6 页。

行了军队的整编，陆续组建了多军兵种。同时，开始着手解决部队的武器装备问题。尽快建设国防工业，通过自己的能力生产出先进精良的武器装备部队，是摆在军工企业面前的一项艰巨任务。为此，中共中央决定向苏联学习，请求援助，采取了一系列有力的措施。

一、建立国防工业的领导机构进行集中统一领导

中国政府在确立了重点发展国防工业指导思想的基础上，逐步加大了对国防产业发展的宏观管理力度，分阶段建立了国防工业的专门管理机构，进行集中统一领导，并在实践中不断进行调整。建国后，首先成立了重工业部，兵器工业由其归口管理。为进一步细化国防工业的管理机构，政务院在 1950 年上半年批准在重工业部成立航空工业筹备组、兵工办公室、电信工业局和船舶工业局等机构，主要负责军工企业的调整工作。[268]

抗美援朝战争开始后，为了加强兵工企业的生产和建设，强化对军工企业的领导，保障部队装备建设的需要，中国参照苏联人民委员会体制[269]的经验，于 1951 年 1 月批准成立中央军委兵工委员会，由周恩来兼主任，将原来的兵工办公室改组成为兵工总局。同年 4 月，决定成立航空工业管理委员会，将航空工业筹备组改组成为航空工业局。至此，在重工业部组成了国防工业的四大管理局。1952 年 8 月，中央人民政府第十七次会议通过决议，决定成立主管国防工业的第二机械工业部（简称二机部），归口管理兵器、坦克、航空工业局。1953 年 3 月，又将电信工业局从第一机械

268　参见袁和平，“毛泽东与新中国国防工业奠基”，《中国军转民》，2013 年第 12 期。

269　苏联的人民委员会的体制形成于 1932 年 1 月 5 日，全苏中央执行委员会和人民委员会通过决定，把苏联最高国民经济委员会改组为全苏重工业人民委员部，并成立相应的人民委员部，负责管理各个工业部门。为了实现对企业的具体领导，各部下面设有总管理局，分别领导所属各企业。参见顾学宏：“苏联高度集中的工业管理体制的形成原因”，载《杭州师院学报（社会科学版）》，1987 年第 2 期。

部划归二机部管理，尽管船舶工业还归属主管民用机械的第一机械部，但国防工业整体上基本实现了全国集中统一管理，并开始具体组织国防工业的大规模建设工作。[270]

之后，随着国防工业领域的不断拓展，为进一步细分整个国防工业的科研和生产，细化国防管理机构，先后又成立几个机械工业部，分头管理国防工业中的各个不同领域。至此，国防工业的管理机构涵盖了兵器工业、核工业、航空工业、船舶工业、无线电工业和航天工业，这充分体现了国家对国防工业各个领域的高度重视。

二、按专业化进行军工企业的调整

为了配合国防工业建设的需要，中央决定在建立和调整国防工业的领导机构的同时，开始着手按专业化分工进行军工企业的调整。兵器方面，在 1951 年秋开始布置兵工企业的调整工作。兵工总局按照中央兵工委员会的要求，组织人员与苏联专家一起，对原有兵工企业进行了综合调查，并在苏联专家的指导下拟出了调整方案。1952 年 5 月，出台了《关于兵工建设问题的决定》，从而确定了调整和改组方案，并于 8 月开始逐步实施。具体包括：撤销各大行政区兵工局，划归兵工总局统一管理兵工厂，并将原因 43 个生产任务杂乱的企业按照专业化生产的要求合并调整为 39 个企业，其中枪厂 6 个、枪弹厂 6 个、火炮厂 5 个、炮弹厂 12 个、引信和火工品厂 5 个、火炸药厂 4 个、光学仪器厂 1 个。此外，还将 4 个机械工厂调整改建为 3 个坦克修理厂。航空方面，建国初期只涉及修理厂。1951 年 4 月，政务院和中央军委联合颁发了《关于航空工业建设的决定》，将空军 6 个航空中心修理厂及其它 10 个工厂移交给航空工业局，将飞机的修

270　参见刘祖爱，“毛泽东与新中国国防科技基业的奠定”，《军事历史》，2014 年第 2 期。

理任务也交由航空工业局来负责承担。此外，兵工局也向航空工业局移交了两个兵工厂。年底，完成了对人员和设备进行了大规模的调整，将 80% 的人员和 70% 的设备集中到 6 个重点大厂，按照专业化生产要求布置各厂的任务。无线电和船舶方面，调整相对较小。主要针对各厂按照专业化分工要求，结合国防发展的需要，对工厂进行了重组与合并，并划归到电信工业局和船舶工业局统一领导。

总之，经过这些调整，使得军工企业的设备、厂房、人员都得到了合理的配置，满足了战争需要，并为下一步“一五”计划期间的国防建设和发展奠定了基础。[271]

三、制定国防工业建设五年计划

在 1953 年开始进行的“一五”计划全面建设中，国防工业是计划建设的重点之一。抗美援朝战争中，技术装备的落后使我们吃了很大的亏。大力发展科学技术，建设国防工业是亟待解决的迫切任务。1952 年 7 月，中共中央和毛泽东批准了中央军委报送的国防建设五年（1953–1957）计划，要求五年内初步建设起自己的国防工业，以保障平时武器装备的需要和保持必要的武器及弹药储备。[272] 航空工业方面，周恩来早在 1951 年底就提出了在 3–5 年内仿制出生产飞机的要求。1953 年 1 月 8 日，他主持讨论国防工业“一五”建设计划时，确定了航空工业要达到能生产活塞式教练机和喷气式歼击机的目标。1 月 22 日，毛泽东主持召开了审议国防工业“一五”建设计划的中央会议。会上，根据国防建设的需要和国家经济、

271　参见《当代中国丛书》编辑委员会：《当代中国的国防科技事业》（上），北京：当代中国出版社，1992，第 7–12 页。

272　参见杨贵华，“中共中央发展国防科技工业的决策与领导”，《中共党史研究》，2003 年第 1 期。

技术条件的可能，以及能够争取到的苏联援助，李富春汇报了国防工业五年计划的规模、生产能力、投资和基础工业配合的方案。毛泽东在总结时指出:“无论抗美援朝的结果如何，我们都要搞国防工业的建设与军工生产。朝鲜战争证明，已不能靠夺取敌人的装备来武装自己了。”[273] 此后，国务院和中央军委的相关领导又多次与国家计委、二机部、各军兵种负责人讨论“一五”国防建设的重大问题，完善计划的可行性。同年 8 月，政治局专门听取了二机部的详细汇报，最终审定了国防工业“一五”建设计划的安排，明确了基本任务，即：集中力量按国家规定的项目和进度，在苏联援助下完成国防工业企业的新建和改建任务，完成制式武器的试制和生产任务，完成飞机、坦克、舰艇的修理及部分制造任务，初步改变国防工业的落后面貌，增强国防力量。[274] 批准“一五”计划期间，新建的兵器、航空、无线电、造船等大型工程共 44 项，改建和扩建老厂的大中型工程共 51 项。这批重点项目都具有规模大、技术水平较高、设备比较先进等特点，它们的建成对改变中国国防工业的落后面貌具有重大的意义。

总之，参照苏联人民委员会体制经验，成立国防工业专业化委员会进行集中管理、在苏联专家参与下对军工企业进行重组，并且制定国防建设五年规划等，都为下一步国防工业建设任务的顺利展开提供了重要的保障。

第三节 在苏联援助下集中全力建设国防工业

抗美援朝战争的残酷现实告诉我们，中国需要尽快建立自己的国防工

273 参见赤桦、李欣：“新中国 60 周年国防战略的历史演变”，《军事历史》，2009 年第 5 期，第 11 页。

274 参见申晓勇：“20 世纪五六十年代中国国防工业优先发展研究”，《当地中国史研究》，2012 年第 4 期。

业，实现武器装备的现代化。建国后，中国政府积极也一直在积极争取苏联援助中国国防工业建设。1950 年 7 月 31 日，中央军委决定从苏联进口武器装备，至 1954 年完成 60 个现代步兵师的整编。根据这一计划，苏联政府从 1952 年至 1954 年间以贷款的方式陆续向中国提供了这 60 个师的现代步兵武器装备。

1951 年上半年，中国政府先后派出由重工业部代部长何长工率领的航空代表团和由总参谋长徐向前率领的兵工代表团去莫斯科与苏联政府谈判，并签订了航空技术协定和有偿转让 8 种轻武器制造技术的协议，包括提供技术资料、样品和派遣专家等条款。1952 年与 1956 年，周恩来、李富春先后率领中国政府代表团访问苏联，与苏联政府谈判，讨论“一五”、“二五”期间的援助问题。至 1959 年，中苏两国政府共签订了 7 个援建国防工业建设的协议，其中有 4 个属于“一五”期间援助的协议，规定了苏联对中国援建 45 个大型军工企业，后经双方统一撤销和停建 4 个，实际为 41 个。行业涉及兵工、航空、无线电子和船舶。苏联援助的内容包括：提供成套设备，派遣专家，从设计、施工、技术培训到仿制生产的各个环节提供全面技术援助。此外，苏联还答应帮助对中国原有的几十个军工企业进行改、扩建，实施技术改造。50 年代，中国生产的武器装备主要是仿制苏联的。军工企业按引进的苏联标准进行仿制生产，驻厂军代表则按照苏联标准进行检查和验收。

一、苏联对兵器工业的援助

兵器工业是国防工业中起步最早、基础较好，且规模最大的行业。在战争年代，部队的武器装备一部分来自缴获的号称“万国牌”的武器，制式混杂，品种繁多；另一部分则来自于国内简陋的军工厂，在生产中没有统一的技术标准。1951 年 6 月 4 日，中国人民解放军总参谋长徐向前率中国政府兵工代表团抵达莫斯科。经过长时间的谈判，中苏两国政府于10月18日签订了《关于中国工厂获得制造苏联型式枪炮、弹药特许和交付苏式枪炮、弹药的生产技术资料及必要时派苏联专家给予技术援助的协定》。[275] 按徐向前在莫斯科签订的协定，苏联派出了乌达洛夫等五人专家组于1952年来华，进行了3个月的考察。根据苏联专家组考察后的建议，兵工委员会于5月做出了制造第一批18种制式兵器的决定。其中仿制苏联的15种，包括枪械6 种、迫击炮3 种、野战火炮3 种、高射炮3 种，其余3种则是按照美制装备改进设计的。同时，对机械及武器的口径做了明确的规定。虽然仿制的苏联武器大多是30年代的设计，但在技术性能和水平上历经了战争的考验。这些武器的仿制成功大大提高了中国兵器工业的起点，为自行研制制式武器奠定了基础。

1953年开始，旧杂式武器弹药的生产全部停止，制式兵器装备的仿制工作全面展开。为了配合仿制任务的完成，中苏两国政府在1953年和1956年两次签订协议，规定由苏联援助中国建设一批兵工企业，生产中型坦克、大口径火炮、高射炮、机载武器、舰载武器及配套的弹药和光学电子仪器等武器装备。承担仿制任务的兵工厂按照苏联提供的设计图纸、工艺规程和测试试验标准，进行了技术改造，更新了生产设备，新添了工艺装置，补充了检测仪器。按照苏联专家的建议，在机器、夹具、刃量、样板、材料和操作六个方面采取“六试六定”的方法，逐项试验和定型，大大缩短了试制的周期。[276] 当年就仿制成功了9种制式的轻武器（56式冲锋枪、56式轻机枪等）及弹药，并迅速装备部队。1954年又仿制成功122

275　参见王立等主编：《当代中国的兵器工业》，北京：当代中国出版社，1993年版，第35页。

276　参见《当代中国丛书》编辑委员会：《当代中国的国防科技事业》（下），北京：当代中国出版社，1992，第102页。

毫米榴炮弹和 76.2 毫米野炮，开创了中国自行制造大口径火炮的历史。随后几年，还陆续仿制成功了 120 毫米和 160 毫米迫击炮、57 毫米战防炮、85 毫米和 130 毫米加农炮、152 毫米榴弹炮和加农炮，实现了中央军委在陆军武器装备“一五”计划中提出的发展和加强压制兵器的目标。[277] 1954 年到 1959 年，完成仿制的高射武器主要有 37 毫米、57 毫米和 100 毫米高射炮，以及雷达、指挥仪、测距机等配套火控系统。与此同时，苏联还在 1955 年向中国提供了 7.62 毫米半自动步枪、冲锋枪、轻机枪和 14.5 毫米二联、四联高射机枪的图纸、技术资料和样品。中国通过从苏联进口和仿制的武器基本实现了步兵装备的制式化，大大提升了火力。

兵器工业企业通过系统学习苏联的武器制造技术，用科学性和严密性来改造兵工厂，掌握了先进技术和新型管理办法。这对提升整体的水平起到了重要的作用。到 50 年代末，兵器工业直属大中型企业已达 53 家，不仅能生产各种制式轻武器和弹药，还具备了生产重型武器装备的能力。

二、苏联对航空工业的援助

航空工业从 1951 年创建到 1956 年，仅 5 年的时间，就在薄弱的工业基础上实现了从修理到制造的过渡，使我们成为世界上少数能够制造喷气式飞机的国家之一。这其中积极争取苏联的援助对航空工业的迅速发展起到了关键作用。购买苏联的航空装备不仅满足了抗美援朝战争的需要，也为中国实现仿制奠定了基础。1949 年底，中国从苏联购买了各型飞机 185 架，1950 年又订购了 3095 架飞机，之后每年都向苏联购买一定数量的各式飞机。1954—1955 年，苏联从中国东北撤军时又向中国有偿转让了 5 个歼击机师、1 个轰炸机师的大部分飞机和装备。到 1955 年底，中国从苏联进口和接收

277　参见《当代中国丛书》编辑委员会：《当代中国的国防科技事业》（上），北京：当代中国出版社，1992，第 20 页。

的飞机约5000架。[278]此外，苏联陆续向我国提供了当时比较先进的航空产品设计图、技术装备，以及派遣了大批专家，进行现场指导和培训，使我国在较短时间内掌握了苏联航空技术的经验，提高了我国航空工业的建设起点。

在抗美援朝战火中诞生的航空工业，首要任务是飞机的修理工作，主要保障空军训练，适应战场的需要。正如周总理指出的："中国航空工业建设的规模开始不能太大，要由小到大，由修理走向制造。"1950年底，根据中国方面的请求，一批苏联专家来华察看了中国大约47个企业。根据苏联专家考察后所提供的材料，中国重工业部采纳了关于在现有企业的基础上建立16个航空工厂的建议，其中有9个工厂是专门用于修理飞机和发动机的，7个工厂是专门用于生产制造航空仪表和零配件的。[279] 1951年1月，由重工业部代部长何长工率领沈鸿[280]和段子俊[281]出发前往莫斯科，就苏联帮助中国改建飞机、发动机修理厂和在技术给予援助的问题进行谈判。最终，斯大林在3月10日批准了中苏间的航空援助协议。主要内容为：组建6个（飞机、发动机）修理厂；派遣专家及高级熟练工人；供给一定数量的器材、设备及零配件；提供所需的技术资料，包括设计、施工图纸等；借给一座列车式流动修理工厂，总金额共计3000万卢布（旧）。[282]此后，

278 参见李澄：《建国以来军史百桩》，北京：世界知识出版社，1992，第23页。

279 参见储峰："苏联对中国国防科技的援建（1949-1960）），《国际冷战史》，2007年第00期。

280 沈鸿：1949-1955年期间，出任中央财经委员会重工业处处长、国家计划委员会机械计划局副局长、第三机械工业部部长助理。其中大部分时间在莫斯科办理苏联援助156个项目的设备分交工作。

281 段子俊：中国航空工业的创始人之一，曾任重工业部航空工业管理局第一任局长，后任航空工业部副部长。

282 参见段子俊工作笔记摘抄（1950年12月19日-1956年7月），《中国航空报》，2011年4月16日。

根据援助协议内容，苏联派出的战地列车修理工厂于4月28日抵达满洲里，列车共有26节车厢、，载有227名官兵。同时，苏联还派出了由航空工业部的工程师、专家和业务娴熟的工人们组成的20 人的小组到中国同中国的专家一起设计航空器材修理厂。[283]之后，在苏联专家的指导下，陆续对航空修理厂进行了调整，集中设备和力量向苏联学习并掌握了飞机和发动机的修理技术。8月11日，段子俊就航空工业发展规划的问题咨询航空工业局基建设计处的专家组长瓦西列夫。瓦西列夫就航空工业由修理到制造的发展问题，从基建到生产、从工厂管理到人员配备、从器材供应到零配件生产等方面，提出了5项建议。段子俊立即对瓦西列夫的建议加以整理，研究、补充，并向何长工部长汇报，明确提出了3—5年造出飞机的计划报告。报告中建议先生产雅克－18，后生产喷气式飞机。[284]之后，毛主席于8月21日批准了我国航空工业由修理到制造的3—5年计划，提出三年出教练机，五年出喷气式飞机的目标。1953年9月29日，按照周总理指示，航空工业的“一五”计划全面纳入到国家计划内。四十余年后，段子俊回忆起这段往事时，还由衷地表示:“瓦西列夫对中国航空工业起步是功不可没的”。[285]

到50年代中期，中国建成了一批大型航空骨干企业，仿制生产了初教教练机、歼5型喷气式歼击机和运5型小型运输机，逐步掌握了飞机生产的制造技术，提高了工艺技术和管理水平，完成了航空工业由修理到仿制苏联教练机和歼击机过渡的发展目标。1954年7月，南昌飞机制造厂成

283　参见 АВПРФ, ф.07,оп 24, д.235, п.20, л.14,（俄罗斯联邦外交档案馆，07号全宗，24号目录，235号案卷，14张） 转引自：扎维尔斯卡娅 (Задерская): 《苏联专家与中国军事工业之形成(1949—1960)》，博士学位论文，俄罗斯圣彼得堡国立大学，2000.

284　参见“段子俊工作笔记摘抄(1950年12月19日－1956年7月)”，《中国航空报》，2011年4月16日。

285　参见王凡：“周恩来、李富春与新中国航空工业的创立——原航空工业部党组副书记段子俊访谈”，《党史博览》2001年第4期。

功仿制了第一架苏联雅克 –18 初级教练机，与其配套的活塞式发动机也同时在株洲航空发动机制造厂通过鉴定，这意味着中国自此结束了不能生产飞机和航空发动机的历史。[286] 接着，经国务院和中央军委批准，航空部门开始执行仿制苏联米格 –17 型歼击机的任务。根据中苏两国政府的协定，仿制任务由沈阳飞机厂承担，国内命名为歼 5 型歼击机。早在抗美援朝时期，沈阳飞机厂就通过 200 多架喷气式歼击机的修理，初步掌握了米格型飞机的结构特点，这为仿制工作的完成奠定了一定的技术基础。工厂从 1955 年 4 月开始投入试制，生产所用图纸、技术文件、工艺装备、散装件都是苏联转让的。当时，工厂上下对飞机制造毫无经验，苏联派来了几十个专家进行了指导。仿制工作由牛荫冠厂长亲自挂帅组织实施。在仿制中，根据苏联专家的建议，采用"四阶段平行作业法"，分阶段地掌握了总装、部件装配、组合件装配和零件制造技术，大大缩短了试制的周期。[287] 结果只用了一年多的时间，1957 年 7 月就完成了第一架歼 5 型喷气式歼击机的总装。而沈阳发动机厂仿制的涡喷 5 型发动机也于 1956 年 6 月正式通过技术鉴定，这其中最关键的是成功试制出了用于发动机的关键材料——高温合金 GH30，这是在苏联专家朱也夫和锻钢专家布拉霍夫的帮助下，于 1956 年在抚顺钢厂经过三次试制成功的。[288] 工厂通过歼 5 型歼击机及发动机的仿制生产，完成了从修理到制造的转变。同时，建立了厂长负责制和生产区域管理制，把中国航天军工企业的制造技术和企业管理都提高到了一个新的水平。随后，航空企业又陆续仿制出米格 19 型超音速歼击机、

286 参见沅霖："实现自主创新大跨越——新中国武器装备 60 年发展回顾"，《国防科技工业》，2009 年第 10 期。

287 参见叶正大："自行研制第一架歼击机的启示"，《回顾与展望——新中国的国防科技工业 1949–1989》，北京：国防工业出版社，1989，第 321–322 页。

288 参见叶济生："我国第一个高温合金的诞生"，《冶金军工回忆录汇编》（内部资料），2004 年，第 217–223 页。

安2型小型运输机、米4型中型直升机，国内分别定名为歼6型、运5型、直5型飞机。[289]

“一五”计划期间，苏联援助的13个大型企业到1958年全部建成。其中有2个飞机制造厂、2个航空发动机制造厂以及与飞机厂配套的航空附件、仪表、电器和飞机轮毂等制造厂。第一个五年计划的执行，为我国航空工业的发展打下了坚实的基础，为国防现代化的发展迈开了重要的一步。

三、苏联对无线电电子工业的援助

由于国内无线电电子工业原有的基础十分薄弱，因此被列入“一五”计划期间国防工业建设的重点领域之一。抗美援朝期间，电信工业局组织企业生产修理和装配了各类前线急需的电台、收信机、报话机、步谈机等通信装备，并修复了国民党遗留下来的日本和美国生产的防空警戒雷达。“一五”计划期间，苏联援建的重点项目中有雷达、通信、指挥仪等8个电子工业项目。在此期间，电信工业部门的负责人王士光等，先后多次随中国政府代表团与苏联、民主德国签订援助协议，引进了当时比较先进的电子技术和设备，对原有工厂进行了改扩建和技术改造。通过引进苏联的生产技术，无线电电子工业从50年代中期开始，进入了全面仿制苏联军事电子装备的阶段。期间，在苏联专家的指导下，分别仿制生产了超短波航空电台及其地面设备、坦克电台、陆用短波收发信机、调频战术电台、短波接力机、野战电话设备、自动交换机和舰艇通信设备等几十种陆、海、空三军通信装备，提高了技术水平、填补了一些空白，大大改善了部队的通信装备。同期，还仿制成功了中程警戒雷达、鱼雷快艇搜索雷达和炮瞄

289　参见《当代中国丛书》编辑委员会：《当代中国的国防科技事业》（上），北京：当代中国出版社，1992，第22页。

雷达。50年代末期仿制成功的第一代通用电子管数字计算机，是中国计算机技术的开端。[290]

通过引进技术的消耗吸收和仿制苏联的军用电子装备，不仅逐步掌握了设计、制造技术，还培养了一批技术人才，包括一些基础研究领域的人才。如通信兵部电信科学技术研究所科技人员徐穆洵就曾在苏联专家指导下，开展了通信干扰理论的研究，以及通信干扰两大体制（瞄准式和阻塞式干扰）基础技术的研究，并最终研制出了两种体制的干扰样机，取得了较好的干扰效果。这些研究成果成为日后研制各种通信对抗设备的基本技术体制。[291]

"一五"计划期间，无线电电子工业在苏联援助的下也顺利完成了从修理到仿制的过渡，并且通过仿制苏联的军用电子装备，掌握了比较先进的工艺技术和试验手段，建立了各项管理制度和技术标准，奠定无线电电子工业的技术基础，这为1956年后展开自行研制的工作创造了条件。

四、苏联对船舶工业的援助

"一五"计划期间，船舶军工制造企业在苏联的援助下，从转让制造起步，逐步顺利发展，造船工业的生产能力大幅度提高，制造工艺技术完成了由手工、半机械化生产方式向现代大工业生产方式的初步转变，并向海军提供了一批舰艇装备。与此同时，改造了老旧企业，改进了工艺，完善了科研体系，培养了人才队伍，提高了船舶军工的起点，为今后的发展奠定了良好的基础。

290　参见《当代中国丛书》编辑委员会：《当代中国的国防科技事业》（上），北京：当代中国出版社，1992，第24-25页．

291　参见《当代中国丛书》编辑委员会：《当代中国的国防科技事业》（下），北京：当代中国出版社，1992，第325-326页。

1952年4月底，海军司令员萧劲光率团赴莫斯科，与苏联方面商谈落实中国海军订货和海军五年建设计划问题。7月10日，毛泽东致函斯大林，表示："我们基本上同意苏联政府对我国海军五年建设计划的意见"，还提出："一、为了我国海军继续发展，准备在我国第一个五年计划当中和第二个五年计划开始时，能自己逐渐解决潜水艇、鱼雷快艇、扫雷艇、大小猎号所需之主机及一般材料，以及海军所需之水鱼雷。拟将此项建设工作列入第一个五年计划中，因此，请苏联政府帮助我国重工业部建设内燃机工厂及水雷、鱼雷工厂，并请派专家组前来中国设计及协助建厂工作。二、此次苏联海军部所允派来之苏联海军专家及对恢复巡洋舰'重庆'号修理、检查设计专家组、大口径海岸炮勘察专家组、要塞建设专家组、建设港口专家组、造船专家组等，最好请于8月份派来中国。三、我国海军代表团与苏联海军部所商定的1952年海军订货中之海岸炮、水鱼雷飞机、驱逐机、教练飞机及航空教育器材，请苏联政府尽早于8月初拨给。"[292] 此信发出后，毛泽东还亲自给斯大林打了电话，督促两国之间海军装备购置等协议的签订和落实，苏方答应给予一定支持。

1953年6月4日，中苏两国政府签订了《关于供应海军装备及在军舰制造方面对中国给予技术援助的协定》（简称"六四协定"）。其中规定，我国通过转让制造方式向苏联购买包括护卫舰、鱼雷舰艇、扫雷舰、大型猎潜艇、鱼雷快艇五种型号舰艇在内的成套技术图纸资料和一批器材设备，在国内消化苏联的资料后自行装配建造。协定签署后，苏联政府组织了专门的技术援助委员会来到中国，进行全方位的技术指导。尽管协定所规定的派遣专家数量不超过150人，但出于实际工作的需要，该委员会先后派出288位苏联专家来华工作，其中包括舰艇设计30人、建造工艺136人、

292 参见吴殿卿："人民海军初创时期装备发展纪实（上篇）"，人民网，2007年5月25日，http://cpc.people.com.cn/GB/64162/64172/64915/5780116.html

安装调试 44 人、工厂设计 16 人、交船验收 58 人及 4 位总顾问。[293] 他们与相应的中方机构进行对口配合，上到船舶工业管理局，下到船舶工业各企业的科室，各个方面都给予了技术上的帮助，并接受了近 100 名中国的技术干部和工人前往苏联进行相应的培训。[294] 从 1955 年起，在苏联专家的指导下，对承担上述舰艇建造任务的江南、沪东、武昌、求新、芜湖、广州 6 个老船厂进行了改扩建和技术改造后，陆续顺利开工建造。在改、扩建的过程中，不仅建设了机械化下水滑道和水平船台，全面开始焊接造船，还逐步淘汰落后工艺，使得整个行业的造船技术水平快速提高。此外，还建设了配套企业，组建了科研设计机构，培养了一批优秀的人才。转让制造任务完成后，船舶军工又着手进行仿制和改进。苏联专家在编制造船工业长远规划，选购配套机电设备，解答工艺技术难题，翻译校队图纸资料，选择各型舰艇试航基地以及培训中国技术人员方面，都发挥了重要作用。"六四"协定的执行，奠定了中国舰艇制造工业的基础。

之后，1959 年 2 月 4 日，中苏签订了第二个海军订货协定，规定向中国出售常规动力导弹舰艇、中型鱼雷舰艇、大型导弹快艇、小型导弹快艇、水翼鱼雷艇等五型舰艇及其动力装置、雷达、声纳、导航仪表等 51 项设备的设计技术图纸资料和一批器材，并将项目的特许权转让给我国。虽然 1960 年苏联单方面撕毁合同中断执行，但已经获得的图纸资料和部分器材为今后的仿制和自行设计提供了有益的借鉴，在此基础上中国相继自行设计、建造了反潜护卫舰和港湾扫雷艇。

事实证明，苏联的援助对加快中国国防工业初创时期的建设进程起到

293　参见沈志华："对在华苏联专家问题的历史考察：作用和影响"，《中共党史研究》，2002 年第 2 期。

294　参见王荣生："振兴船舶工业，为海军装备现代化建设服务"，《回顾与展望——新中国的国防科技工业 1949-1989》，北京：国防工业出版社，1989，第 384 页。

了不可磨灭的重要作用。“一五”计划期间，各项目的建设进度快、基建质量好、投资效果明显、劳动生产率上升，最终提前一年全面完成任务。通过仿制和向苏联专家学习，不仅可以尽快掌握武器装备的设计制造技术，还可以培养人才，锻炼技术队伍，提高整个国防工业的管理水平。苏联对中国国防工业领域的技术援助，是我国国防科技工业史上最大规模的一次技术引进，对于提升我国国防科技的整体水平以及缩短中国国防工业同现代化国家的差距具有不可磨灭的功绩。

此外，“一五”计划方案还借鉴了苏联在第二次世界大战期间所积累的经验，确立了要将国防军工企业布局向中国领土纵深地区转移的战略思想。因为苏联经验充分证明，包括国防工业在内的重工业的发展不仅应布局在靠近原料产地的地方，而且在远离边界的地方也应该有相应的发展。1952 年夏天，一批苏联专家开始着手选择地点并帮助中国设计 15 个国防工厂和 8 套装置。[295]

总之，苏联的“一揽子”援助，在很大程度上加快了我国社会主义工业化的进程，帮助中国在能源、冶金、机械、化工、电力、兵器等产业领域初步构建了较为完整的基础工业和独立的、门类比较齐全（包括陆、海、空三军所需的各种主战装备）国防工业体系框架。“一五”期间，除煤炭和化工外，各基础工业部门和国防工业新增的生产能力中，有 70−80% 是苏联援建的，有的行业甚至达到 100%，并且苏联帮助中国新建和扩建的企业规模都比较大，引进的成套设备在当时也都是比较先进的，有的甚至在苏联都是最先进的。[296] 如此巨大规模的援助，对中国当时的社会主义建

295　参见 АВПРФ, ф.8592, оп. 4 , д.474, л.1-28,（俄罗斯联邦外交档案馆，8592 全总，4 目录，474 号案卷，1-28 页）转引自：扎维尔斯卡娅 (Задерская):《苏联专家与中国军事工业之形成(1949-1960)》，博士学位论文，俄罗斯圣彼得堡国立大学，2000.

296　参见彭敏主编：《当代中国的基本建设》(上)，北京：中国社会科学出版社，1989，第 54-56 页。

设功不可没，正如周恩来给苏联政府备忘录的回文中所说，苏联政府对于建设和改建中国的91个新企业和正在进行中的50个企业的援助以及其它方面对于发展中国经济的种种援助，将使中国人民"逐步地建立起自己的强大的重工业和国防工业，这对于中国工业化和走向社会主义是具有极其重大作用的。"[297]

297　参见《周恩来年谱（1949–1976）》，北京：中央文献出版社，1997，上卷，第302页。转引自：沈志华，"新中国建立初期苏联对华经济援助的基本情况（上）—来自中国和俄国的档案材料"，《俄罗斯研究》，2001年第1期。

第七章

苏联在科技、教育、文化领域对华的援助与影响

除了国防科技领域，苏联在科技、教育、文化领域对中国的援助同样十分显著，它们对中国所产生的影响是十分巨大的。

第一节 苏联对华科学技术援助

1949-1953 年期间，由于两国当时还没有签署专门的长期科学技术协定，所以中苏两国这一时期的科技合作主要通过短期外贸合同的形式完成。双方合作的主要形式包括：聘请苏联专家来华对相关科研工作进行指导和帮助、组织派遣中国科技专家赴苏联实地考察和学习、观摩和参加各种科技学术会议，以及不定期交换科技信息和图书刊物。伴随着“一五”期间苏联大规模援建项目的展开，中国方面以中国科学院为首，开始与苏联科学院和其它研究设计机构展开对口的科技项目对接，将中苏科技合作的层

次逐步拓宽，从技术引进逐步扩展到了技术设计、产品开发、学科建设等多个层面的合作。

一、设立中苏科学技术合作委员会

中国科学院是国内最早与苏联科学技术界建立合作联系的机构之一。1951 年中国科学院副院长竺可桢赴苏联参加“五一国际劳动节”的活动，并首次访问了苏联科学院。1952 年 10 月，中国科学院院长扩大会议通过了《中国科学院关于加强学习和介绍苏联先进科学的决议》。1953 年 2 月 24 日，中国政府派出了以钱三强为团长的中国科学院 42 人代表团，对苏联进行了为期近 3 个月的访问。此行的主要任务是全面了解和学习苏联在组织领导科学研究工作方面的经验，特别是十月革命以后苏联科学研究系统发展壮大的经验，以及了解苏联科学研究的现状和发展方向，并就中、苏两国科学合作问题交换意见。42 人的代表团中囊括了科学院系统 19 个学科的 26 位科学家，他们是：钱三强（物理学）、华罗庚（数学）、张钰哲（天文学）、赵九章（地球物理学）、刘咸一、彭少逸（化学）、宋应、张文佑、武衡（地质学）、冯德培、沈霁春（生理学）、贝时璋、朱洗（动物学）、吴征镒（植物学）、马溶之（土壤学）、李世俊（农学）、沈其震、薛公绰（医学）、梁思成（建筑学）、曹言行（土木工程）、于道文（机械工程）、陈荫谷（电机工程）、刘大年、张稼夫（历史学）、张渤川（教育学）、吕叔湘（语言学）。代表团 3 月 5 日到达莫斯科后，得到了苏联科学院的热情接待，苏联科学院主席团专门为中国代表团组织了 7 个全面性的报告，内容包括苏联科学院发展的各个阶段、苏联科学院的组织机构及干部培养、苏联的科学计划工作、苏联科学家如何学习和运用马列主义方法论，以及苏联科学院生产力研究委员会的工作任务等。此外，代表团成员还受邀先后访问和参观了苏联科学院在各地 98 个研究单位，以及 11

所大学和许多工厂、矿山、集体农庄、博物馆和展览会。同时，钱三强向苏联科学界作了题为《中国近代科学概况》的报告，主要介绍各门学科在近代中国的发展和现状。苏联科学院还在临别前向中国赠送了一万多册科学图书和许多标本和图片等。[298] 回国后，代表团在京对此次访苏成果进行了广泛的宣传，共组织了16个专题报告会和3个总结报告会，向广大科研人员传达了苏联科学技术的研究水平和管理经验。后来，中国科学院将27份报告汇编成书，书名为《学习苏联先进科学——中国科学院访苏代表团汇刊》。该书在1954年首次出版发行后，在国内引起了热烈的反响，同时大大激励了科研人员学习俄语的热情。据统计，1954年6–7月间，中国科学院召开了学习苏联先进经验交流座谈会，当时全院竟有93.2%的人学习了俄文，有73.5%的人已能阅读俄文文献，有26.8%的人能进行翻译。[299]

1954年9月，赫鲁晓夫率苏联政府代表团访问中国，与以周恩来为首的中国政府进行了一系列富有成效的会谈，赫鲁晓夫此次访华对两国有规模、有计划地展开科学技术合作起到了重要的推动作用。10月12日，双方政府签署了《中华人民共和国和苏维埃社会主义共和国联盟科学技术合作协定》（以下简称《中苏科学技术合作协定》），有效期为5年，并可延长。协定的主要内容是：中苏两国政府将通过交流国民经济各部门的经验，实现两国间的科学技术合作；双方将互相供应技术资料，交换有关情报，并派遣专家进行技术援助，并相互介绍两国在科学技术方面的成就。该协定签署后到50年代末，中苏双方参与合作的科研机构达800多个，合作内容几乎涉及所有重要的科技领域。[300] 为落实《中苏科学技术合作协定》

298 参见“钱三强率中国科学院代表团访问苏联”，中国科学院－院史所史－编年史－1953，http://www.cas.cn/jzzky/ysss/bns/200909/t20090928_2529071.shtml

299 参见武衡：“中国科学院代表团首次访问苏联”，《科学新闻》，1999年第25期。

300 参见张柏春、姚芳、张久春、蒋龙合著：《苏联技术向中国的转移1949–1966》，济南：山东教育出版社，2004，第162页。

的内容，中苏两国政府设立了专门负责管理和协调中苏科技合作事务的“中苏科学技术合作委员会”，下设中国组和苏联组，各有7名成员。科学技术合作协定的签署使两国在科学领域的交往向更深的层面发展，而每年定期召开的委员会会议也极大地促进了两国间的科学技术合作。1954年12月，委员会在莫斯科召开了首次科学技术合作会议。会议决定，苏方将无偿向中国提供国民经济各部门技术装备的大量图纸和资料，包括建设发电站、冶金厂和机床厂的设计技术资料、生产机器和设备的工作图纸和工艺资料，以及相关的科技文献。中国企业根据苏联提供的图纸和技术资料开始独立生产相关的设备，大大加速了国产化的进程。

从 1955年开始到 1966年，“中苏科技合作委员会”每年分别在北京和莫斯科举行两次会议，总共开了 15 次会议。双方除了总结两国上一年度的合作情况和拟订下一年度的合作计划，并做出具体安排外，还专门研究当前科技合作存在的问题，及时讨论解决问题的办法。在此期间，按照该协定，双方相互转交了技术文件，交换了相关信息，并派遣了技术援助和考察两国科技领域成果的专家。据统计，自1950年至1959年，苏联根据这一协定向中国无偿（只收取复印费）提供的科学技术文件共计：整套技术设计文件31440套，基本建设方案3709套，机器和设备草图12410套，整套技术文件2970套，整套部门技术文件11404套，其中1955–1959年分别为25896套、3359套、9837套、2678套、10022套，均占总数的70%–90%。[301]

总之，中苏科学技术技术合作委员会解决了双方科技合作中许多实质性的问题，为推动苏联对中国在科技合作领域的援助起到了十分重要的作用。充分利用苏联提供的技术文件，在很大程度上缩短了产品的设计周期、

301 参见沈志华主编《中苏关系史纲1917–1991年中苏关系若干问题再探讨》，北京：社会科学文献出版社，2011，第161页。

建设周期和投产期，大大降低了产品成本，是保证中国工业快速发展的条件之一，大大促进了中国的经济建设。

二、苏联帮助制订十二年科技发展远景规划

制定科学技术远景规划是中国在上世纪50年代大力发展科技的重要举措。它为中国科学技术未来的发展指明了前进的方向，明确了清晰的目标和基本政策，对中国科技的发展产生了深远的影响。

1956年1月14日至20日，中央在北京召开了知识分子问题的会议，周恩来主持会议。他在提出“向科学进军”的任务时，强调指出：“科学是关系我们的国防、经济和文化各方面的有决定性的因素。”他认为，世界科学技术在近二三十年中有了特别巨大的进步，已经把我们远远抛在了后面，我们必须急起直追。为了认真地而不是空谈地向现代科学进军，必须抓紧时间，必须为发展科学研究准备一切必要的条件。他提议由国家计划委员会负责，会同有关部门，制定1956–1957年科学技术发展的远景规划。[302] 会后，1月31日，国务院召开有中国科学院、国务院各有关部门、高等学校的领导人和科技人员参加的制订科学发展远景规划的动员大会，成立了科学规划10人工作小组，负责制定“十二年科学技术发展远景规划”，周恩来亲自领导此项工作。2月24日，中央政治局会议批准规划小组改组为国务院科学规划委员会，任命陈毅为主任，李富春、薄一波、郭沫若和李四光任副主任，科学院副院长兼党组书记张劲夫任秘书长。此外，根据中国科学院院长顾问拉扎连柯的建议，中国向苏联政府提出请求，特别邀请苏联专家来华帮助制订“十二年科技发展远景规划”，并介绍世界科学技术的现状及发展趋势。3月15日，国务院科学规划委员会在北京正式成

302　参见薄一波：《若干重大决策与事件的回顾》上卷，北京：中共中央党校出版社，1993，第506–507页。

立。3 月 29 日，苏联政府派出 16 位来自苏联科学院的专家来华，加上已经在华的苏卡乔夫院士和奥巴林院士，一共 18 位专家，共同帮助中国制订“十二年科技发展远景规划”。[303] 值得注意的是，这些专家所从事的专业领域大约有三分之一属于无线电电子学、自动化、半导体和计算技术，是中国科学院正在酝酿专门筹建的四个研究所的专业方向，苏联专家的到来解决了我们在技术规划方面经验不足的短板，他们对这四个学科的建立提供了很多宝贵的意见和建议。根据当时任国家科学规划委员会副秘书长和中国科学院学术秘书、副秘书长的武衡回忆，当时经常和苏联专家讨论各学科发展规划，请苏联专家对新兴尖端科学技术的发展提供意见，比如与苏联列别捷夫物理研究所半导体研究室主任伏尔通讯院士讨论半导体技术的规划，与苏联科学院科学情报研究所所长兼精密机械与计算技术研究所副所长潘诺夫博士商谈计算机技术的规划问题等等。

这些科技领域的苏联专家虽然在华工作的时间只有 1 个多月（他们于 1956 年 5 月 10 日和 20 日分批回国），但他们工作努力，不仅为中国的科技人员介绍了苏联各种科技成果和经验，还为我国建立和发展现代科学技术的工作提出了许多有价值的宝贵意见。中方将苏联专家们所做的情况介绍以及各种学术报告整理成《苏联科学家报告汇编》出版，为中国科技人员开展工作提供借鉴。中国在制订“十二年科技发展远景规划”的过程中，在很多方面都借鉴了苏联的经验。此外，苏联专家还帮助中国制订了一些新的技术学科规划，如：力学、电工、电子学、电真空学、精密机械、计算技术、水声学、半导体、自动控制、喷气发动机等。同时，对科研机构的建立、干部培养、研究方向和重点、仪器设备的配置等都提出了建设性的具体指导性建议，并对与苏联科研机构的对接和可能展开的合作研究、

303 参见张柏春、张久春、姚芳，“中苏科学技术合作中的技术转移”，《当代中国史研究》，2005 年第 2 期。

综合考察等提出了许多参考性的意见。结合这些建议，国内专家们经过几个月的努力，于8月21日正式完成了《十二年科技发展远景规划纲要（草案）》及附件，确定了13个主要方面的57项任务，616个研究课题，希望有些学科、门类在12年内赶上或接近世界先进水平。[304]随后，中方还先后派出了学术考察代表团去向苏联取经，以解决规划中遇到的一些疑难问题。比如，1956年9月，中国科学院派人赴苏联考察了计算技术；同年12月，严济慈率领38位专家学者赴苏联考察电子学、电工学、钛合金、半导体、机械及动力等重要技术学科。1957年中方将规划草案送往苏联，征求苏方的意见，苏方随后提出了许多书面的意见和建议。1963年，国家对规划的执行情况进行了全面检查，57个主要项目完成了50项。[305]

实践证明，《十二年科学技术远景规划纲要》的制订与项目落实，有力地促进了新中国的科学技术事业发展，使中国在短短几年内就大大缩小了与世界先进科学技术水平国家的差距，科技的发展和进步为加快社会主义工业化的进程奠定了强有力的基础。应该说，在制订和实施规划的过程中，苏联专家提供的建议与经验，以及苏联对口科研单位对中国提供的全面帮助发挥了重要的作用，很多领域建立起了自己的科研体系，填补了许多新兴学科的国内空白。在苏联的援助下，中国先后创建了很多新兴技术和重要技术领域的研究机构，涵盖了核能、精密机械、电子技术、自动化、半导体、无线电、电力、电工、光学、动力等。此外，在苏联专家的帮助下，我们还培养了一批的优秀科技人才，在发展中取得了不少科研成果，为学科未来的发展奠定了良好的基础。

304　参见 闵良干，“中外专家合作制定科学发展远景规划”，《国际人才交流》，2010年第5期。

305　参见聂荣臻：《聂荣臻回忆录》下册，北京：中国人民解放军出版社，1984，第838页。

三、苏联帮助中国开展尖端技术研究

国际尖端技术原子能和平利用是1956–1967年科学技术发展远景规划中一项“重点任务”。1955年1月15日，毛泽东召开中共中央书记处扩大会议时就决定中国要发展原子能事业。鉴于当时中国的工业基础和工艺技术水平以及西方实施经济技术封锁的实际情况，中国发展原子能科学，必须要得到苏联的帮助。苏联早在1949年8月29日就成功实现了第一颗原子弹爆炸。1950年初毛泽东访问莫斯科时，毛泽东曾受大林之邀观看过苏联进行原子弹试验的纪录片。1953年中国科学院代表团访苏时，在周恩来的协调下，苏方只允许钱三强等少数几个人去参观原子能研究所，但并未接触到掌握核心的科技人员。在中方提出能否提供有关核科学仪器和实验反应堆时，苏方表示可以通过外交渠道解决。之后，毛泽东在1954年10月赫鲁晓夫访华期间，趁机提出了中国对原子能和核武器感兴趣，希望苏联提供帮助。而赫鲁晓夫则认为搞核武器太昂贵，目前中国应该集中精力搞经济建设，但他答应苏联可以帮助中国建立一个小型的实验性核反应堆，用于科学研究和培训技术力量。[306] 1955年1月17日，苏联政府发表声明，表示愿意在促进核能和平利用的研究方面给中国和其它社会主义国家以帮助，其中包括进行实验性反应堆和加速器的设计，供给相关的设备和必要数量的可分裂物质。此后，中苏在核铀矿勘查、核物理和核工业建设、核武器研制方面总共签订了6个协定。[307]

1955年1月20日中苏签订在中国境内勘探铀矿和两国合营铀矿的协定。根据这一协定，中苏两国采取合作经营的方式，在中国境内联合进行

306 参见师哲：《在历史巨人身边——师哲回忆录》，北京：中央文献出版社，1991，第572–573页。

307 参见张柏春、姚芳、张久春、蒋龙合著：《苏联技术向中国的转移1949–1966》，济南：山东教育出版社，2004，第181–184页。

铀矿的普查地质勘探，对有工业价值的铀矿床，由中方组织开采，苏联提供技术和设备。随后，大批苏联地质学专家来华，帮助中国在境内进行铀矿的普查和勘探。后来，该协定于1956年重新签订，铀矿改由中方自主经营，苏方撤销投资，但专家继续留下工作，设备仍由苏方提供。[308] 1955年1月31日，国务院通过了关于苏联建议帮助中国研究和平利用原子能问题的决议。[309] 4月27日，中国政府代表团在莫斯科与苏联政府签订《关于苏维埃社会主义共和国联盟援助中华人民共和国发展原子能核物理研究事业以及为国民经济需要利用原子能的协定》。协议规定，苏联在1955–1956年间将帮助中国设计和建造一座功率为6500–10000千瓦的实验性原子反应堆和一个12.5–25MeV（百万电子伏特）的粒子回旋加速器，还有无偿提供有关的科学技术资料，提供能够维持原子反应堆运转的数量充足的核燃料和放射性同位素，派苏联专家指导核反应堆的安装和使用，并帮助中国培训所需的核物理学、放射化学、同位素和核反应堆方面的专家和技术人员。[310] 此外，为推动社会主义国家的原子能和平利用，1956年3月20日，苏联还召集人民民主国家代表在莫斯科讨论建立东方原子能研究院的问题。26日，以苏联为首的11个社会主义国家签署了《关于成立联合原子能研究所的决定》，主要进行核物理基础科学方面的研究，其建设费用和日常开销的绝大部分由苏联承担。建立半年，苏联就投入5.2亿多卢布，拥有了世界上最大的同步回旋加速器和物理实验室。[311] 该联合研究所的建立，是苏联在核能研究方面向中国提供帮助的重要平台，为中国核武器的发展奠定了理论和人才的基础。据统计，该研究所自成立到1965

308　参见李觉等主编：《当代中国的核工业》，北京：中国社会科学出版社，1987，第20页。

309　参见《人民日报》，1955年1月28日、2月1日。

310　参见《人民日报》，1955年11月5日。

311　参见《人民日报》，1956年9月22日。

年7月1日撤销为止，有近200名中国的专家学者先后到该所从事科研和学习，他们依托该研究所较高的科研条件和较好的科研设备，以及完备的科学情报体系和杰出的科研人才队伍，很好的完成了各项科研任务，普遍感到收获很大，他们回国后都成为了中国核技术的科技骨干。

1956年，苏联对华的核援助进一步扩大至核工业领域。8月27日，中苏两国签订《关于苏联援助中国建设核工业的协定》，规定苏联将援助中国建设一批原子能工业项目和一批进行核科学技术研究用的实验室。[312]为帮助中国的核科学研究，苏联还派出了优秀的科学家代表团，帮助中国培养研究浓缩铀和钚方面的专家，并帮助编制这方面的教学大纲，后来还负责指导反应堆实验等。中国通过教学和实验，培养了一大批优秀的科技人员。根据有关资料显示，原子能所的职工队伍由1954年底原物理所的170人（科技人员不足100人）发展到1960年上半年的4345人，其中大专以上文化程度的科技人员有1884人。[313]对于苏联在这方面的援助，时任中科院物理所负责人的孟戈非回忆到："以沃尔比约夫为首的苏联科学家代表团，不仅在技术问题上，还在反应堆、核动力的研究体制建设方面，对中国给予了很大帮助。"[314]

苏联在帮助提高中国原子能科研能力和培养核领域人才的同时，还帮助中国建立了一整套核工业体系，并在导弹和计算机技术方面对中国提供了全面的援助，帮助解决了运载工具和计算工具方面遇到的难题。1957年9月，聂荣臻、陈赓、宋任穷率团赴莫斯科访问，与苏联就国防新技术援

312　参见沈志华："援助与限制：苏联与中古的核武器研制（1949-1960）"，《历史研究》，2004年第3期。

313　参见吴玉崑、冯百川编:《中国原子能科学研究院简史（1950-1985）》，内部印刷，1987，第28页。

314　参见孟戈非：《未被揭开的谜底——中国核反应堆事业的曲折道路》，北京：社会科学文献出版社，2002，第24-30页。

助问题举行磋商。经过35天的艰苦谈判，中苏两国代表于10月15日在莫斯科秘密签订《关于生产新式武器和军事技术装备以及在中国建立综合性原子能工业的协定》（简称《中苏国防新技术协定》），共5章22条。协定规定，苏方将援助中国建立综合性原子工业，在航空、导弹和核武器等尖端军事技术方面援助中国，向中国提供能使中国自己制造核武器所必需的科学情报和技术资料，包括原子弹的教学模型和技术图纸，帮助中国进行导弹研制和发射基地的工程设计，提供设备，帮助中国建立导弹部队，派遣技术专家帮助仿制导弹，培训中方技术人员等。[315]《中苏国防新技术协定》标志着苏联在核方面对中国的援助发生了质的改变，真正开始向中国提供原子弹和导弹研制方面的尖端技术和装备援助了。尽管苏联对中国在尖端技术上的援助有所限制和保留，期间也因两国领导人的政治分歧导致了延缓并最后停止了对中国核武器研制工作的援助，但决不能忽视苏联在这一领域对华援助所起的巨大作用。

第二节　中国教育改革借鉴苏联成功经验

民国时期的高等教育模式主要是模仿和参照欧美和日本的学校，较为重视通才教育。解放后，中共接管原国民政府所属的高校，随后按照苏联模式实行了大刀阔斧的教育改革，以满足大规模工业化建设和技术现代化对高等人才的需要。在建国初期的环境下，要大规模改造中国教育现状，建立新中国社会主义教育制度，只有借助苏联成功经验，这是由当时的国

315　参见刘振华："苏联援助之下中国核工业的横空出世"，《中国档案》，2009年第11期。

际、国内客观环境所决定的。[316]

一、中国教育按照苏联模式实施院系调整

新中国成立之后的一段时期，教育领域确定的主要任务是恢复学校教学、接收和改造私立学校，以及维护基本的教育秩序，确立了“学习苏联先进经验并与中国实际情况相结合，改革原有的教育以培养社会主义改造和建设所需要的劳动者与专门人才”的发展战略。在建立以苏联高等院校办学模式为样板的中国人民大学和哈尔滨工业大学的同时，有关部门开始着手制定高等学校院系调整工作的基本方针。[317] 1949 年 11 月 17 日，教育部在北京召开了专门讨论高等院校改造问题的会议，参会的有华北及京津地区 19 所高等院校的负责人。会上，教育部党组书记钱俊瑞指出：“对高等教育应进行坚决地和有步骤地改造。改造的方向是一切服务于国家建设，特别是经济建设。”[318] 在这种背景下，各级教育部门开始在各地进行小规模院校调整，在北京、天津等地，对高等学校进行了局部调整。比如，北京大学、清华大学、华北大学三校的农学院合并成立了北京农业大学；北京大学和南开大学的教育系并入北京师范大学教育系。1950 年下半年，南京大学法学院的边政系被取消，该校社会学系并入政治系；安徽大学的土木工程系和艺术系并入南京大学；复旦大学的生物系海洋组并入山东大学；南京大学医学院改属华东军政委员会卫生部领导，后改称“第五军医

316 参见卓晴君、毕诚：《“五十年代学习苏联教育经验问题”学术研讨会综述》，《教育史研究》1998 年第 2 期，第 16 页。

317 参见陈晨、高梅：“对二十世纪五十年代院系调整的思考”，《文教资料》，2014 年 5 月号下旬刊（总第 647 期）。

318 参见杨志坚：“中国本科教育培养目标研究（之三）——中国本科教育培养目标的形成(1949—1961）”，《辽宁教育研究》，2004 年第 7 期。

大学”等。[319]此外，政府还在各地积极开展俄文学习运动，在少数学校进行向苏联学习试点工作的基础上，积极采取各种宣传方式，广泛介绍苏联社会主义建设的伟大成就，以及各方面建设的先进经验，为下阶段全面学习苏联经验，按照苏联模式改革教育，特别是高等教育做准备。

1949 年 12 月 23—31 日，中央政府教育部组织的新中国“第一次全国教育工作会议”在北京隆重召开。会议明确了在建设新教育时对旧教育、老解放区教育及苏联教育的基本态度和方针。12 月 30 日，钱俊瑞在会上做总结报告，他指出：“在全国范围内的建设任务前面，新中国的教育必须根据共同纲领，以原有的新教育的良好经验为基础，吸收旧教育的某些有用经验，特别要借助苏联教育建设的先进经验，建设我们的新民主主义教育。”[320]1950 年 5 月 1 日，在国家教育部主办的《人民教育》杂志创刊的发刊词中，特地强调了以学习时事政策、学习苏联教育经验、总结解放区教育经验、展开教育学术思想的批判为主要任务。此后，中国教育领域，特别是高等教育领域，按照苏联模式进行了全面的教育体制改革。其中，对高等院系的调整最为突出。1952 年 9 月，中央政府成立高等教育部（简称“高教部”）。

根据政务院《关于改革学制的决定》，在苏联专家的直接参与和指导下，以华北和华东两个地区为重点，按照苏联的教育体制，对高等院校进行了大规模的院系调整。其调整的总方针是：以培养关于建设人才和师资为重点，发展专门学院与专科学校，整顿和加强综合性大学，逐步创办函授学校和夜大学，并在机构上为大量吸收工农成分入高等学校准备条

319　参见马玲玲：《建国初期高等师范教育学科的发展研究（1949—1956 年）》，浙江师范大学硕士论文，2012 年 5 月。

320　参见钱俊瑞：《在第一次全国教育工作会议上的总结报告》（1949 年 12 月 23 日），转引自张健主编：《中国教育年鉴》（1949—1981），北京：中国大百科全书出版社，1984 年版，第 684 页。

件。[321] 其主要做法是，除保留部分以文理为主的综合性大学外，按行业归口分类，组建工、农、医、师等专门学院和专科学校，合并或增设系和专业，从而基本实现了由原先的以欧美通才教育为主体的模式向苏联专业教育模式的转变，同时兼顾地区布局的均衡性。经过1952年的院系调整，工、农、医、师院校的数量从此前的108所大幅度增加到149所，而综合性院校则明显减少，由调整前的51所减为21所。[322]

为了满足“一五”计划期间对人才的需求，1952年实施的院系调整，重点是工科院校以及专业设置。调整后，各高等院校的系和专业数量逐步增加，学科也越分越细。到1955年，全国高等学校共设各种专业249种，其中工科专业137种，占到全部设置专业的55.2%。[323] 此外，经过这次调整，私立高等院校全部并入公立学校，全国共计新设高等学校31所，其中工业院校11所、农业院校8所、师范院校3所、医药院校2所、财经院校3所、政法院校2所、文科院校1所、艺术院校1所。从旧有综合性大学独立出来的各种专门学院有23所。调整后停办的高校有49所，其中改为中专的4所。至1953年底，除农林、医药的系科专业设置尚须继续调整外，一般高等学校的院系调整工作已基本完成。调整后，全国共有高等院校182所，其中综合大学14所、工业院校38所、师范院校31所、农林院校29所、医学院校29所、财经院校6所、政法院校4所、语文院校8所（除北京外国语学校外，皆为俄文专科学校）、艺术院校15所、体育院校4所、

321　参见“做好院系调整工作，有效地培养国家建设干部”，《人民日报》社论，1952年9月24日。

322　参见陈学飞:《中国高等教育研究50年——1949-1999》，北京:教育科学出版社，1999年，第1864页。

323　参见张藜:“五十年代初院系调整对我国高等化学教育的影响”，《自然辩证法通讯》，1992年02期。

少数民族院校 3 所，另外还有北京气象专科学校。[324]

在对全国高等院校进行调整的同时，国家在建国初期对全国中等专业学校的调整也是全国院系调整工作的一个重要组成部分。教育部于 1951 年 6 月 12 日召开了第一次全国中等技术教育会议，对全国中等技术教育确定了以“调整、整顿为主，有条件发展”的方针。1952 年，政务院发出《关于整顿和发展中等技术教育的指示》，并按专业化、单一化原则，将一批综合性职业学校调整为单科学校，并仿照苏联中等专业学校模式，在机械、冶金、燃料等重工业部门和解放较早的东北地区建立了一批培养技术人员的新型中等技术学校。到 1953 年年底，全国中等专业学校由上年的 22 所增加至 31 所，其中重工业 20 所、轻工业 4 所、综合性 7 所，并成立了钢铁、机械、采矿、冶金、化学、土木、水利等技术学校，在领导关系上明确了由中央各业务部门实行集中统一领导的体制，消除了由于多头、多层领导造成的无人负责的混乱现象。[325]

在建立新中国社会主义教育体系的过程中，主要以苏联的教育制度为蓝本，在全面学习苏联教育经验的号召下，除了进行大规模的院系调整外，还对教学体制及管理模式等各个方面进行了改造。

二、中国推行苏联式的教学计划和专业设置

高等教育改革还有一项重要的举措就是广泛建立了苏联模式的教育室或教研组，一般由 10 到 20 人组成，负责监督备课、青年教师培训、研究推广新的教学方法，以及培养研究生等。1952 年第二学期，中国政府开始推行苏联式的全国统一教学计划和课程设置，以及与课程对应的教学大纲，

324 参见李涛：《借鉴与发展——中苏教育关系研究（1949–1976）》，杭州：浙江教育出版社，2006。

325 参见高奇：《新中国教育历程》，石家庄：河北教育出版社，1999，第 26 页。

要求各地学习苏联的教学制度和经验。工科教学计划规定必须参加教学实习、生产实习和毕业前实习。为满足新模式下的教学需要，苏联高等院校的教学计划和教程被大量翻译成中文，直接用作制订中国中国教学计划和教材的参考资料或蓝本，有的甚至直接被选定为教材。例如，东北农学院于 1952 年把 141 门课程的苏联教学大纲翻译成中文，并分发到中国的各农科院。[326]同时，俄语也成了中学教育最重要的外语。

在专业设置方面，1950 年初，《人民教育》发表了教育部副部长曾昭抡《高等学校的专业设置问题》一文，提出了学习苏联大学专业设置的设想，该文宣传和推广了苏联"有计划、窄口径"型专业设置经验。在 1953 年下半年至 1954 年上半年不到 1 年的时间内，高教部与教育部分别召开了全国综合大学会议、全国高等师范教育会议、全国高等财经教育会议、全国政法大学会议等系列会议，讨论各类院校的专业设置与教学计划。1954 年 11 月，政府出台《高等学校专业目录分类设置（草案）》，明确指出这一专业目录是参考苏联大学的专业目录制定的，其中不仅列举了各类专业的名称，而且注明了各类专业所要达到的培养目标。1954 年，全国高等学校共设专业 257 种。在这次教学改革中，以"有计划、按比例培养各类专门人才"为理想的苏联"专才"教育模式被我们以全面移植苏联专业设置的方式借鉴到了中国。[327]

1952 年 11 月，《人民教育》发表社论，题为《进一步学习苏联的先进教育经验》，文章中列出了新中国成立三年以来在教育建设领域学习苏联经验所取得的成绩。文中总结了学习苏联教育的几个方面：第一，教育制度。不仅要充实完善学制改革、院系调整、专业设置，而且包括行政领

326　参见［美］费正清、［美］麦克法夸尔主编:《剑桥中华人民共和国史(1949-1965)》，上海人民出版社，1990，第 210 页。

327　参见李涛，"关于建国初期中国高等学校院系调整的综合述评"，《北京航空航天大学学报（社会科学版）》，2004 年第 4 期。

导制度、管理学生制度、校长负责制度、师资责任制、教学研究室制度、课堂教学结合青年儿童课外研究的制度、学校与生产联系的制度、学校和家庭联系的制度等。第二，课程教材方面。要求今后除本国语文、历史、地理外，凡是苏联已有教材，都要尽可能以它为蓝本，并尽可能结合中国实际来加以改编。第三，教学方法方面。要学习苏联有系统地进行课堂教学以及指导学生课外研究方面的经验，坚持理论与实际结合的教学原则，为此要学习苏联的教育科学。社论强调，“苏联的教材教法以及教育理论、教育制度，不只是在社会性方面和我们最接近，并且在科学性方面也是最进步的。”“因而必须彻底地、系统地学习苏联的先进教育经验。”[328]

1953 年 1 月 22 日，《人民日报》又发表社论，题为《高等学校的教学改革应当稳步前进》。文中指出：“我们在教学改革中所以要学习苏联经验，是因为苏联已经走过的道路正是我们要走的道路，因为苏联科学技术是世界上最先进的。我们的新工厂、新矿山都要按苏联的技术标准来建设，我们所最需要的科学技术人才，必须真正掌握最先进的科学技术。而苏联的先进经验，正好给我们提供了培养这种人才的生动榜样。”[329]

1953 年 2 月 14 日，《光明日报》发表社论，题为《掀起学习苏联的高潮》。指出：“我们正以苏联的先进教育经验为借鉴，来改革我们的学制、教学内容和教学方法。课堂讨论、五步教学法、五级分制和教研室等正在我国教育机构中广泛推行。小学五年一贯制也开始在全国范围内逐步实行。”社论指出：“应该把学习苏联提到作为政治任务来完成的原则高度上去。凡是真正愿意为人民服务的人、真正愿意献身于建设伟大祖国的人就必然会诚心诚意地向苏联学习，而不会有任何的怀疑和犹豫。”[330]

328 参见特约评论员：“进一步学习苏联的先进教育经验”（社论），《人民教育》1952 年第 11 期，第 43 页。

329 参见“高等学校的教学改革应当稳步前进”，《山西政报》，1953 年 1 月 31 日。

330 参见李庆刚：《“大跃进”时期“教育革命”研究》，中共中央党校博士论文，2002 年 5 月。

以上三篇重要媒体发表的社论表明，中国在建国初期的社会主义教育领域改造和体系构建中，全面照搬了苏联的办学经验，苏联教育模式的影响深入到了中国教育的各个层面。无论是教学研究组的设立、还是教学计划的统一和专业设置，都体现了政府计划的主导性，是一种与计划经济体制高度契合的苏联式的教育制度。在此过程中，中国建立了全新的教育管理体制。

三、建立苏联式的高等教育管理体制

建国初期，通过学习苏联教育经验，我国高等教育管理体制发生了相应的变化。到 1957 年院系调整结束时，中国形成了一个结构严密、特点鲜明的高等教育管理体系。

首先，确立了坚持党对学校领导的高等教育社会主义性质，苏联高等教育鲜明的政治性和为社会主义经济建设服务的特点，得到了我国政府的认同和借鉴。学习苏联经验，奠定了当时中国高等教育的政治性质，即是中国共产党领导下，以马克思主义为指导的社会主义高等教育。而突出党对教育工作的政治领导、突出思想政治教育、加强党团组织建设的做法都是苏联经验在中国移植的结果。人民政府在接管旧的高等学校后，立即开设了马克思列宁主义的政治理论课，并对学校师生进行时事政策教育，组织他们参加各种社会改革运动。此外，按苏联模式建立的中国人民大学还设置了马列主义研究班，专门培养马列主义理论和高校政治理论课的教师。1952 年教育部颁布的《关于全国高等学校马克思列宁主义、毛泽东思想课程的指示》中明确指出："为了加强和提高学生系统的理论教育，在全国高等学校开设政治理论课程教育的基础上，加强马列主义、毛泽东思想课程的开设。"[331]

331　参见项建英："当代中国高等教育学术的缘起"，《教育学术月刊》，2011 年第 7 期。

其次，逐步建立了完整的思想政治教育工作体系，加强了教育系统的党团组织建设，在各个高等学校陆续建立了党总支和党委，推进建团工作。1956年，周恩来在《关于知识分子的报告》中提出：要做好知识分子的党员发展工作，不断提高党团员在知识分子队伍中的比重。到1956年时，在全国40万大学生中，已有团员23万人，占到了学生总数的57.3%。到1957年时，我国高等学校逐渐形成了党委统一领导，由主管学生工作的党委副书记具体负责，学校党政齐抓共管，以政治理论课为主渠道，青年团、教工会、学生会积极配合的思想政治教育工作体系。

再者，建立全新的高度集权、计划统一的苏联式的高等教育体制，强调了政府对于高等教育的管理职能。政府通过下发文件的方式强力推行，明显强调了中央对高等教育的集权式管理，包括高校领导层的任命、责任管理等。如：1950年1月5日，政务院第8次政务会议通过的《政务院关于任免工作人员暂行办法》规定：大学校长、副校长由政务院提请中央人民政府任免，高等专门学校校长、副校长则由政务院任免，从而进一步强调了政府对于高等教育的管理职能。[332] 1950年5月，政务院在颁布的《各大行政区高等学校管理暂行办法》中规定："为有效地管理全国高等学校，除华北地区高等学校由中央教育部直接领导外，各大行政区高等学校暂由大行政区教育部或文教部代表中央教育部领导。"7月，政务院在通过的《关于高等学校领导关系的决定》中指出："全国高等学校以由中央人民政府教育部统一领导为原则"，并强调"中央人民政府教育部……对全国高等学校（军事学校除外）均负有领导的责任。各大行政区人民政府或军政委员会或文教部……均有根据中央统一的方针政策，领导本区高等学校的责任。"[333] 在全国学习苏联教育经验的过程中，1953年10月11日，中央人

332 参见金铁宽：《中华人民共和国教育大事记》（第1卷），济南：山东教育出版社，1995，第23页。

333 参见教育部："关于高等学校领导关系的决定"，载《人民教育》1950年第9期，第2页。

民政府政务院作出了《关于修订高等学校领导关系的决定》。进一步强调高等教育部必须与中央人民政府有关业务部门密切配合，有步骤地对全国高等学校实行统一与集中的领导，并在体现集中统一精神的基础上，确定了中央高等教育部与中央有关部门分工负责管理高等学校的领导体制。由此，苏联式的高度集权和计划统一的高教管理体制在我国开始形成。

总体而言，学习、借鉴和移植苏联教育模式，对于建立以马克思主义思想为指导的教育学，建立新中国正规的社会主义教育模式，具有一定的积极意义，但学习过程中脱离了中国教育的实际情况，完全片面地生搬硬套苏联的教育模式和管理体制，造成了对苏联教育思想的绝对化和教育模式的固定化，以及教育管理的集权化等一系列问题，从而对我国的教育领域产生了消极的影响。1956 年后，中国教育界开始对苏联模式进行反思和调整，并尝试建立适合中国实际的教育体制，同时开始关注西方国家的教育发展，这些改变对中国的教育和教育体制都产生了深远的影响。

第三节 中苏在文化领域的交流与影响

在全面学习苏联经验的过程中，文化界和教育界一样，始终走在最前面。毛泽东早在 1945 年发表的《论联合政府》中即已指出："苏联创造的社会主义文化，应当成为我们建设人民新文化的范例。"[334]

建国后，鉴于党和政府采取了对苏联"一边倒"的政策，提出了全面"以苏为师"的号召，因此学习苏联建设人民新文化的经验也就成为历史的必然选择。中苏两国从全面友好至关系破裂期间，双方在文化领域的交流成果十分显著，苏联对中国文化领域的影响体现在各个方面。

334 参见《毛泽东选集（一卷本）》，北京：人民出版社，1964，第 984 页。

一、中苏友好协会的成立促进文化交流

中苏友好协会成立于1949年10月5日，是新中国的第一个群众性组织。其宗旨就是："发展和巩固中苏两国的友好关系，增进中苏两国文化、经济及各方面的联系和合作，介绍苏联政治、经济、文化建设的经验和科学成就，加强中苏两国在争取世界持久和平的共同斗争中的紧密团结。"从组织机构上说，中苏友好协会共分五级：(1)全国设总会，会址在北京；(2)总分会，设在包括几个省市的大地区（如东北、华北、中南）；（3）分会，设在省和直属市；（4）支会，设在县、市及直属市所属的企业、工厂、机关和学校；（5）支分会，设在村庄及县市所属的企业、工厂、机关和学校。总会机关是部级单位，行政编制定为80人，党组受中央群直党委领导。按照中苏友好协会筹委会的安排，总会机关设立有秘书处、组织部、联络部、研究出版部、服务部及图书资料室等内部机构。刘少奇亲自担任中苏友好协会的首任会长。

成立一周年，中苏友好协会已经在全国范围内建立了2个总分会、37个省市分会、17个直属支会和4667个支会，会员人数达300多万人。它在促进中苏文化交流方面发挥了重要的作用。一年来，中苏好友协会共出版刊物34种，出版介绍苏联的单行本70多种。总会电影放映队曾赴25个市、县、蒙旗放映有关苏联的电影591场，图片巡回展览队也分赴各地举办展览，观众达140多万人。仅东北中苏友好协会一年就放映了868部苏联电影，观众近230万人。此外，还举办了各种专题讲演和讲座。北京、上海等10个城市的统计显示，一年内就举办了185次讲演和讲座，听众达31万人。[335]

中苏友好协会与苏联对外文化协会一起，在推广和传播苏联文化及苏联思想教育方面发挥了重要作用。苏联方面对中苏友好协会的工作给予了

335 《人民日报》，1950年10月6日，第1版。

大力的支持，根据中方的实际需求提供了物质上的援助。比如，为庆祝中苏友好一周年，苏联对外文化协会赠送了一批包括电影放映机、图书、影片在内的一些礼物，具体清单如下：[336]

1、嘎斯 -0-3-30 汽车，配备流动电影放映设备、发电机和无线电接收装置，5 辆

2、录音机，2 台

3、磁带（柴可夫斯基、格林卡、穆索尔格斯基、博罗金等人的作品），可以播放 20 个小时

4、带发电机的流动电影放映机，10 台

5、故事片，15 部：

《斯大林格勒战役》（第一和第二集），汉语配音

《康斯坦丁　扎斯洛诺夫》，汉语配音

《他们有自己的祖国》，汉语配音

《侦察员的功勋》，汉语配音

《和平的青年时代》，汉语配音

《列宁在十月》，汉语配音

《列宁在一九一八》，汉语配音

《攻克柏林》，汉语配音

《库班的哈萨克》，汉语配音

《注定要失败的阴谋》，汉语配音

《秘密使命》，汉语配音

《勇敢的人们》，汉语配音

实际上，中苏友好协会在成立时，有些地方已经成立地区总分会或分

336　《格里戈良致斯大林函：庆祝中苏友协建立一周年》附件，1950 年 9 月 22 日，俄罗斯国家社会历史档案馆，82 号全宗，2 号目录，1259 号案卷，58-61 张。

会，在东北、察哈尔、河北、浙江等地区，在中苏友好协会成立半年内，就将组织发展到了许多小城市和一部分农村。比如，在浙江省丽水市莲都区的网站上，笔者看到了一篇《忆中苏友好协会》的文章。文中显示，丽水县中苏友好协会在1951年4月成立。县委宣传部部长袁长泽同志担任会长。丽水地区中苏友好协会会长是中共丽水地委宣传部部长晨光同志。在谈到县中苏友好协会的主要工作时，写道："全国中苏友好协会定期印发宣传苏联社会主义建设成就的文字资料和图片，县中苏友好协会就把文字资料翻印发到各机关、企事业单位、各区乡。再由各单位通过学习会、宣传栏等方式向干部群众宣传。县文化馆是当时重要的宣传阵地，县中苏友好协会经常将宣传苏联的图片和文字资料放在文化馆的阅览室内，供广大群众看，成为阅者最喜欢看的材料。另外在街道旁设置宣传橱窗，挂上图片和文字说明，来往群众驻足观看，对苏联老大哥在工业、农业、文化、教育、卫生、交通等各方面的建设成就表示极大的兴趣，看到社会主义的美好前景。有线广播也是当时的有力宣传工具。县中苏友好协会把有关资料定期给县广播站，广播站设置专题广播节目，成为广大群众爱听的节目之一。县中苏友好协会定期举行报告会，请县委领导同志向机关干部、中学师生介绍有关苏联的各方面情况。此外，县中苏友好协会和电影放映公司联系放映苏联电影，《列宁在十月》、《保卫察里津》等影片，使广大干部群众增进了对苏联社会主义革命斗争的了解。协会介绍苏联文艺作品在机关干部和中学师生中传阅，影响最深的是小说《钢铁是怎样炼成的》，保尔·柯察金成了青年们学习的榜样。各单位的中苏友好协会还组织会员学唱苏联歌曲，如《喀秋莎》、《红莓花儿开》、《莫斯科郊外的晚上》、《伏尔加船夫曲》等，都是大家爱唱的。可以说，当时宣传"中苏友好"，形式是多样的，内容是丰富的，深度广度几乎达到家喻户晓，深入人心。[337]这充分说明，中苏友好协会的组织机构在中国学习苏联经验和进行中苏文化交流方面，延伸到了最基层的群众，起到了强有力的宣传作用。

1953年，中苏友好协会已经稳步发展成国内最大的群众组织。从建会到1953年初，其会员已经发展到7000万，且遍布祖国各地。1954年，其组织机构减少至三级，其职能也发生了一些变化，开始从宣传机构向对外文化交流机构转型。目前，它作为民间外交机构，是中俄开展民间友好交流的重要平台。

二、中苏在文化领域交流的成果

新中国诞生前夕，毛泽东曾说“人民革命的胜利和人民政权的建立给人民的文化教育和人民的文学艺术开辟了发展道路”，“在革命胜利以后，我们的任务主要就是发展生产和发展文化教育”。[338]因此，建国后，中国在进行经济建设的同时，也不断注重对精神生活的建设。在“一边倒”的背景下，中苏在文化领域展开了全方位的合作。在此，仅举几个简单的例子：

苏联美术新中国的中国美术有着巨大的影响，两国在美术方面的友好交流十分密切。中国新中国成立不久，中苏两国出版主管部门在第一时间就通过谈判协商，达成了在图书报刊出版发行工作方面加强合作和互助的协议。协议中，双方共同保证各自的出版物在对方境内发行时必须按照对方出版物的价格水平和标准执行。这一条款对中国读者是十分有利的，因为当时我国的图书报刊价格远远低于苏联。中国读者可以像订购中国图书报刊一样，选购苏联的图书和报刊，且图书质量高于中国。当时，苏联的

337 参见陈雪伟：《亿中苏友好协会》，http://www.liandu.gov.cn/lsld/kcsz/2010/6/t20100308_647775.htm

338 参见张文儒：《毛泽东与中国现代化》，北京：中国当代出版社，1993，第37页。

图书画报在邮局和书店经常更新，建国后组建的美术出版机构和报刊，在初期也主要以翻译发行苏联供应的书刊资料为主，比如《世界美术通史》、《造型艺术理论译丛》、《苏联百科全书美术条目》和各种专题研究、名家名作赏析等书刊、报纸、汇编等参考资料，为读者和专家观察、借鉴和研究国外美术动态，做了大量的工作，也掀起了学习苏联美术的热潮。[339] 1953 年，中国提出“正规化”问题，开始在各方面全面学习苏联。美术方面，将苏联社会主义的现实主义作为统一的美术创作方法，推崇主题性、情节性的绘画。此外，中国通过举办苏联美术展览、在教学中采用苏联的艺术教育体系和教学方法、邀请苏联专家来华交流讲学和举办培训班、向苏联派遣美术留学生、大量翻译苏联的艺术理论和教课书籍等各种传播形式，使苏联美术在中国得到了广泛的传播，在民间也产生了很大的影响。[340]

在文学领域，中国在建国初期同样引进了大量苏联的文学作品：苏联许多文学名著都被中国翻译出版，如《高尔基选集》14 卷、《马雅可夫斯基选集》5 卷、阿 · 托尔斯泰的《苦难的历程》3 部曲等作品。还有成为青少年的畅销书，或被推荐为群众性读书活动的必备书。如奥斯特洛夫斯基的《钢铁是怎样炼成的》、科斯莫捷米扬斯卡娅的《卓娅与舒拉的故事》、帕 · 茹尔也的《普通一兵马特洛索夫》、柯谢伐娅的《我的儿子》、德拉伯金娜的《黑面包干》、沙特罗夫的《以革命的名义》等。据统计，“1954 年至 1957 年间，中国出版的全部书籍中，从俄文翻译的书占 38% 至 45%，从其他语种翻译的占 3% 到 6%。到 1956 年，从俄文翻译为中文的教科书约有 1400 种，其中包括一些小学和中学用的教科书。[341] 同时，

339 参见佟景韩：“建国初期的中苏美术交流”，《美术观察》，2009 年第 3 期。

340 参见朱沙：“建国初期的中苏美术展览交流”，《艺苑》，2011 年第 4 期。

341 参见［美］费正清、［美］麦克法夸尔主编《剑桥中华人民共和国史（1949-1965）》，上海：上海人民出版社，1990，第 210 页。

苏联也引进了为数不少的中国文学作品。据苏方统计，仅从 1949 年到 1957 年，苏联用俄文出版了 370 多种中国古代和现代作家的作品，发行量约 2000 万册；用苏联其他各民族文字出版的中国作品约 30 种。

还有，中方高度重视苏联在华举办的各类经济成就与文化建设展览，其影响也是空前的。比如，为举办“苏联国民经济成就与文化建设展览会”，中央在 1953 年决定专门在北京修建苏联展览馆，该馆于 1953 年 10 月动工，1954 年 9 月竣工，一个月后就迎来了盛大的“苏联国民经济及文化建设成就展览会”。党和政府对这个展览的举办高度重视，周恩来亲自出席开幕式并讲话，毛泽东专门发表了题词，刊登在 1954 年 10 月 31 日的《人民日报》上，文中毛泽东表达了对参观该展后的满意之情，认为苏联经济建设和文化建设的光荣成就大大鼓舞了中国人民建设社会主义的热情，并且使中国人民得到学习的最好榜样。苏联政府和苏联人民在我们的建设事业中给了我们多方面的一贯的巨大援助，这种援助经过最近的中苏会谈更加扩大了，而苏联经济及文化建设成就展览会的举行，也正是苏联对我国热情援助的一种表现。毛泽东代表全体中国人民对于这种情同手足的友谊表示了感谢。[342] 该展从 10 月 2 日开幕，到 12 月 26 日结束，不到三个月的时间里，全国前往参观的人数高达 276 万人。[343] 这次展览展出了苏联在科学、技术、文化、艺术、建筑等各领域的社会主义建设成就，全部展品有 1.15 万余件。该展在北京展出后，还相继在上海、武汉、广州等大城市巡回展览，直到 1956 年 7 月才落下帷幕，观众达 1125 万人次。[344] 由此可见，中国对苏联文化的热衷可见一斑。

---

342 《中国与苏联关系文献汇编（1952 年 -1955 年）》编委会：《中国与苏联关系文献汇编（1952 年 -1955 年）》，北京：世界知识出版社，2015，第 329 页。

343 参见朱沙：“建国初期的中苏美术展览交流”，《艺苑》，2011 年第 4 期。

344 “追忆“中苏友协”往事”，中国论文网，http://www.xzbu.com/1/view-144115.htm

第八章

优先发展重工业方针和农业集体化道路

国民经济恢复结束后，中共中央依据中国国情和苏联发展经验，决定优先发展重工业。新中国的工业基础薄弱，特别是重工业，与西方的差距甚大。朝鲜战争的爆发严重威胁到了国家的安全，因而优先发展重工业成为中央考虑的重点问题之一。以“一五”计划为标志的工业化建设，核心就是优先发展重工业。而第一个五年计划是全面学习苏联老大哥的时期，正如毛泽东所说：“由于我们没有管理全国经济的经验，所以第一个五年计划的建设，不能不基本上照抄苏联的办法。”[345] 事实上，第一个五年计划期间，中国的工业化之路正是选择了苏联的社会主义工业化道路，即由国家主导优先发展重工业。

发展重工业需要大量的资金投入，而中国还是一个落后的农业大国，土地少，人口多，交通不便，资金不足。如前所述，在当时的冷战情势下，除了争取苏联的援助外，主要还是要立足于国内的积累。而根据苏联的社会主义工业化理论，农业应该为工业化积累资金。苏联工业化的经验表明，

345 参见《毛泽东选集》，北京：人民出版社，1999，第 117 页。

社会主义工业化是离不开农业合作化而孤立去进行的。因此，依据当时的实际情况，为了解决优先发展重工业出现的资金不足问题，中央决定借鉴苏联经验，通过增加轻工产品和农产品的生产，保留工农业产品在交换价格上存在一定的剪刀差，为国家的重工业发展积累资金。[346] 为了迅速提升农业生产水平，政府加快了农业合作化步伐，并在 1953 年开始对农业进行社会主义改造，主要把分散的个体农民分头组织起来，引导他们参加农业生产合作社，走集体化的社会主义道路。

苏联在工业和农业建设方面的经验，对中共是最好的借鉴。正如陈云在 1949 年 10 月 28 日对前来拜访的苏联大使罗申很有把握地表示："中国的农业和工业学习苏联农业和工业的榜样，走上社会主义建设道路的时代就要到来。"[347]

第一节 新中国优先发展重工业方针的确定

新中国为了迅速改变贫穷落后的面貌，用短短 3 年的时间在战争废墟上恢复了国民经济，并在此基础上开始大规模经济建设。如何把经济落后的农业大国变成工业大国，是编制第一个五年计划之初就苦苦思索的一个问题。[348] 加之由于朝鲜战争爆发等外部因素的影响，国家安全受到严重威

346 参见朱佳木："毛泽东对中国工业化的探求与中国的革命和建设"，《中共党史研究》，2004 年第 2 期。

347 参见"罗申与陈云的谈话备忘录"（1949 年 10 月 28 日），АВПРФ，ф.0100，оп.42，п.288，д.19，л.58-62。（俄罗斯联邦外交档案馆，0100 号全宗，42 号目录，288 号案卷，58-62 页）

348 参见薄一波：《若干重大决策与事件的回顾》，北京：中共中央党校出版社，1993，第 290 页。

胁。面对国内落后的工业和众多的人口，中共中央在权衡了国内政治、经济和国际环境等诸多因素的利弊得失后，最终确立了优先发展重工业方针的苏联工业化道路，选择了优先发展重工业的赶超型发展战略。中国在借鉴苏联实现工业化战略与实践经验的基础上，开始了以“一五”计划为标志的社会主义工业化建设之路。

一、中国对社会主义工业化道路的探索

旧中国时期，中国的产业结构非常落后，重工业比例很低。1936 年机械工业产值只占工业总产值的 8.8%，其中机器制造业仅占 2.2%，并且主要集中在东北和华北。到 1949 年解放战争胜利后，国民经济不仅落后，现代工业所占比重也很低。轻工业产值占整个工业的 70% 以上，而重工业所占比重则不到 30%，且门类残缺不全，多数是采矿业或生产初级原料的工厂。除了一些从事修理和装配的工厂外，没有自己独立的机器制造业。1952 年，国民经济恢复期结束时，机械工业仍旧十分薄弱，其产值只占总产值的 10.6%，并且布局也不平衡。[349] 当时，世界主要国家和地区人均工业产品产量为：钢 82 公斤，煤 724 公斤，原油 242 公斤，电 448 千瓦小时。而同期我国人均产量仅为：钢 2 公斤，煤 115 公斤，原油 0.8 公斤，电 13 千瓦 / 小时。[350] 正如，毛泽东 1954 年 6 月在中央人民政府委员会第 30 次会议上，谈到发展重工业的重要性和必要性时所说，“现在我们能造什么？能造桌子椅子，能造茶壶茶碗，能种粮食，还能磨成面粉，还能造纸。但是，一辆汽车、一架飞机、一辆坦克、一辆拖拉机都不能造。”[351]

349　参见苏星、杨秋宝：《新中国经济史资料选编》，北京：中共中央党校出版社，2000，第 356-357 页。

350　参见国家统计局编：《奋进的四十年》，北京：中国统计出版社，1989，第 470 页。

351　参见《毛泽东文集》，第六卷，北京：人民出版社，1999，第 329 页。

实际上，毛泽东早在抗战时期就已开始思考中国未来的工业化之路，并提出了中共实现工业化的必要性。1944 年 5 月 22 日，他在中共中央办公厅为陕甘宁边区工厂厂长及职工代表会议举行的招待会上讲话时说："要打倒日本帝国主义，必需有工业；要中国的民族独立有巩固的保障，就必需工业化。我们共产党是要努力于中国的工业化的。中国落后的原因，主要的是没有新式工业。日本帝国主义为什么敢于这样地欺负中国， 就是因为中国没有强大的工业，它欺侮我们的落后。……如果我们不能解决经济问题，如果我们不能建立新式工业，如果我们不能发展生产力，老百姓就不一定拥护我们。"[352] 1945 年 4 至 6 月，毛泽东在召开的中国共产党第七次全国代表大会上所作的《论联合政府》的政治报告中，更加明确地提出了中国实现社会主义工业化的迫切性。报告中第一次明确地论述了新中国由农业国变为工业国的问题，即国家的工业化问题。他指出："没有工业，便没有巩固的国防，便没有人民的福利，便没有国家的富强。"但同时，"没有独立、自由、民主和统一，不可能建设真正大规模的工业。"他说："在新民主主义的政治条件获得之后，中国人民及其政府必须采取切实的步骤，在若干年内逐步地建立重工业和轻工业，使中国由农业国变工业国。"[353]

建国前夕，1949 年 9 月 29 日，中国人民政治协商会议通过的《共同纲领》中，进一步地明确了中国工业化发展的方向。其中规定，关于工业：应以有计划有步骤地恢复和发展重工业为重点，例如矿业、钢铁业、动力工业、机器制造业、电器工业和主要化学工业等，以创立国家工业化的基础。同时，应恢复和增加纺织业及其它有利于国计民生的轻工业生产，以供应人民日

352 参见"共产党是要努力于中国的工业化的"，《毛泽东文集》，北京：人民出版社，1991，第 146-147 页。

353 参见"论联合政府"，《毛泽东在"七大"的报告和讲话集》，北京：中央文献出版社，1994，第 77-78 页。

常消费的需要。[354]

1952年底，国民经济恢复任务完成后如何实现工业化的问题成为中央的重点考虑。1953年经党中央批准，由中宣部印发的《关于党在过渡时期总路线的学习和宣传提纲》（以下简称《提纲》），充分体现了毛泽东关于探索工业化道路的思想。其中首次明确提出了中国要走的是社会主义工业化道路。它的两个特点：一是将发展重工业作为工业化的中心环节；二是优先发展国营经济成分并逐步实现对其他经济成分的改造，保障国民经济中的社会主义比重不断增长。《提纲》中说："在革命胜利后，我们党和全国人民的基本任务就是要改变国家的这种经济状况，在经济上由落后的贫穷的农业国家，变为富强的社会主义的工业国家。这就需要实现国家的社会主义工业化。……实现国家的社会主义工业化，使我国有强大的重工业可以自己制造各种必要的工业装备，使现代化工业能够完全领导整个国民经济，在工农业生产总值中占居绝对优势，使社会主义工业成为我国唯一的工业。"另外，《提纲》中还指出："根据苏联的经验，要想在较短时间内由农业国变为工业国，工业化就应以发展重工业为中心，从建立重工业开始。资本主义国家从发展轻工业开始，一般是花了50年到100年的时间才能实现工业化，而苏联采用了从重工业建设开始，在10多年中（从1921年开始到1932年第一个五年计划完成）就实现了国家的工业化。我国也只有建立了重工业，才能使全部工业、运输业以及农业获得为发展和改造所必需的装备；才能自己制造火车头、钢轨、货客运汽车、远洋轮船和飞机；才能自己制造轻工业的精密机器，扩大和建立新的轻工业；才能生产农业机器和化肥，改造古老的农业；才能建立现代国防工业，不

354　参见"中国人民政治协商会议共同纲领"，http://www.mzdbl.cn/maoxuan/wenxian/zhengxie.html

再受帝国主义的欺辱。”[355]

正因如此，毛泽东和党中央才根据本国落后的经济基础以及苏联工业化的经验作出决定，选择了能较快实现工业化的发展道路，即由国家主导优先发展重工业的社会主义工业化道路。

二、确定优先发展重工业的社会主义工业化战略

1949 年中华人民共和国的建立，实现了国家的独立、统一和稳定，为中国的工业化进入一个新阶段创造了条件。首先，通过革命战争建立起政权的中国共产党，利用现代政治和经济手段，在苏联的帮助下建立起了强大有效的行政管理系统；其次，是逐步确立了政府主导型的经济。建国不久后爆发的朝鲜战争，进一步加强了社会主义工业化向重工业发展倾斜的思想形成，迫使中共中央加快了国家工业化建设的步伐，特别是发展与国防有关的重工业。1951 年 10 月，李富春提出：“巩固国防是我们的首要任务，因而在工业建设方面要加强与国防密切关联的重工业。”[356] 同时，也是为了尽快缩小与西方国家的工业化水平差距。以直接关系到国防工业的钢产量而言，1953 年中国的钢产量人均才 3 公斤，而同期美国、英国、西德和日本的人均钢产量则分别为 673 公斤、353 公斤、482 公斤和 87 公斤。从有色金属及加工产品来看，制造飞机所需的有色金属有 22 种，到 1956 年，我们也仅能解决 11 种；需要有色金属的合金及加工产品 1,739 种，到 1956 年我们仅能解决 303 种。通信设备所需有色金属 26 种，我们仅能解决 11 种；需要有色金属的合金及加工品 723 种，到 1956 年我们仅能解

355 参见朱佳木：“毛泽东对中国工业化的探求与中国的革命和建设”，《中共党史研究》，2004 年第 2 期。

356 参见《1949-1952 档案·基本建设投资和建筑业卷》，北京：中国城市经济社会出版社，1989，第 18 页。

决 160 种。[357] 工业的落后直接导致了国防工业的薄弱，进而影响到了国家的安全。

另外，中国是个农业大国，人多地少，底子又薄，因而解决众多人口的吃饭问题是首要的任务。但如果还是依照“靠天吃饭”的传统农业发展模式，既满足不了日益增长的粮食需求，也无法为工业化积累资金。因此，发展现代农业是一种必然的选择，而现代农业的发展离不开工业提供的机械、化肥、农药、电力、收割机等各种现代农业设备。并且，轻工业的发展从某种意义上讲，也离不开重工业提供的原料。主管经济的副总理陈云 1955 年 2 月在中国共产党全国代表大会上，解释为什么要以重工业为发展重点的问题时指出：“因为改变我国农业、铁路交通以及其他方面落后状态的关键，不是别的，正是重工业。没有重工业就不可能大量供应化肥、农业机械、柴油、水利工程设备，因此就不可能根本改变农业的面貌。同样，没有重工业就不可能扩大轻工业，因而也不可能有系统地改善人民的生活。一方面许多轻工业品不能满足人民的需要；另一方面许多轻工业品设备还有空闲，原定增加的纱锭还得减少，原因就是缺少原料。除缺少来自农产品的原料，比如棉、丝、毛、烟叶、甘蔗等以外，还缺少来自重工业的原料，比如化学品、黑色金属、有色金属等。因此，为了发展轻工业，为了有系统地改善人民生活，也必须发展重工业。”[358] 主管财政经济工作的薄一波也指出：“无论在‘一五’时期，乃至在以后一个相当长的时期内，如果没有钢铁、有色金属、机械制造、能源、交通的等重工业的建立和发展，要想大力发展轻工业，

---

357 参见《1953-1957 档案·综合卷》，北京：中国物价出版社，1998，第 608-612 页。

358 参见《陈云文集》第二卷，中央文献出版社，2005 年版，第 592 页。转引自董志凯、武力：《中华人民共和国经济史（1953-1957）》（上），北京：社会科学文献出版社，2001，第 22-24 页。

要使工业给农业以更大的支持，是办不到的。”[359]

从这种实际情况出发，中国在“一五”计划期间，不得不把重工业确定为建设的重点。中共中央在决定要实施第一个五年计划时就提出：“我们必须以发展重工业为大规模经济建设的重点，集中有限的资金和建设力量。首先保证重工业和国防工业的基本建设，特别是确保那些对国家起决定作用的，能迅速增强国家工业基础与国防力量的主要工程的完成。”[360]

党在过渡时期的总路线的提出，标志着中国确定了优先发展重工业的社会主义工业化战略。“一五”计划的制定与实施则充分体现了优先发展重工业的指导方针，而以“一五”计划为标志的中国社会主义工业化初始模式实际上就是苏联工业化模式的一个翻版，它是以政府为主导的、重工业为核心的“苏联式”工业化。

三、“一五”计划期间重工业得到快速发展

“一五”计划期间，重工业在政府的强力推动下得到了强势增长，缩短了与其它发达国家间的工业技术差距。同时，政府还采取了发展工业和发展农业同时并举，以及其他几个同时并举的措施，使得国民经济整体的效益得到了大幅的提高，这也是新中国前三十年的时间里经济发展最好的时期。国内生产总值由1952年的679.0亿元增加到1957年的1,068亿元，年均增长9.2%。与其它国家相比，除了略低于苏联当时平均增长10%的速度外，远远高于资本主义国家的发展速度。工业总产值生产的年递增速

359 参见薄一波：《若干重大决策与事件的回顾》上卷，北京：中共中央党校出版社，1991年，第293页。

360 参见“中共中央关于编制一九五三年计划及五年建设计划纲要的指示”，《建国以来重要文献选编》第3册，北京：中央文献出版社，1992，第449页。

度达到了18%，是世界各国工业化初期少有的。[361] 国民收入平均每年增长8.9%（按不变价格计算），而人均产出增长率达到了6.5%，远高于当时经济状况和中国相似的印度，后者在50年代的人均产出增长率还不到2%。[362] 这些都说明"一五"计划取得了巨大的成就，提高了人民的生活水平，对改变国家整体的经济面貌发挥了重要的作用，特别是重工业领域。

1953—1957年，重工业实现的产值分别达到166.8亿元、199.9亿元、228.9亿元、320.4亿元、379.4亿元，五年总计1259.4亿元，年均增长速度达到了22.8%。重工业产值在工业总产值中的比重，由1949年的26.4%、1952年的35.5%逐年上升到1957年的45%，[363] 这初步改变了旧中国产业结构不合理的状态，改善了重工业极端落后的状况。一些重工业行业是在苏联的帮助下得以建立的，尤其突出的是，重工业中制造业的比重呈明显上升趋势，1952年为41.9%，到了1957年则达到了47.4%。其中生产机器的机械工业由31.9%上升到37.7%。[364] 重工业领域出现了许多新的制造工业，如：飞机制造、汽车制造、重型机械制造、发电设备制造业、电子器材制造、新式机床制造等，改变了中国长期以来工业门类残缺不全的面貌，填补了工业领域的空白。

此外，"一五"计划期间，重工业产品的产量也大幅度增长，有力地

361 参见董志凯、武力：《中华人民共和国经济史1953-1957》下卷，北京：社会科学文献出版社，2011，第969、977页。

362 参见［美］费正清主编：《剑桥中华人民共和国史》，上海：上海人民出版社，1990，第164-165页。转引自：董志凯、武力：《中华人民共和国经济史1953-1957》下卷，北京：社会科学文献出版社，2011，第982-983页。

363 参见董志凯、武力：《中华人民共和国经济史1953-1957》下卷，北京：社会科学文献出版社，2011，第977页；张柏春等：《苏联技术向中国的转移1949-1966》，第47页。

364 参见董志凯、武力：《中华人民共和国经济史1953-1957》下卷，北京：社会科学文献出版社，2011，第501页。

促进了农业和轻工业的发展。钢产量 1957 年达到 535 万吨，比 1952 年增长近 3 倍，为原定计划的 137%，；煤炭产量 1957 年达到 1.31 亿吨，比 1952 年增长近 1 倍，为原定计划的 110%[365]；发电量 1957 年达到了 193 亿度，较 1952 年增长 1.64 倍；原油产量达到 146 万吨，增长 2.3 倍；水泥产量达到 686 万吨，增长 1.4 倍；化肥产量达到 15.1 万吨，增长 3.9 倍；农药产量达到 6.5 万吨，增长 31.5 倍；金属切削机床达到 2.8 万台，增长 1.1 倍；铁路机车达到 167 台，增长 7.4 倍。[366]"一五"计划完成后，机械设备自给率超过 60%，钢材自给率达到了 86%，合金钢的品种也趋于完备。[367]

《中国共产党的 70 年》一书中对"一五"计划时期的成就如此评价："一五期间工业生产所取得的成就，远远超过了旧中国的一百年"。历史证明，选择优先发展重工业的社会主义工业化战略在当时是符合中国国情的，也是十分必要的。[368]

虽然"一五"计划时期经济高速增长，重工业也发展迅速，但从长期来看，不具有可持续性，这种高度集中的以政府为主导，且脱离市场调节的工业化道路不利于调动各个方面的积极性，也不利于国民经济长期稳定的全面发展。1956 年，苏共二十大和"波匈事件"后，暴露了苏联工业化模式的一些弊病，消除了中国人对苏联经济建设模式的迷信，也引起了中共对结合自身情况如何建设社会主义问题的广泛思考。之后，毛泽东发表

365 参见董志凯、武力：《中华人民共和国经济史 1953-1957》下卷，北京：社会科学文献出版社，2011，第 973 页。

366 参见薄一波：《若干重大决策与事件的回顾》，北京：中共中央党校出版社，1991，第 295 页。

367 参见中国科学院编译出版委员会：《十年来的中国科学——冶金（1949-1959）》，北京：科学出版社，1959，第 3 页。

368 参见黄华："建国初期我国工业化选择优先发展重工业战略的原因"，《黔东南民族师范高等专科学校学报》，第 23 卷第 1 期，2005 年 2 月。

《论十大关系》，提出要以苏联的经验为鉴戒，明确中国不能因循苏联工业化的道路，片面地注重重工业，忽视农业和轻工业，而应在大力发展农业和轻工业的基础上去发展重工业的道路。1957 年毛泽东在《关于正确处理人民内部矛盾的问题》一文中明确提出了“发展工业必须和发展农业同时并举”的思想，并强调在学习苏联经验方面，否定教条主义的全盘照搬，而是建议要用脑筋学那些和我国情况相适合的东西。[369]

第二节 中国共产党领导下的农业集体化道路

中国共产党领导下的农业集体化道路主要参照和借鉴了苏联农业集体化的经验。建国初期，中共根据马克思主义的基本原理，结合自己的国情，选择了农业合作化的方式，开辟了一条引导农民走向社会主义的道路。在中国共产党领导下，创造了有社会主义萌芽的互助组，进到半社会主义的初级合作社，再进到完全社会主义的高级合作社“三步走”的过渡形式，逐步把以生产资料私有制为基础的个体农业经济，改造成为以生产资料公有制为基础的农业合作经济，最终实现农业的集体化目标。实践证明，具有中国特色的初级农业合作社在当时是促进了农业生产力发展的。但在高级农业合作社的建立中，由于受到苏联政治经济学教科书的影响，一味追求生产资料公有制，在极短的时间内就发动了农业社会主义改造的高潮，急于效仿苏联集体化模式的一些做法，采取完全社会主义性质的合作形式，给未来的农业发展带来了许多的问题。

369 参见《毛泽东选集》第五卷，北京：人民出版社，1977，第 267-268，400-402 页。

一、中国农业集体化道路中的苏联因素

苏联是第一个实行农业生产合作化的国家，它对农业经济的做法对中共建国后的农村政策选择起到了巨大的示范作用。

俄国的合作社组织起源于19世纪60年代，到1917年2月革命之前，已发展到23,500多个，社员总数达680多，其中70%以上在农村，领导权掌握在上层小资产阶级手里。[370]列宁认为合作社在不同条件下，其性质是不一样的。合作社在资本主义国家条件下是集体的资本主义机构，而在苏维埃制度下它是集体企业。如果它占用的土地和使用的生产资料是属于国家的，那它就与社会主义企业没有区别。列宁指出："合作社的本质就在于它适合农村生产力发展水平较低的实际情况，适合商品生产发展的需要，适应把半自给的小生产者引向社会主义商品生产的需要，是农民感到简便易行和容易接受的方法"。[371]由此看出，列宁充分肯定了合作社的经验，认为它是吸引和组织农民进行社会主义经济建设的最好途径。

毛泽东在对中国的农业社会主义改造实践中，借鉴了斯大林领导苏联农业集体化运动的经验，按它的高速度和目标模式，提出了具有中国特点的农业社会主义改造的理论观点和具体做法。1949年6月，毛泽东在《论人民民主专政》一文中就指出："农民的经济是分散的，根据苏联的经验，需要很长的时间和细心的工作，才能做到农业社会化。没有农业社会化，就没有全部的巩固的社会主义。"[372]

另外，建国初期中国所面临的许多情形在相当程度上与当年的苏联颇为相似。比如，建国之初都面临着国际敌对势力的包围，需要解决农村的

370 参见宋才发："论列宁从'战时共产主义'到新经济政策思想的嬗变"，《固原师专学报》，1996年第4期。

371 参见《列宁全集》第35卷，北京：人民出版社，1963第1版，第423页。

372 参见《毛泽东选集》第4卷，北京：人民出版社，1991，第1477页。

土地问题，在推行“工业化”建设中遇到各种供给危机，粮食供需矛盾显得尤为突出，以至于必须加速农业的社会主义改造等。苏联在农业集体化运动之前，曾出现过三种试验型集体农庄，即“农业公社”、“劳动组合”和“共耕社”，其中“农业公社”的公有化程度最高，“劳动组合”居中，“共耕社”则保留较多的个人占有和经营成分。[373]它与中国的“人民公社”、“合作社”和“互助组”十分相像。[374]这也说明，中国在实行农业合作化的过程中借鉴了苏联二十年代农业集体化的经验，尽管在发动农村社会主义改造高潮时，党内高层发生过意见分歧。

1955 年毛泽东在“关于农业合作化问题”的报告中指出：“中国准备以 18 年的时间完成农业合作化。我们准备在这个时间内，基本上完成社会主义工业化、基本上完成手工业和资本主义工商业的社会主义改造同时，基本上完成农业方面的社会主义的改造。……苏联所走过的这一条道路，正是我们的榜样。”[375]针对农业合作化速度方面党内出现的争论，他说：“苏联建成社会主义的伟大历史经验，鼓舞着我国人民，它使得我国人民对于在我国建成社会主义充满了信心。可是，就在这个国际经验问题上，也存在着不同的看法。有些同志不赞成我党中央关于我国农业合作化的步骤应当和我国社会主义工业化的步骤相适应的方针，而这种方针，在苏联证明曾经是正确的。他们认为在工业化的问题上可以采取现在规定的速度，而在农业合作化的问题上则不必同工业化的步骤相适应，而应当采取特别迟缓的速度。这就忽视了苏联的经验。这些同志不知道社会主义工业化是

373　参见沈志华：《新经济政策与苏联农业社会化道路》，北京：中国社会科学出版社，1994，第 64 页。

374　参见高王凌：“中苏农业集体化成败得失的比较”，《当代中国研究》（美国），2003 年春季号 (2003.3.)。

375　参见“关于农业合作化问题”，《毛泽东文集》第 6 卷，北京：人民出版社，1999，第 434 页。

不能离开农业合作化而孤立地去进行的。为了完成国家工业化和农业技术改造所需要的大量资金，其中有一个相当大的部分是要从农业方面积累起来的。”[376]而如何有效地从农业中积累工业化所需要的资金，在短时期内以更快的速度发展农业经济、提高农业产量，增加农业效率，是当时急需解决的迫切问题。

二、通过合作社引导农民走向集体化道路

关于通过合作社引导农民走向集体化，发展合作社经济的思想早在建国前就已经确立。毛泽东在七届二中全会上就指出：“占国民经济总产值百分之九十的分散的落后的个体农业经济和手工业经济，是可能和必须谨慎地、逐步地而又积极地引导它们向着现代化和集体化的方向发展的，任其自流的观点是错误的。必须组织生产的、消费的和信用的合作社，和中央、省、市、县、区的合作社的领导机关。这种合作社是以私有制为基础的在无产阶级领导的国家政权管理之下的劳动人民群众的集体经济组织，必须推广和发展。单有国营经济而没有合作社经济，我们就不可能领导劳动人民的个体经济逐步走向集体化，就不可能由新民主主义社会发展到将来的社会主义社会，就不可能巩固无产阶级在国家政权中的领导权。”[377]

建国后，我国农业的主要任务是实行土地改革和恢复农业生产。在老解放区大力推广成立农业生产互助组，着手组织半社会主义的初级农业生产合作社，预示着农业集体化过程的开始。从1953年起，中国共产党向

376 参见“关于农业合作化问题”，《毛泽东文集》第6卷，北京：人民出版社，1999，第431-432页。

377 参见《毛泽东选集》第4卷，北京：人民出版社，1991，第1432页。转引自：高化民，“毛泽东提出以逐步过渡的形式解决农民土地私有制是个创见”，《中共党史研究》，1993年第4期。

全国推广以实现农业集体化为目标的农业合作化运动，1955年又掀起农业合作化高潮，到1956年仅用时一年就完成了农业的社会主义改造，实现了由农民个体所有制到社会主义集体所有制的转变。

（一）土地改革为农业集体化创造条件

中共建立政权后，根据解放区的土改经验，结合建国后的国情，在全国农村实行了大规模的土地改革运动。1950年6月28日，中央人民政府委员会第八次会议通过《中华人民共和国土地改革法》，标志着中国共产党解决土地问题的政策在经过长期的摸索和实践后日渐完善。从6月30日开始实施《土地改革法》开始，到1952年底，我国除部分少数民族地区外，普遍都实行了土地改革。其结果是使总人口3.1亿、农业人口2.6亿的农民无偿获得了7亿亩土地和其他各类生产资料，[378]而且不必每年再向地主缴纳约3000万吨以上粮食的地租。获得经济利益的农民约占农业人口60%–70%。[379]经过土地改革，地主的土地减少了36.06%，而贫农的土地则增加了32.82%。就人均占有土地的数量而言，贫雇农增加较多，中农也有所增加。以华东区为例，贫雇农在土改前的人均土地只有0.6亩，土改后则达到了2.4亩，翻了三倍。而中农在土改前每人平均是2.01亩，土改后则为3亩土地。[380]中国农村的面貌由此发生了巨大的变化，据统计，1952年全国农业总产值比1949年增长了48.3%，粮食产量增长了

378 参见马宇平、黄裕冲编，《中国昨天与今天（1840--1987国情手册）》，北京：中国人民解放军出版社，1989。

379 参见吴承明、董志凯：《中华人民共和国经济史》第一卷（1949–1952），北京：中国财政经济出版社，2001，第244页。

380 参见华东军政委员会土改委员会编：《华东区土地改革成果统计》，华东军政委员会土地改革出版社，1952年12月。转引自：钱文艳，“建国后土地与农民社会保障问题的历史演变”，《安徽史学》，2002年第3期。

44.8%，棉花增长了193.4%，油料增长168.1%。[381] 土地改革的成功和农业的大发展，不仅激发了农民的劳动积极性，解放了劳动生产力，还活跃了农村经济，提高了农民觉悟。贫雇农通过土地改革，在农村中确立了自己的优势地位，巩固了工农联盟和人民民主专政的国家政权，为引导亿万农民走上集体化道路创造了政治条件和物质基础。

（二）农业集体化的初始阶段—建立农业生产互助组

土改后，农民成了土地的主人，发展生产的积极性空前高涨，但当时有近半数的农户在发展生产上存在着各种各样的困难，像缺少耕畜、农具和生产资金等，而国家能提供的帮助又非常有限。在这种情况下，为了克服困难，加强抵御灾害的能力，许多农民客观上要求组织在一起，互帮互助，共同发展生产。中共在革命根据地曾引导过农民开展过农业生产互助合作，在这方面拥有丰富的经验。所以，党和政府开始领导农民广泛地组织农业生产互助组，并在互助组的基础上尝试组织建立初级的农业生产合作社。

为了不失时机地引导农民走互助合作道路，毛泽东于1951年9月9日在北京主持召开了全国第一次互助合作会议，讨论通过了《中共中央关于农业生产互助的决议（草案）》，明确了引导农民走上互助合作道路的三种形式：简单的劳动互助性质的季节性临时互助组、常年定型的农副结合的互助组和以土地入股为特点的农业生产合作社，即土地合作社。提出了要有领导地大量发展第一种形式，有序地逐步推广第二种形式，有条件地重点发展第三种形式的发展思路。同年12月15日，毛泽东向党内发出"把农业互助合作当作一件大事去做"的重要通知，将关于农业生产互助合作的决议草案下发给各地党组织试行（该决议在1953年3月才以正式形式公开发表）。明确指出："要在一切已经完成了土改的地区都要解释

381　参见马晓河："中国农村50年：农业集体化道路与制度变迁"，《当代中国史研究》，1999年Z1期。

和实行该决议草案的指示。”[382] 此后，农业互助合作运动取得了较大的发展，并积累了集体协作劳动的经验，参加农业互助组的农户数量逐年激增。1949 年，参加各种农业互助组织的农户占农户总数的 10.7%，到 1952 年则达到了 39.9%。[383] 互助组的数量从 1950 年的 272.4 万个增加到 1952 年的 802.6 个。由于互助合作化运动的重点是发展互助组，只是在条件允许的地区尝试在互助组的基础上开始组织半社会主义性质的农业生产初级合作社，所以这个时期初级合作社的数量并不多，但发展趋势明显。1950 年全国只有 18 个，1952 年发展到 4,000 个。[384]

（三）农业集体化的发展阶段——全面建立初级农业生产合作社

从 1953 年起，中国共产党向全国推广以实现农业集体化为目标的农业合作化运动。为了加强对农业社会主义改造的领导，中央在 1953 年 2 月成立中央农村工作部，任命邓子恢为部长。10 月 26 日至 11 月 5 日，中共中央召开了全国第三次互助合作会议，讨论和修改《关于发展农业生产合作社的决议》。毛泽东同志在会前（10 月 15 日）和会议期间（11 月 4 日）同中共中央农村工作部负责人进行了两次重要的谈话。他提出：“办好农业生产合作社，即可带动合作社的大发展。”[385] 随后，中共中央在 12 月 16 日讨论通过了《关于发展农业生产合作社的决议》。决议下达后，全国农村出现了互助组转到农业生产合作社的势头。到 1953 年底，全国农业

382　参见《毛泽东选集》第 5 卷，北京：人民出版社，1977，第 59 页。

383　参见国家统计局：《建国三十年全国农业统计资料（1949-1979）》，1980。转引自吴承明、董志凯：《中华人民共和国经济史》第一卷（1949-1952），北京：中国财政经济出版社，2001，第 282 页。

384　参见国家统计局：《建国三十年全国农业统计资料（1949-1979）》，1980。转引自吴承明、董志凯：《中华人民共和国经济史》第一卷（1949-1952），北京：中国财政经济出版社，2001，第 262 页。

385　参见《毛泽东文集》第六卷，北京：人民出版社，1999，第 301-305 页。

生产合作社猛增到14,000多个。而到了1954年春，农业生产合作社更迅速增加到10万多个，参加农户达170万户，大大超过了中央提出的数字。[386]

1954年4月，中央农村工作部召开第二次全国农村工作会议，标志着农村工作的中心从促进农业生产转移到了推进合作化运动上。从此，农业合作化步伐大大加快，从原来的稳步前进转变为急于求成。到同年秋，短短几个月全国新建农业生产合作社达13万之多，加上原有的共22.5万多个。[387]在急于求成的指导思想下，当年10月召开了全国第四次互助合作会议，将原来的发展速度进一步加快。精神传达下去后，到1955年1月初，短短两个月，全国又新建38万个合作社。这种非正常的高速发展引起了中央的重视，随后发出了整顿的通知，并制定了适当收缩的发展方针，但均未从根本上扭转这种急躁冒进的势态。由于工作不细，在涉及农民利益的评定方面有失公允，严重挫伤了农民的积极性。尽管短期内总数略有下降，但各地建立农业生产合作社的热潮并未消减。到1955年6月，全国的合作社总数为65万个，参加农户达1,700万，占全国农户总数的14.2%。毛泽东7月发表《关于农业合作化问题》的报告，对以邓子恢为首的持“稳步前进”的观点进行了未点名批评，而10月召开的七届六中全会进一步批判了对农业合作化实行收缩的方针，并将其定性为“右”倾主义的错误。在这种政治压力下，合作社的发展速度急剧加快。到年底，参加合作社的农户达到了全国农户总数的60%以上，总数达190.5万个。半年间，初级社的数量就翻了一番，入社农户增加了3.44倍。[388]至此，初级社在全国得以普遍建立和发展。

386 参见尧水根：“中国共产党‘三农’政策九十年”，《农业考古》，2011年第6期。
387 同上。
388 参见董志凯、武力：《中华人民共和国经济史（1953-1957）》上卷，北京：社会科学文献出版社，2011，第206页。

（四）农业集体化的最终实现——兴办高级农业合作社

1956 年 1 月，毛泽东主编的《中国农村的社会主义高潮》一书公开出版，进一步推动了农业合作化运动。4 月底，全国有 90% 的农户参加了初级社。而到年底，入社总数达到了 97%。全国农村基本上实现了初级形式的合作化。此外，根据中央政治局在 1 月提出的《一九五六到一九六七年全国农业发展纲要（草案）》的文件精神，要求初级社升高级社。各地农村也由此掀起了兴办高级农业合作社的高潮，且办社速度是狂飙突进：1955 年底只有 4% 的农户加入高级社，转眼到第二年 1 月，加入的农户就达到了 30.7%，高级社的数量达到 13.8 万个，而到了 1956 年底加入的农户达 87.8%，高级社的数量则达到 54 万个。[389] 这样，多数省市建成了高级形式的合作社，实现了农业的集体化。农业完成社会主义改造的时间比原先预计的时间大大提前。

农业合作化完成后不久，1958 年又发动了追求一大二公的“人民公社化”运动，其速度比合作化运动更快。短短几个月，全国 74 万多个农业生产合作社就改组成了 2.6 万多个人民公社，参加公社的农户有 1.2 亿户，占全国总农户的 99% 以上，全国农村基本上实现了人民公社化。[390]

至此，中国的农业集体化之路始于农业生产互助组，历经土地、农具入股分红的初级农业生产合作社，到土地集体所有的高级农业生产合作社，最后以 1958 年底普遍建立的人民公社为止，前后历时只有 8 年（在土改结束早的部分老解放区也不过 10 年）。[391]

389　参见史敬棠等编：《中国农村合作化运动史料》，北京：三联书店，1957，第 989-991。

390　参见“农村人民公社化运动”，新华网，http://www.ha.xinhuanet.com/yincang/2007-06/28/content_10432229.htm

391　参见周晓虹，谢曙光：《1951-1958：中国农业集体化的动力——国家与社会关系视野下的社会动员》，《中国研究（2005 年春季卷）（总第 1 期）》，北京：社会科学文献出版社，2005。

三、实现农业集体化的历史评价

如上所述，从互助组到初级合作社，再到高级合作社，是中国农业集体化的重要步骤。它实现了由农民的土地私有制转向农业合作社土地的集体所有制、由农民的家庭经营转向集体经营的深刻历史变革，使农民走上了合作经济的发展道路。从整体来说，它为实现国家工业化和推动对资本主义工商业及手工业的改造创造了有利的条件，不仅为国民经济发展提供了低廉的农产品和原始积累，支持了国家工业化，还用农产品出口换取了工业化建设所必需的进口物资。同时，为合理开发利用土地资源，进行大规模水利灌溉和基本农田建设，以及促进农村生产力的提高奠定了良好的基础。1952–1957 年间，粮食年均增产 3.5%，棉花年均递增 4.7%，猪、牛、羊肉产量年均增长 4.5%，农业总产值年均增长 4.5%。[392]

创办互助组和初级农业合作社的时期，主要参照了中共在根据地的经验，结合了自己的国情，在实践中基本遵循了全国第一次互助合作会议讨论通过的《中共中央关于农业生产互助的决议（草案）》的指导思想，即正确对待农民的个体经济的积极性和劳动互助的积极性；警惕消极和急躁两种倾向；采取典型示范、逐步推广的领导方法，由小到大、由少到多、由低级到高级；要绝对遵守自愿和互利的原则；帮助克服生产和交换方面出现的困难等。所以，农村生产逐年发展，农民收入逐年增加。初级合作社在经营方面还进行了创新，入社的社员按土地和劳动入股分红的办法进行分成，比较合理地利用了土地和其它生产资料，大大促进了农业生产的积极性，获得了较好的发展。实践证明，这是由土地私有制向公有制过渡的有效形式。邓子恢 1955 年 3 月 31 日在中国共产党全国代表大会上的发言中也表示："从 1953 年秋前的 1.4 万多个社，1954 年春发展到 10 万多个

392　参见《1953–1957 档案・农业卷》，第 1142–1143 页。转引自董志凯、武力：《中华人民共和国经济史 1953–1957》上卷，北京：社会科学文献出版社，2011，第 210 页。

社，这一段的运动是比较健康的。”[393]

1955 年以后，不断掀起的加快农业合作化浪潮将合作化的进程大大缩短，特别是高级合作社的建立，完全脱离了原先逐步过渡的轨道，出现了急躁冒进的倾向。这种生产关系脱离生产力发展规律的急速变革，势必会带来许多不利的影响。由于工作过粗，盲目跟进，过渡太快，造成了管理上的脱节与混乱。这不仅违背了自愿互利的原则，在分配上平均主义倾向明显，采取同工同酬，严重挫伤了社员的劳动积极性。初级社建立后，没有用足够的时间去理顺合作社内部新的生产关系，在还未巩固的条件下就急于追求形式上的公有制。在认知上受苏联政治经济学教科书的影响，以为公有制程度越高越能促进生产力的发展，结果却是恰恰相反，使中国农村生产力在很长一段时间内都没有获得大的发展。而“人民公社化”运动更是导致了 1959 年至 1961 年农业生产的连年下降的局面。

在兴办高级合作社的过程中，苏联集体化模式的某些做法对中共的决策产生了重要的影响。一方面，借助行政力量快速实现了农业集体化，完成了从土地私有制向公有制的转变；另一方面，让农民提供工业化和城市发展所需要的农产品，为工业化提供内部积累。根据薄一波的回忆，一位苏联在华专家毕尔曼曾在一次谈话中提及：“在处理国家与农民的关系上，中国不要学苏联。苏联通过税收动员的资金不到预算收入的 10%，主要是通过价格向农民索取积累。现在中国业务部门的同志有一种倾向，就是盲目地重走苏联走过的路。这样可能会走弯路，造成损失。”[394]但实际上，国家还是通过统销统购和规定价格等措施，基本控制了农业的资源。为了

393　参见邓子恢：“合作化运动的曲折与经验”，《邓子恢文集》，北京：人民出版社，1996，第 390 页。

394　参见薄一波：《若干重大决策与事件的回顾》，北京：中共中央党校出版社，1991，第 276 页。

保证工业化的顺利进行，和苏联一样，利用和扩大工农产品的剪刀差，为工业化积累资金，并加快了农业合作化步伐。

正如薄一波在“对农业合作化运动的历史估价”一文中指出的：“苏联是第一个成功地建设社会主义的国家，唯有它能够给我们提供社会主义革命和社会主义建设的经验。那时，在我们不少同志的心目中，一提起苏联的经验，是很有些肃然起敬、钦羡不已的味道的。我们在那样短的时间内，全国就发动了农业社会主义改造的高潮，就要采取完全社会主义性质的合作形式，自己又没有经验，于是急而效仿苏联集体化模式的一些做法，就成为不可避免的了。”[395]

邓小平1980年在总结合作化历史教训时也提到：“有人说，过去搞社会主义改造，速度太快了。我看这个意见不能说一点道理也没有。比如农业合作化，一两年一个高潮，一种组织形式还没有来得及巩固，很快又变了。从初级合作社到普遍办高级社就是如此。如果稳步前进，巩固一段时间再发展，就可能搞得更好些。”[396]

395 参见薄一波：《若干重大决策与事件的回顾》，北京：中共中央党校出版社，1991，第404页。

396 参见《邓小平文选（1975-1982）》，北京：人民出版社，1983，第276页。

第九章

中国比与预计的时间提前 11 年向社会主义过渡

建国初期，我党对社会主义的认识主要是来自于苏联教科书上的理论和苏联在本国的实践经验。由于苏联提供了援助，我们在国家建设的各个方面都向苏联学习。大规模经济建设开始后，中国更是从理论到实践，从制度到体制和运行机制，从国家管理到企业生产和经营方式等各个方面，通过苏联顾问专家的言传身教，全面复制了苏联的社会主义建设经验。同时，苏联社会主义建设的巨大成就为中国树立了学习的榜样，更加坚定了向社会主义提前过渡的决心。新中国成立后，中国共产党开展了大规模对《联共（布）党史简明教程》集中学习的运动。1953 年 4 月，中共中央发出《关于 1953—1954 年干部理论教育的指示》，指示明确说，“为了适应全党进入经济建设时期的需要”之目的，“规定全党干部理论学习的高级组和中级组在 1953 年 7 月到 1954 年 12 月的一年半时期内，都学习‘联共（布）党史’第 9 章到第 12 章和列宁、斯大林论社会主义经济建设的一部分著作。”[397] 苏联社会主义模式的样板通过在全党全国范围内对《联共（布）党史简明教程》的学习，得到了更为广泛的传播，不仅契合中国“一边倒”外交战略，还符合社会主义“一化三改造”总路线的需要，这对中国社会主义道路的选择产生了重要的影响。

“一五”计划的顺利进行，既奠定了工业化的初步基础，又为形成独立完整的计划经济体系创造了前提条件。而社会主义改造的重要目的之一就是要把全部农业、手工业和工商业都纳入到直接的计划经济轨道上，然后向苏联式的社会主义进行过渡。在改造中，中国受苏联那套高度集中的计划经济体制模式的影响很大，以致在社会主义改造的后期，没有依据马克思主义的科学原理和本国的实际国情对社会生产力和生产关系间的关系进行深入研究，轻率地形成了关于社会主义发展阶段的错误观点，急于向更高阶段的目标迈进。结果是盲目追求生产资料的公有制，加快向社会主义过渡，最终完成了中国历史上最深刻、最伟大的社会变革，比预计的时间提前了 11 年开始向社会主义的过渡。

第一节 提前完成对资本主义工商业和个体手工业的改造

按照过渡时期总路线的要求，1955 年夏季以前，对生产资料私有制的改造步伐基本能够结合自身的情况，借鉴以往的经验逐步推进。但从 1955 年夏季掀起农业合作化高潮后，资本主义工商业和个体手工业的改造步伐

397 参见中共中央组织部编:《干部教育工作重要文献选编》，北京: 党建读物出版社，1999，第 753 页。

也跟着加快，其速度甚至超出了毛泽东的预期。尽管改造的力度和速度不断加大、加快，出现了这样或那样的问题，但社会主义改造的任务还是在1956年完成了本来需要12年左右（从1956年算起）才能完成的任务[398]，从而使中国提前进入了社会主义。

一、对资本主义工商业的社会主义改造

参照列宁新经济政策时期关于“国家资本主义”的重要理论[399]和《共同纲领》确定的经济建设的根本方针，国家在恢复经济时期对资本主义工商业采取了利用、限制和改造的政策，通过加工订货、统购包销、公私合营的方式，引导它们转变成了国家资本主义经济，并取得了一定的成功。同时，也为“一五”计划时期对资本主义工商业进行改造创造了前提条件。

对资本主义工商业的社会主义改造，实质上是产权制度的变革。对它的改造经历了从低级到中级再到高级三个阶段。它的顺利完成意味着私有经济的消亡，取而代之的是国有经济的发展。

国民经济恢复时期，对资本主义工商业实行了以低级形式为主的改造，即政府和国营企业通过加工订货、统购包销的方式，将私营企业从流通领域与国营经济联系起来，并将其逐步纳入了国家资本主义的初级形式，限制了他们盲目发展、追求暴力的消极作用。据统计，1950年通过加工、订货、包销、收购的产品产值，占当年私营企业产值的27%，棉纺业中甚至达到70%。[400] 1952年进行的“三反”、“五反”运动，使资产阶级在政治上和

398　参见薄一波：《若干重大决策与事件的回顾》上卷，北京：中共中央党校出版社，1991，第461页。

399　参见《列宁全集》第43卷，北京：人民出版社，1987，第290页。

400　参见薄一波：《若干重大决策与事件的回顾》上卷，北京：中共中央党校出版社，1991，第410页。

思想上接受了深刻的教育，为下一步顺利推进社会主义改造和有计划的经济建设起到了重要的作用。1953–1955 年是低级到中级的普遍发展时期，政府在这一阶段完成了对金融、批发商业的控制。国营企业扩大了工业品的加工、订货和包销范围。国家加强了重要农业和农副产品的收购工作。实行统购统销政策后，进入流通领域的物资减少，作为流通环节的资本主义私营商业受到排挤，不得不接受改造，反过来又推动了资本主义私营工业加快了改造的步伐，并逐步向公私合营方向迈进，即推行资本主义工商业改造的高级形式。1954 年，国家对近 800 家较大的私营工业企业实现了合营，产值占到 33%，职工人数占 23%。1955 年 10 月，党的七届六中（扩大）全会召开后，10 月 27 日和 29 日，毛泽东两次约见工商界代表谈话，加快部署资本主义工商业的社会主义改造，并主持起草了《中共中央关于资本主义工商业改造问题的决议》，提出："我们现在已经有充分的条件和完全的必要把对资本主义工商业的改造工作推进到一个新的阶段，即从原来在私营企业中所实行的由国家加工订货、为国家经销代销和个别地实行公私合营的阶段，推进到在一切重要的行业中分别在各地区实行全部或大步公私合营的阶段，从原来主要的是国家资本主义的初级形式推进到主要的国家资本主义的高级形式。"[401] 11 月，根据毛泽东的提议，党中央召开了对资本主义工商业改造问题的工作会议，进一步号召全国工商业接受高级形式的社会主义改造。由此，在农业合作化高潮的带动下，工商业也掀起大规模进行全行业公私合营改造的高潮，改变了过去实行的单个企业公私合营的改造方式。国家通过对资本主义私营企业进行资产重组，清产核算后付给资本家固定的股息，从而剥夺了资本家对企业的经营管理权。到 1956 年底，有 99% 的资本主义私营企业实现公私合营，组成了 33,000

401　参见薄一波：《若干重大决策与事件的回顾》上卷，北京：中共中央党校出版社，1991，第 407–408 页。

多个公私合营企业。[402] 之后，政府对公司合营的企业完全按照国营企业的计划模式进行管理，从生产任务的布置、原材料的采购、企业人员的配备，以及生产产品的销售，完全纳入国家的计划之中。这标志着资本主义工商业的改造基本完成。

二、对个体手工业的社会主义改造

个体手工业在新中国成立初期的国民经济中占有重要的地位，约占工农业总产值的 15–20%。[403] 它具有分散、面广、规模小行业复杂、经营灵活等特点。对个体手工业的社会主义改造，和农业一样要走合作化的道路，这是在七届二中全会的报告中就已确定下来的。建国后，国家采取了各种措施对手工业进行恢复和保护，促进它的发展，并通过合理的引导推动个体手工业通过合作化运动逐步进行社会主义改造。经初级形式的手工业生产小组或手工业供销生产合作社过渡到高级形式的手工业生产合作社，将手工业者改造为社会主义的劳动者或建设者，从而完成从个体私有制到集体所有制的转变。

为了加强对合作社的领导，政务院财政经济委员会在 1950 年 7 月成立了全国合作总社。1951 年 6 月，全国合作总社专门召开了第一次全国手工业生产合作会议，决定广泛采用发原料、收成品的方式，把广大分散的手工独立劳动者组织起来，使其走上政府规划的轨道，避免由于盲目性和自发性建社带来的混乱局面。到 1952 年 6 月，全国手工业生产合作社的总数达 23 万人，社数超过 2,000 个，并且初步形成了集体所有制的组织规模。据全国 896 个合作社的统计，其规模已不同于 3–5 个人的小手工作

402 参见董志凯、武力：《中华人民共和国经济史 1953–1957》上卷，北京：社会科学文献出版社，2011，第 259 页。

403 参见薄一波：《若干重大决策与事件的回顾》上卷，北京：中共中央党校出版社，1991，第 442 页。

坊，每社平均社员在 20 人以上的占到了 80%。[404] 同年 8 月召开第二次全国手工业生产合作会议后，手工业合作社开始形成全国性的组织，并逐步成为合作化运动的主流。这次会议对各地手工业合作社的发展起到了推动作用。全国手工业从业人员由 1949 年的 585.5 万人增加到了 1952 年年底的 736.4 万人，产值由 32.3 亿元上升到了 73.2 亿元，[405] 手工合作社（组）由 1949 年的 300 多个发展到了 3,000 多个，社（组）员由 8.8 万人发展到 25 万余人。[406] 1953 年，伴随着大规模的经济建设和农业合作化运动的发展，个体手工业的社会主义改造正式展开。11 月召开的第三次全国手工业生产合作会议对进一步推动手工业合作化发挥了重要作用。基于总路线的宣传教育和前期的典型示范效应体现，使手工业合作化进入了一个普遍发展的新阶段。到 1954 年 12 月第四次全国手工业生产合作会议召开之际，全国个体手工业者的人数已经达到 2,000 万人，产值约 93 亿元。当年组织起来的社（组）就达 4.1 万个，比 1953 年增加了 8 倍多，社（组）员达到 113 万人，比 1953 年增加 2.7 倍。[407] 1955 年合作化的速度继续加快，上半年就发展到了近 5 万个，人数近 150 万人。[408] 夏季过后，在农业合作

404　参见季龙主编：《当代中国的集体工业》（上），北京：当代中国出版社，1991，第 129 页，转引自董志凯、武力：《中华人民共和国经济史 1953-1957》（上），北京：社会科学文献出版社，2011，第 229 页。

405　参见季龙主编：《当代中国的集体工业》（上），北京：当代中国出版社，1991，第 134-135 页。

406　参见中华全国手工业合作总社编：《手工业合作化后的主要任务》，北京：中国财政经济出版社，1958，第 33 页。

407　参见“中央手工业管理局、全国手工业生产合作社联合总社筹备委员会关于第四次全国手工业生产合作会议的报告”，中国社会科学院、中央档案馆编：《1953-1957 中华人名共和国经济档案资料选编·工业卷》，北京：中国物价出版社，1998，第 875 页。

408　参见薄一波：《若干重大决策与事件的回顾》上卷，北京：中共中央党校出版社，1991，第 447 页。

化高潮的冲击下，手工业改造的速度也一再跟进，并出现了盲目跟从，急速扩大的势态。据统计，到1956年6月底，组织起来的手工业者已占手工业者总数的90%。同年底，全国组织起来的手工合作社（组），经过调整为9.91万个，社（组）员达到509.1万人，占全部手工业从业人员的92%。至此，手工业由个人经济到集体经济的转变基本完成。新成立的手工业合作社，只有一小部分是经过生产小组的过渡形式发展起来的，而大部分则是改造高潮中直接组织起来的。[409]

由于在改造中忽视了手工业的特点，盲目集中，一律合作，统一核算，结果造成了手工业品种类减少，质量下降，以及管理不便。后经采取纠偏措施，通过缩小规模，体制调整，完善手工业的供产销归口管理等，最终使手工业合作社（组）未受到重大损失，其产值也提前一年完成了“一五”计划的指标。

三、实现生产资料的单一公有制

党在过渡时期总路线的总任务是在工业化的同时，通过合作社和国家资本主义的形式，逐步实现生产资料的单一公有制，从而像苏联一样，实现社会主义。1953年9月，周恩来指出：“什么叫社会主义？社会主义最基本的就是完成了社会主义改造，就是取消了生产资料的私人资本主义所有制，归国家所有了，就是农业、手工业集体化了。”[410]但从上述三大改造的过程而言，它的提前完成并不是建立在工业化和社会生产化的基础之上的，只是在形式上按照苏联如何建设社会主义的经验，进行了简单归并，

409 参见薄一波：《若干重大决策与事件的回顾》上卷，北京：中共中央党校出版社，1991，第449页。
410 参见《周恩来选集》下卷，北京：人民出版社，1984，第105页。

将个体经济集中到了集体组织中，进而带来了许多的问题。

国民经济恢复时期，我国共有五种经济成份，个体经济在中国国民经济体系中的占比一直很大，1949 年在工农业总产值中约占 3/4。进入大规模经济建设后，国营经济一方面通过各级政府的投资快速扩张。另一方面，通过公私合营的形式将原有的私营资本主义企业也转变成了国有性质的企业。此外，通过社会主义改造，将那些原来规模很小以家庭为主的私营小型农业、手工业、零售业、服务业等都改造成了合作社和合作小组，形成了合作社的集体经济。改造后，在我国国民经济中，全民所有制和劳动群众集体所有制这两种形式的社会主义公有制经济，已经居于绝对的统治地位。从国民收入的结构上看，1956 年同 1952 年相比，国营经济由 19.1% 上升到 32.2%，合作社经济由 1.5% 上升到 56.4%，公私合营经济由 0.7% 上升到 7.3%，资本主义经济由 6.9% 下降至零，个体经济由 71.8% 下降到 4.1%，前三种经济共占 95.9%。从工业总产值的构成来看，1956 年同 1949 年相比，国营企业实现的工业总产值由 26.3% 上升到 54.5%，合作社由 0.4% 上升到 17.1%，公私合营企业由 1.6% 上升到 27.2%，私营企业由 48.7% 下降至 0.04%，个体手工业则由 23% 下降到 0.8%。[411] 由这些数据可以看出，中国在工业体系尚未完全建立起来的落后的经济基础上，已经基本实现了以生产资料单一公有制为特征的社会主义经济所有制的转变，提前进入了社会主义。

411　参见中国科学院经济研究所、中央工商行政管理局编：《中华人民共和国工商业社会主义改造统计提要（1953-1957）》，北京：人民出版社，1958；转引自董志凯、武力：《中华人民共和国经济史 1953-1957》（上），北京：社会科学文献出版社，2011，第 309 页表 10-1 和 10-2 的数据。

第二节 苏联援助为中国提前进入社会主义创造条件

建国初期，由于内外部环境的限制和意识形态方面的原因，我们党只能寻求苏联的援助，借鉴苏联的经验。而苏联社会主义建设的成就为中国建立社会主义国家树立了榜样。“一边倒”外交政策的确立和《中苏友好同盟互助条约》的签署，明确了中国全面学习苏联的决心。而苏联通过全面的援助，包括提供低息贷款、派遣苏联专家、培养中国人才、协助编制经济计划、援建重点项目、提供技术资料和设备、转让生产技术等多种方式，将苏联建设社会主义的模式全面移植到了中国。这不仅体现在社会发展道路的选择上，还体现在社会制度的确立和经济建设的方方面面，包括理论思想、实践经验和体制建设等。苏联援助中国展开快速工业化的建设，大力发展了国营工业尤其是重工业。为了实现工业化所必需的积累，不得不推行农业集体化。为了实现生产资料单一公有制，必须消灭私有经济，对原有的经济成分进行社会主义改造。这些都离不开苏联经济建设模式对中国的影响。可以说，苏联的援助为中国提前进入社会主义创造了条件。

一、苏联是中国建设社会主义的榜样

苏联是世界上第一个在落后的农业国建成社会主义的国家，在列宁和斯大林的领导下，把马克思主义基本原理应用于落后的俄国，建立了无产阶级专政的社会主义国家。苏联实行的计划经济体制在国内的实践中取得了巨大的成就，短期内工业产值跃居世界第二。从 1928 年第一个五年计划开始到 1940 年，短短 12 年之内，苏联整个工业增长 35.5 倍，年平均增长率达 16.9%，其中重工业增长 9 倍，年平均增长率为 21.2%，工业产

值在工农业总产值中占 70% 以上。[412] 优先发展重工业的方针使国家快速实现了工业化的目标，使苏联从一个落后的农业国变成了一个强大的社会主义工业国，并建立了强大的国防体系，为赢得第二次世界大战发挥了重要的作用。之后，苏联将自己在特殊历史条件下建设社会主义的经验绝对化和神圣化，出版了指导性的教科书，通过援助等各种方式使其它社会主义国家照搬苏联社会主义建设的经验。

与其它东欧社会主义国家不同，中国是主动接受苏联社会主义建设经验的。毛泽东在《新民主主义论》中就已明确中国未来要建立社会主义的国家。因此，中共在建国前就决定选择要以苏联为建国的榜样，这主要是由中国当时的国情和外部环境所决定的。我国在建国初期的许多情形与当时的苏联很相似，一方面国内的经济文化物质基础十分薄弱，是个落后的农业大国；另一方面又处在帝国主义的包围和封锁下，对新政权构成了威胁。朝鲜战争的爆发又进一步恶化了与西方的关系，也进一步强化了中国按照苏联模式走优先发展重工业的社会主义工业化道路的战略思想。苏联建成社会主义的巨大成就对新中国起到了巨大的示范效应，中国的领导人明确表示，苏联走过的社会主义建设道路，就是中国学习的榜样。毛泽东在《论人民民主专政》一文中指出："在列宁和斯大林的领导下，不但会革命，也会建设。他们已经建立起来了一个伟大的光辉灿烂的社会主义国家。苏联共产党就是我们最好的先生，我们必须向他们学习。拜他们做老师，恭恭敬敬地学，老老实实地学。"[413] 1950 年毛泽东首次访问苏联后，更加深了对苏联社会主义建设成就的印象。他表示："看了苏联建设的历史，知

412　参见金挥、陆南泉、张康琴主编：《苏联经济概论》，北京：中国财政经济出版社，1985，第 128 页。

413　参见毛泽东："论人民民主专政"（1949 年 6 月 30 日），《毛泽东选集》第 4 卷，北京：人民出版社，1991，第 1481 页。

道他们革命前工厂也很少，连飞机也不能修理，革命后若干年才会造一些汽车，但现在已成为一个生产大国。”[414] 离开莫斯科的时候，毛泽东曾在车站发表告别演说，进一步明确了要以苏联为榜样。他说：“在苏联访问期间，我们曾经参观了许多工厂和农场，看见了苏联工人、农民和知识分子从事社会主义建设的伟大成就，看见了苏联人民在斯大林同志和联共党的教育之下所养成的革命精神与实际精神相互结合的作风，证实了中国共产党人历来的信念，即苏联经济、文化及其他各项重要的建设经验，将成为新中国建设的榜样。”[415]

二、苏联援助对中国经济建设产生的巨大作用

苏联对华的援助是一种典型的外交行为，而中国接受苏联的援助则是一种主动的战略行为，即期望通过苏联在经济和军事上的援助发展强大，继而在政治上立住脚。如前所述，苏联对华的援助是全方位的，它不仅体现在资金、技术和人员方面的援助，还体现在理论认识、管理方法、行为方式和体制形成等更深层次的方面。苏联的援助，对中国的社会发展道路的选择产生了深远的影响，不仅推动了中国现代化工业的起步，促进了中国社会主义经济建设的发展，还产生了长久的制度影响。

建国初期，苏联的援助主要体现在帮助建立国家经济管理机构、完善各种制度和体制、协调党政关系以及对中国的干部进行培训和指导等。援助的方式有提供低息贷款、派遣专家和顾问和发展中苏贸易等。在苏联的帮助和指导下，经过三年的努力，中国的国民经济得到了快速的恢复，

414 参见杨奎松：《毛泽东与莫斯科的恩恩怨怨》，江西人民出版社，2001，第277-312页；转引自：马立新，“影响50年代中国由新民主主义向社会主义提前过渡的国际因素”，《经济研究导刊》，2009年第1期。

415 参见“毛泽东离开莫斯科时在车站的告别演说”，《人民日报》，1950年2月20日。

政治、经济和社会趋于稳定，工农业生产总值和国民收入均稳步增长。到 1952 年底，全国工农业总产值比 1949 年增长 77.5%，其中工业总产值增长 145%，农业总产值增长 48.5%，工农业主要产品的产量均已超过历史最高水平。[416] 此外，双方达成了贸易和换货协定，即苏联向中国出口工业设备，中国向苏联出口原材料和农副产品。1951 年，中国从苏联的进口额占进口总值的 44.7%，向苏联的出口则占中国出口总值的 51.51%。1952 年，苏联向中国出口物资的 28% 是机器设备及其零部件。1953、1954 年中苏进出口货物种类基本没有变化，但贸易额有了大幅度的增长，1954 年两国的贸易额相比 1950 年增长了四倍。两国的贸易发展对中国的经济建设起到了重要的作用。[417]

“一五”计划期间，苏联对华的援助主要体现在帮助编制五年计划和实施重大项目的援建，以及帮助建立和完善中国的工业管理体系和制度。援助方式有提供贷款、技术合作与转让、提供设备、专家派遣、人才培养等。正如前文所述，“156 项工程”是苏联进行援助的载体，苏联援建的项目不仅主导着中国工业化发展的方向，而且建立了一套与之相关的苏联式高度集中的政府主导的计划管理体制。

苏联援助对中国经济建设所产生的巨大作用体现在方方面面。在此，仅以中苏的科技合作中为例。1954 年 10 月 12 日，两国在北京签署了《科学技术合作协定》，同时成立了中苏科学技术合作委员会。按照该协定，双方将相互转交技术文件，交换相关信息，并派遣了技术援助和考察两国科技领域成果的专家。根据 1959 年“苏方关于苏中科学技术合作 5 年和

416 参见中央财经领导小组办公室编：《中国经济发展五十年大事记》，北京：人民出版社、中共中央党校出版社，1999，第 52 页。

417 参见孔寒冰：《中苏关系及其对中国社会发展的影响》，北京：中国国家广播出版社，2004，第 144-145 页。

该领域交流经验的通报”的资料显示，在科技合作方面，苏联已向中国转交了1169个基本建设项目，3704套机械设备制造的图纸，1018套各种工艺流程组织的文件和3094套各个部门的技术文件。除此之外，有879名中国专家到访了苏联的企业和单位，对苏联的科学技术成果和经验进行了考察。同样，苏联从中国获得了3个基本建设的项目，188套机械设备制造的图纸，97套工艺文件和299套各个部门的技术文件和资料。有294名苏联专家到访了中国的企业和单位，对中国的科技成果和经验进行了考察。在中国第一个五年计划中，有140家工厂根据苏联的技术文件掌握了2620种主要工业产品的生产。根据中方的通报，利用苏联技术文件使得他们在很大程度上缩短了设计周期、建设周期和投产期，大大降低了产品成本，是保证工业快速发展的条件之一。[418] 此外，中方从苏联获得的技术文件和被中国专家借鉴的苏联企业的生产和技术经验为完成国民经济和社会发展第一个五年计划提供了巨大的帮助，并为顺利完成第二个五年计划创造了条件。在多数情况下，从苏联获取的这些文件可以直接利用到现有企业的改造和新企业的建设中，或者被用于机械设备和其它类型工业产品的生产组织中，从而节约了大量的时间和资金，加快了建设的周期或产品生产周期。 1952—1957年间生产的515000台机车总数中，按照苏联文件生产的机床达435000台。从苏联获得的机械制造方面的技术文件在中国的应用达到95%。[419]

中方在“关于中苏科学技术合作5年工作的通报”中进一步强调：“利用苏联先进的科技成果和经验，对我国加快国民经济中社会主义工业化和

418　参见《苏方关于苏中科学技术合作5年和该领域交流经验的通报》，俄罗斯国家经济档案馆，9493号全宗，1号目录，统一存档编号1060。

419　参见“苏方关于苏维埃社会主义共和国联盟与中华人民共和国科学技术合作的通报”，俄罗斯国家经济档案馆，9493号全宗，1号目录，统一存档编号1003。

技术升级的进程起到了重要的作用。因此，我们特别注重苏联的先进科技成果和经验。几年间，我们已经在工厂设计和建造领域及主要产品生产设计与开发方面取得了很大的成绩。例如冶金行业，目前我们不仅能设计和建造中小型规模的冶金企业，还能设计和建造大型的冶金企业，可以冶炼 500 种钢，生产 6000 种不同类型等级的轧钢，自给率可达到国家建设所需轧钢总量的 90% 左右。而机械制造领域已经基本形成完整的机械制造体系，实现了从维修到制造的转变，并进入了从生产普通机械和设备到制造重要的、大型的、精确的和新型的机械和设备转变的阶段。有能力设计和制造容量达 1386 立方米和 1513 立方米的高炉、1150mm 初轧机、10000 吨位的货轮、72500 千瓦的液压机组、50000 千瓦热电站的成套设备，以及超过 250 种金属切削机床。计划在本年度末设备自给率超过 80%。电能产业领域，我们已经可以设计 100 万千瓦左右的大型水电站，以及 650 千瓦高压和耐高热的电站。由于苏联转交的技术文件，在化工领域，我们已经可以生产一些重要型号的产品，例如化肥、化纤和塑料、高质量的绝缘材料、航空漆、有机玻璃等。在煤炭工业领域，我们已经可以生产比较复杂的采煤设备，自主研制现代矿井。迅速掌握了液压采煤技术，并在全国范围内得到了广泛的应用。此外，石油工业、建筑、交通和其它行业的生产技术水平同样得到了迅速的提升。我们之所以能够快速取得这样巨大的成果，与苏联对华提供的兄弟般全面系统的援助是紧密相联的。”[420] 通过这些档案资料中提供的数据信息，可以看出苏联援助对中国的经济建设确实起到了非常巨大的作用。

420　参见“中方关于中苏科学技术合作 5 年工作的通报”，俄罗斯国家经济档案馆，9493 号全宗，1 号目录，统一存档编号 1060。

三、苏联援助为加快社会主义改造进程创造了条件

如前所述，按照1953年党的过渡时期总路线提出时的设想，原计划在10年到15年或者更长一些时间内，基本上完成国家对农业、手工业、资本主义工商业的社会主义改造，过渡到社会主义社会。尽管第一个五年计划也是按照这个设想来制定改造计划的，但随着1955年下半年农业合作化高潮的兴起，农业社会主义改造带动了资本主义工商业和个体手工业的社会主义改造，结果大体仅用了1年多的时间就使一个经济落后的农业大国完成了生产资料的公有制改造。1956年底社会主义三大改造的基本完成，标志着我国经济体制已由新民主主义过渡到苏联模式的社会主义。这其中，苏联援助是一个重要的促进因素。

首先，苏联援助对加速社会主义工业化起到了重要的作用，这在一定程度上促进了社会主义改造的进程。在苏联援助的“一五”计划实施过程中，采取的是优先发展重工业的政府主导型的苏联工业化模式，它要求政府集中各种资源和资金，围绕工业化展开经济建设。为了解决资金不足和物资短缺的问题，必须挤压农业和轻工业，并将各种所有制经济都纳入计划经济的轨道，由国家进行统一调配，充分合理使用资源，最大限度地集中人力、财力和物力，以保证工业化的顺利进行。苏联通过“一条龙”式的援助加速了中国的社会主义工业化进程，而社会主义工业化的顺利进行，在客观上必须加快对农业、手工业和资本主义工商业的改造。因为，发展社会主义工业和实行社会主义改造的任务是互相关联而不可分离的。如果不对农业、手工业和资本主义工商业进行改造，而是听其自然，那么它们就不但不能认真地支持社会主义工业化的发展，而且必然会对社会主义工业化的事业发生种种矛盾。[421] 为此，党在1953

421　参见《建国以来重要文献选编》第4册，北京：中央文献出版社，1993，第701—702页。

年提出了"一化、三改"[422]的过渡时期总路线。按照原先的设想，要等国家工业发展到一定程度后，才开始对农业、手工业、资本主义工商业进行社会主义改造，然后过渡到社会主义社会。但在执行总路线的过程中，苏联的援助为中国提前进入社会主义创造了条件，工业迅速发展，各种重要物资被迫纳入计划供应，对农业、手工业和资本主义工商业的改造速度一再加快，并逐步纳入了计划经济的轨道。

其次，苏联通过专家顾问援助的方式在中国固化了苏联社会主义经济建设的理论和实践经验，加快了中国社会主义经济制度的确立，使其具备了提前进入社会主义的经济条件。由于我们自身在经济管理方面的经验不足，所以苏联专家在经济和经济管理领域里的作用要大于在军事领域。[423]在经济建设领域出现了全面照搬苏联经验的依赖思想，而斯大林的《苏联社会主义经济问题》一书，当时认为是社会主义经济理论的最新成果，也是中共领导人必读的教科书之一。1952 年，斯大林亲自指导把苏联社会主义建设经验写进了《政治经济学教科书》，并规定这是全世界共产党人"必读的教科书"。苏联在 30 年代社会主义建设中采用过的做法和途径：如中央指令性计划、工业国有化、农业集体化等，被当成划分真假社会主义的主要标准，成为了所有国家社会主义建设必须遵守的"共同规律"。[424]通过这些书的学习，对我们理解社会主义建设产生了深远的影响，在很大程度上造成了我们对社会主义的理解一直停留在教科书规定的 30 年代在苏联形成的社会主义的概念上。加之，我们在苏联专家的言传身教下，不

422 "一化"是指社会主义工业化，"三改"是指对农业、手工业和资本主义工商业的社会主义改造。

423 参见周弘、张浚、张敏：《外援在中国》，北京：社会科学文献出版社，2007，第 120 页。

424 参见《斯大林选集》，下卷，北京：人民出版社，1979，第 573 页；转引自李静杰：《苏共失败的历史教训》，载《东欧中亚研究》，1992 年第 6 期。

自觉的将苏联那套高度集中的单一公有制的经济体制模式不断地灌输给中国，这无疑对加快社会主义改造的思想产生了重要的影响。此外，由于苏联的援助，国民经济恢复迅速完成，社会主义性质的国营经济发展顺利，工商业公私比例发生了根本性的变化，农业互助合作普遍展开，这些也为中共决定加快社会主义改造奠定了必要的社会经济基础。当时，我们所认识到社会主义经济就是计划经济，其标志就是国家直接下达的指令性指标。结果在苏联专家指导的实践中单一地否定商品经济，取消私有制，走上了苏联式的社会主义道路。尽管在取消私有制的形式上考虑了我们自己的国情，也有在前期实践积累基础上进行的创新，但最终要达到的目的还是像苏联一样，建成生产资料单一公有制的社会主义国家。

由于我们主观上希望尽快改变贫穷落后的经济面貌，客观上又得到了苏联的全面援助，取得了一些成绩，加之受到苏联建设社会主义模式的影响，使得我们在“一五”计划后期的建设上追求急于求成、在思想上出现急躁冒进，以致于提出了脱离生产力实际情况而谈生产关系先进性的要求。在赶超型的工业化战略的指导下，经济体制的变革十分顺利，1955 年通过群众运动掀起了社会主义改造的高潮，产生了盲目跟从，使得社会主义三大改造在短期内就完成了。

由于改造的步伐过急过快，没有扎扎实实地将工作做到位，所以造成“一化”的任务没有完成，“三改”的工作也做的很粗糙，这不能不说是一个历史教训。[425] 同时，也为后来结合国情如何建设有中国特色的社会主义提出了许多的思考。

425　参见薄一波：《若干重大决策与事件的回顾》上卷，北京：中共中央党校出版社，1991，第 229 页。

结 束 语

50 年代的苏联援助虽说是一种典型的外交行为，但它的影响却远远超出了外交范畴。苏联通过援助，向中国转移的不仅是图纸设备，科学技术、经营管理方式，而且向中国转移了苏联的社会主义理论、制度和体制，从而对中国的社会主义发展道路选择产生了全面、深刻和深远的影响。

苏联革命胜利后的工业基础远比我国强大，工业约占整个国民经济的 42%，而我国仅占到 10% 左右。苏联从资本主义到社会主义过渡还用了 19 年，而我国比苏联向社会主义过渡的时间还提前了不少，仅用了 7 年的时间。这也为后来我国在社会主义道路探索的过程中埋下了挫折和失误的种子。

1956 年 2 月苏共二十大揭露斯大林时期的经济问题和现行体制的弊端后，中共开始考虑苏联经验与本国国情相结合，提出不能照搬，要走自己的路，试图探索一条新的社会主义建设道路。中共八大对新中国经济建设进行了全面总结，也对苏联建设社会主义的经验有所的反思。由于急于向社会主义过渡，在经济落后和发展极端不平衡的基础上快速确立了单一公有制的经济体制，暴露出了不少固有的问题，需要进一步的解决和完善。

这些都迫使中国探索自己的社会主义发展道路，避免走苏联走过的弯路。但是，由于在什么是社会主义和如何建设社会主义这些基本问题上仍然坚守苏联那一套，甚至把苏联国内的改革尝试视为“修正主义”，再加上从1957年起，党的指导思想出现“左倾”，错误地认为社会主义社会的主要矛盾是无产阶级与资产阶级的矛盾，不断开展“阶级斗争论”，发动群众大搞政治运动，打击持不同意见的同志，造成了许多冤家错案。从整风反右运动，直至发动文化大革命，导致了灾难性的严重后果，严重阻碍了中国经济和社会的发展。

实践证明，在经济和文化落后的国家，无产阶级夺取政权后，不能超越社会发展阶段，急于过渡，而要集中力量发展生产力，为建立社会主义创造必要的物质和文化前提。[426] 在历经了曲折的社会主义探索之路，直到十一届三中全会以后，我党才在邓小平的指导下，认真总结了过去出现的向社会主义急于过渡、“穷过渡”的教训，真正把国家建设的工作重点转移到了以经济建设为中心，并下定决心开始集中精力发展生产力，真正走上了有中国特色的社会主义道路，并取得了改革开放三十多年来令世界瞩目的巨大经济成就。现阶段，特别是在苏联解体后，为了努力实现中华民族伟大复兴的中国梦，我们更该回顾这段历史、认真总结其中的教训，这对正确认识和理解社会主义初级阶段，结合自己的国情，在社会主义科学发展观的指引下坚定不移走中国特色的社会主义道路具有一定的借鉴意义。

50年代苏联的援助对中国所产生的深层次影响是十分巨大的，以至于我们在很长的时间内都无法摆脱苏联模式对中国社会发展所造成的深刻影响。可以说，世界上没有哪个国家像苏联那样，对中国内部发展和对外政策产生过如此巨大而深刻的影响。

426　参见李静杰：“苏共失败的历史教训”，《东欧中亚研究》，1992年第6期，第2页。

参考文献

中文文献

（一）中文著作

[1] [美]费正清主编：《剑桥中华人民共和国史》，上海人民出版社，1990年版。

[2] [南]马尔科维奇、[美]塔克：《国外学者论斯大林模式》，中央编译出版社，1995年版。

[3] “共产党是要努力于中国的工业化的”，《毛泽东文集》，人民出版社，1991年版。

[4] “关于农业合作化问题”，《毛泽东文集》第六卷，人民出版社，1999年版。

[5] “论联合政府”，《毛泽东在“七大”的报告和讲话集》，中央文献出版社，1994 年版。

[6] “中国人民站起来了”（毛泽东同志在中国人民政治协商会议第一届全体会议上的开幕词），《毛泽东选集》第五卷，人民出版社，1977 年版。

[7] 《1949—1952 档案 · 基本建设投资和建筑业卷》

[8] 《1949—1952 年中华人民共和国经济档案资料选编》综合卷，中国城市经济社会出版社，1990 年版。

[9] 《1949—1952 中华人民共和国经济档案资料选编 · 交通通信卷》，中国物资出版社，1996 年版。

[10] 《1949—1952 中华人民共和国经济档案资料选编 · 劳动工资和职工福利卷》，中国社会科学出版社，1994 年版。

[11] 《1953—1957 年中华人民共和国经济档案资料选编》，固定资产投资和建筑业卷，中国物价出版社，1998 年版。

[12] 《1953—1957 年中华人民共和国经济档案资料选编》，劳动工资和职工保险福利卷，中国物价出版社，1998 年版。

[13] 《陈云文集》第二卷，中央文献出版社，2005 年版。

[14] 《当代中国丛书》编辑委员会：《当代中国的国防科技事业》（上）（下），当代中国出版社，1992 年版。

[15] 《邓小平文选（1975—1982）》，人民出版社，1983 年版。

[16] 《邓小平文选》第 3 卷，人民出版社，1993 年版。

[17] 《给卡尔 · 斯坦美兹》，《列宁全集》第 35 卷，人民出版社，1959 年版。

[18] 《回眸—欧美同学会留苏分会成立 20 周年》，2010 年版。

[19] 《建国以来毛泽东文稿》第 3 册、第 4 册，中央文献出版社，1989 年版。

[20] 《建国以来毛泽东文稿》第 4 册，中央文献研究出版社，1990 年版。

[21] 《建国以来重要文献选编》第 3 册，中央文献出版社，1992 年版。

[22] 《建国以来重要文献选编》第 4 册，中央文献出版社，1993 年版。

[23] 《列宁全集》第 32 卷、第 33 卷、第 41 卷、第 43 卷，人民出版社，1987 年版。

[24] 《列宁全集》第 34 卷，人民出版社，第 2 版。

[25] 《列宁全集》第 35 卷，人民出版社，第 1 版。

[26] 《列宁全集》第 43 卷，人民出版社，。

[27] 《列宁选集》第 3 卷、第 4 卷、第 25 卷，人民出版社，1995 年版。

[28] 《列宁专题文集·论社会主义》，人民出版社，2009 年版。

[29] 《马克思恩格斯全集》第 1 卷，人民出版社，2008 年版。

[30] 《马克思恩格斯选集》第 1 卷、第 3 卷、第 8 卷，人民出版社。

[31] 《毛泽东文集》，第六卷，人民出版社，1999 年版。

[32] 《毛泽东文集》第四卷、第五卷、第六卷，人民出版社，1999 年版。

[33] 《毛泽东选集》第二卷、第三卷、第四卷，人民出版社，1991 年版。

[34] 《毛泽东选集》第五卷，人民出版社，1977 年版。

[35] 《三中全会以来重要文献选编》下，人民出版社，1982 年版。

[36] 《斯大林全集》第 12 卷，人民出版社，1956 年版。

[37] 《中共中央关于编制一九五三年计划及五年计划纲要的指示》，《建国以来重要文献选编》第 3 册，中央文献出版社，1992 年版。

[38] 《中华人民共和国发展国民经济的第一个五年计划 1953–1957》，人民出版社，1955 年版。

[39] 《周恩来年谱（1949–1976)》上卷，中央文献出版社，1997 年版。

[40] 鞍钢第一炼钢厂厂志编纂委员会：《鞍钢第一炼钢厂厂 第一卷（1933–1985》》，1988 年版。

[41] 鲍里索夫，科洛斯科夫：《苏中关系 1945–1980》，三联书店出版社，1982 年版。

[42] 边彦军：《建国以来刘少奇文稿》第 1 册，中央文献出版社，2005 年版。

[43] 薄一波：《若干重大决策与历史事件的回顾》（上卷），中共中央党校出版社，1991 年版。

[44] 陈章仕：《新中国对外文化交流史略》，中国友谊出版社，1999 年版。

[45] 邓子恢："合作化运动的曲折与经验"，《邓子恢文集》，人民出版社，1996 年版。

[46] 东北物资委员会：《东北经济小丛书》钢铁，东北物资委员会，1947 年版。

[47] 董志凯、武力：《中华人民共和国经济史（1953–1957)》(上)(下)，社会科学文献出版社，2011 年版。

[48] 董志凯主编：《1949–1952 年中国经济分析》，194–195 页，北京，中国社会科学出版社，1996 年版。

[49] 房维中、金冲及，《李富春传》，中央文献出版社，2001 年版。

[50] 国家统计局：《建国三十年全国农业统计资料（1949–1979）》，1980 年版。

[51] 国家统计局：《中国农村统计年鉴（1989）》；《建国三十年全国农业统计资料（1949–1979）》，1980。

[52] 国家统计局编：《奋进的四十年》，中国统计出版社，1989 年版。

[53] 黄利群:《中国人留学苏（俄）百年史》，中国文史出版社，2002 年版。

[54] 季龙主编：《当代中国的集体工业》（上），当代中国出版社，1991 年版。

[55] 金冲及主编：《刘少奇传》，中央文献出版社，1998 年版。

[56] 金冲及主编：《周恩来传（四卷本）》，北京，中央文献出版社，1998 年版。

[57] 金挥、陆南泉、张康琴主编:《苏联经济概论》，中国财政经济出版社，1985 年版。

[58] 金及冲主编：《周恩来传》，中央文献出版社，1998 年版。

[59] 金铁宽:《中华人民共和国教育大事记》（第 1 卷），山东教育出版社，1995 年版。

[60] 孔寒冰：《中苏关系及其对中国社会发展的影响》，中国国际广播出版社，2004 年版。

[61] 李华忠、张羽主编：《鞍钢四十年》，辽宁人民出版社，1989 年版。

[62] 李涛：《借鉴与发展 – 中苏教育关系研究（1949–1976）》，浙江教育出版社，2006 年版。

[63] 李滔:《中华留学教育史录: 1949 年以后》，高教出版社，2000 年版。

[64] 李越然：《李越然回忆录：中苏外交亲历记》，世界经济出版社，2001 年版。

[65] 刘崇文，中共中央文献研究室:《刘少奇年谱》下卷，中央文献出版社，1996 年版。

[66] 陆大道：《中国工业布局的理论与实践》科学出版社，1990 年版。

[67] 陆南泉、黄宗良、郑异凡、马龙闪、左凤荣：《苏联真相》，新华出版社，2012 年版。

[68] 吕黎平：《赴苏参与谈判援建空军的回忆》，解放军出版社，1992 年版。

[69] 马宇平、黄裕冲编，《中国昨天与今天（1840−1987 国情手册）》，解放军出版社，1989 年版。

[70] 毛礼锐、沈灌群主编：《中国教育通史》第 6 卷，山东教育出版社，1989 年版。

[71] 毛泽东：“论人民民主专政”（1949 年 6 月 30 日），《毛泽东选集》第四卷，人民出版社，1991 年版。

[72] 聂荣臻：“在科学技术战线上”，《回顾与展望—新中国的国防科技工业》，国防工业出版社，1989 年版。

[73] 聂荣臻：《聂荣臻回忆录》，解放军出版社，2007 年版。

[74] 欧美同学会留苏联和前独联体分会：《学子之路—新中国留苏学生奋斗足迹》大型画册，中国青年出版社，2000 年版。

[75] 潘光祖编著:《苏联专家对新中国的帮助》，广州：华南人民出版社，1952 年版。

[76] 逄先知、金冲及:《毛泽东传 1949−1976》，北京：中央文献出版社，2003 年版。

[77] 尚明轩等：《一代天骄孙中山的历程（下）》，解放军文艺出版社，2001 年版。

[78] 沈志华：《苏联专家在中国 1948–1960》，新华出版社，2009 年版。

[79] 沈志华：《无奈的选择—冷战与中苏同盟的命运 1945–1959》，社会科学文献出版社，2013 年版。

[80] 沈志华:《新经济政策与苏联农业社会化道路》中国社会科学出版社，1994 年版。

[81] 沈志华主编：《中苏关系史纲：1917–1991 年中苏关系若干问题再探讨》增订版，北京：社会科学文献出版社，2011 年版。

[82] 师哲，《在历史巨人身边》，中央文献出版社，1991 年版。

[83] 史敬棠等编：《中国农村合作化运动史料》，北京：三联书店，1957 年版。

[84] 宋则行、樊亢：《世界经济史》上卷，经济科学出版社，1994，第 499 页。

[85] 苏星、杨秋宝：《新中国经济史资料选编》，中共中央党校出版社，2000 年版。

[86] 王化雨:《怎样学习“苏联建成社会主义的道路”》,辽宁人民出版社，1955，第 2 页。

[87] 王立等主编:《当代中国的兵器工业》,当代中国出版社,1993 年版。

[88] 王荣生：“振兴船舶工业，为海军装备现代化建设服务”，《回顾与展望—新中国的国防科技工业 1949–1989》，国防工业出版社，1989 年版。

[89] 温济泽：《听毛泽东讲新民主主义论》，《征鸿片羽集》，当代中国出版社 1995 年版。

[90] 吴承明、董志凯：《中华人民共和国经济史》第一卷（1949–1952），中国财政经济出版社，2001 年版。

[91] 武力：《中华人民共和国经济史》上卷，中国经济出版社，1999年版。

[92] 夏光："从华东军区海校到海军联校"，《海军回忆史料》，解放军出版社，1999年版。

[93] 熊华源、廖心文，《周恩来总理生涯》，人民出版社，1997年版。

[94] 杨奎松：《毛泽东与莫斯科的恩恩怨怨》，江西人民出版社，2001年版。

[95] 杨忠义：《苏联专家与中国海军航空兵》，解放军出版社，2013年版。

[96] 叶济生："我国第一个高温合金的诞生"，《冶金军工回忆录汇编》（内部资料），2004年。

[97] 叶正大："自行研制第一架歼击机的启示"，《回顾与展望—新中国的国防科技工业1949–1989》，国防工业出版社，1989年版。

[98] 于幼军:《社会主义学说的第三次飞跃》,广东人民出版社,1995年版。

[99] 袁伟等：《中国军校发展史》，北京：国防大学出版社，2001年版。

[100] 曾培炎主编：《中国投资建设五十年》，第1页，北京，中国计划出版社，1999年版。

[101] 张柏春、姚芳、张久春、蒋龙：《苏联技术向中国的转移1949–1966》，山东教育出版社，2004年版。

[102] 中共中央办公厅、中央档案馆编研部编《中国共产党宣传工作文献汇编（1949–1956）》，学习出版社，1993年版。

[103] 中共中央文献编辑委员会编：《周恩来选集》下卷，人民出版社，1984年版。

[104] 中共中央文献研究室：《周恩来年谱》上卷，中央文献出版社，1997 年版。

[105] 中共中央文献研究室编：《毛泽东传（1949–1976）上》，中央文献出版社，2003 年版。

[106] 中共中央文献研究室编：《毛泽东年谱（1893–1949 年）》上，北京：人民出版社、中央文献出版社，1993 年版。

[107] 中共中央研究室编：《陈云传》，北京：中央文献出版社，2005 年版。

[108] 中国科学院编译出版委员会：《十年来的中国科学—冶金（1949–1959）》，科学出版社，1959 年版。

[109] 中国科学院经济研究所、中央工商行政管理局编：《中华人民共和国工商业社会主义改造统计提要（1953–1957）》，人民出版社，1958 年版。

[110] 中国社会科学院、中央档案馆：《1953–1957 档案 · 工业卷》，中国物价出版社，1998 年版。

[111] 中国社会科学院、中央档案馆：《1953–1957 档案 · 综合卷》，中国物价出版社，1998 年版。

[112] 中国社会科学院、中央档案馆：《1953–1957 档案 · 农业卷》，中国物价出版社，1998 年版。

[113] 中华全国手工业合作总社编：《手工业合作化后的主要任务》，中国财政经济出版社，1958 年版。

[114] 中央财经领导小组办公室编：《中国经济发展五十年大事记》，人民出版社、中共中央党校出版社，1999 年版。

[115] 周恩来："关于知识分子问题的报告"，中央文献研究室编：《建国以来重要文献选编》第 8 册，中央文献出版社，1994 年版。

[116] 周恩来军事活动纪事编写组编著：《周恩来军事活动纪事（1918–1975）》下卷，北京：中央文献出版社，2000 年版。

[117] 周弘、张浚、张敏：《外援在中国》，社会科学文献出版社，2007 年版。

[118] 周尚文、李鹏、郝宇青：《新中国初期“留苏潮”实录与思考》，华东师范大学出版社，2012 年版。

[119] 周尚文等著：《新编苏联史 (1917–1985)》，上海人民出版社，1990 年版。

[120] 周晓虹，谢曙光：“1951–1958：中国农业集体化的动力—国家与社会关系视野下的社会动员”，《中国研究 (2005 年春季卷)(总第 1 期)》，社会科学文献出版社，2005 年版。

[121] 朱镕基主编：《当代中国的经济管理》，中国社会科学出版社，1985 年版。

[122]《中国与苏联关系文献汇编（1952 年 –1955 年》，北京：世界知识出版社，2015 年 7 月。

（二）中文文章

[1] “维辛斯基与刘少奇关于外交问题的会谈记录”，1949 年 7 月 30 日，中译文载《党史研究资料》1998 年第 2 期。

[2] “周恩来给莫洛托夫的信”（1952 年 9 月 6 日），《党的文献》1999 年第 5 期。

[3] 本刊编辑部：“苏中友谊日益巩固—发展苏中两国学者的创造性合作”，《苏中友好》1959 年第 3 期。

[4] 陈君静："苏联经验与我党过渡时期的理论和实践"，《宁波师范学报》，1996 年 10 月，第 18 卷第 5 期。

[5] 陈夕："156 项工程与中国工业的现代化"，《党的文献》1999 年第 5 期。

[6] 陈云："关于发展国民经济的第一个五年计划的报告（节选）"，《党的文献》1995 年第 3 期，第 12—20 页。

[7] 储峰："苏联对中国国防科技工业的援建（1949—1960）"，《冷战国际史研究》第 4 辑（2007 年春季号）。

[8] 赤桦、李欣："新中国 60 周年国防战略的历史演变"，载《军事历史》，2009 年第 5 期，第 11 页。

[9] 代先祥："向社会主义过渡战略的嬗变—论苏联模式对过渡战略调整的影响"，《法制与生活》，2008 年第 3 期。

[10] 董志凯："关于"156 项"的确立"，《中国经济史研究》1999 年第 4 期，第 93—107 页，T4806，

[11] 范守信："1949—1956 年党的战略指导方针的变化及其历史经验"，《党史研究与教学》，1989 年第 5 期。

[12] 方爱东，"斯大林社会主义价值观探析"，《社会主义研究》，2009 年第 6 期。

[13] 方爱东："科学与价值：列宁的社会主义核心价值观解读"，《当代世界与社会主义》，2010 年第 1 期。

[14] 高王凌"中苏农业集体化成败得失的比较"，《当代中国研究》（美国），2003 年春季号（2003.3.）

[15] 顾学宏："苏联高度集中的工业管理体制形成的原因"，《杭州师眺学报》（杜会科学版），1987 年第 2 期。

[16] 黄华："建国初期我国工业化选择优先发展重工业战略的原因"，《黔东南民族师范高等专科学校学报》，第23卷第1期。

[17] 季龙："我国手工业社会主义改造的基本情况"，《党的文献》1989年第2期，第45–49页 T4896，

[18] 姜振寰："苏联援助中的哈尔滨工业大学"，《哈尔滨工业大学学报》，2004年第9期。

[19] 蒋洪翼、周国华："50年代苏联援助中国煤炭工业建设项目的由来和变化"，《当代中国史研究》，1995年第4期。

[20] 金冲及："建国前夕毛泽东对新中国的构想"，《党的文献》1993年第6期（39）T1962，

[21] 孔寒冰："苏联模式在中国是如何被强化的"，《俄罗斯研究》，2002年第4期，总第126期。

[22] 李丹慧："五十年代中后期中苏关系的演变"，《党史研究资料》1995年第12期。

[23] 李静杰："苏共失败的历史教训"，《东欧中亚研究》，1992年第6期。

[24] 李兴中，"列宁的社会主要建设思想及其意义"，《哈尔滨市委党校学报》，2000年第1期。

[25] 李秀潭："关于深化对人类社会发展规律认识的若干思考"，《中共中央党校学报》，2003年第1期。

[26] 李占才："20 世纪50年代中国对社会主义建设道路的初步探索"，《中国经济史研究》，2006，第3期。

[27] 列多夫斯基："米高扬与毛秘密谈判"中，《党的文献》1996年第1期。

[28] 列多夫斯基："米高扬与毛泽东的秘密谈判"上，《党的文献》1995 年第 6 期。

[29] 列多夫斯基："米高扬与毛泽东的秘密谈判"下，《党的文献》1996 年第 3 期。

[30] 林浣芬："我国计划经济体制的基本形成及其历史特点"，《党的文献》1995 年第 2 期。

[31] 刘书林："社会主义的'苏联模式'与中国特色社会主义"，《思想理论教育导刊》，2009 年第 3 期，总第 123 期。

[32] 刘松林："建国初期苏联教育模式对我国教育的影响"，《党史研究资料》2004 年第 1 期。

[33] 刘振华（国家档案馆）："建国初'156 项'工程项目的确立"，《中国档案》，2009 年 03 期。

[34] 马立新："影响 50 年代中国由新民主主义向社会主义提前过渡的国际因素"，《经济研究导刊》，2009 年第 1 期。

[35] 马闪龙："苏联模式与中国社会主义道路的探索—中国特色社会主义是对苏联模式的实质性突破"，《中国特色社会主义研究》，2007 年第 1 期。

[36] 马晓河："中国农村 50 年：农业集体化道路与制度变迁"，《当代中国史研究》，1999 年第 5 ～ 6 期。

[37] 毛泽东读苏联"政治经济学（教科书）"谈话记录选载（一）1959 年 12 月—1960 年 2 月：《党的文献》1992 年第 1 期。

[38] 毛泽东读苏联"政治经济学（教科书）"谈话记录选载（二）1959 年 12 月—1960 年 2 月：《党的文献》1992 年第 4 期。

[39] 毛泽东读苏联“政治经济学（教科书）”谈话记录选载（三）1959 年 12 月—1960 年 2 月：《党的文献》1992 年第 5 期。

[40] 毛泽东读苏联“政治经济学（教科书）”谈话记录选载（四）1959 年 12 月—1960 年 2 月：《党的文献》1993 年第 4 期。

[41] 毛泽东读苏联“政治经济学（教科书）”谈话记录选载（五）1959 年 12 月—1960 年 2 月：《党的文献》1994 年第 3 期。

[42] 毛泽东读苏联“政治经济学（教科书）”谈话记录选载（六）1959 年 12 月—1960 年 2 月：《党的文献》1994 年第 5 期。

[43] 梅文彬：“苏联向社会主义过渡的若干问题”，《世界经济》，1981 年第 09 期。

[44] 庞仁芝：“写在〈共产党宣言〉发表 160 年之际”，《学习时报》，2008 年 02 月 19 日。

[45] 彭学涛：“苏联援助中国海军武器装备建设内幕”，《文史月刊》，2012 年 02 期。

[46] 沈志华：“对在华苏联专家问题的历史考察：作用和影响”，《中共党史研究》2002 年第 2 期。

[47] 沈志华：“建国初期苏联对华经济援助的基本情况”（之一），《党史研究资料》2001 年第 3 期。

[48] 沈志华：“建国初期苏联对华经济援助的基本情况”（之二），《党史研究资料》2001 年第 4 期。

[49] 沈志华：“建国初期苏联对华经济援助的基本情况”（之三），《党史研究资料》2001 年第 5 期。

[50] 沈志华：“新经济政策—列宁在实践中的伟大创造”，《世界史研究动态》1981 年第 5 期。

[51] 宋才发，“论列宁从‘战时共产主义’到新经济政策思想的擅变”，《贵州社会科学》，1996 年第 2 期。

[52] 宋凤英：“奠定中国工业化基础的‘156 项工程’揭秘”，《党史博采》，2009 年第 12 期。

[53] “苏联国家计划委员会关于中华人民共和国五年计划任务的意见书”，《中共党史资料》总第 69 辑，1999 年 3 月，第 1–4 页。

[54] 孙代尧：《中国农业合作化运动的工业化背景分析》，《国史研究参考资料》1996 年第 2 期。

[55] 孙运莉：“新中国的第一次利用外援—论‘一五’时期 156 项重点工程的历史作用”，《世纪桥》，1999 年第 5 期。

[56] 覃异之：“黄埔建军”，《文史资料选辑》第二辑。

[57] 唐艳艳：“从 156 项工程的建设看后发优势的发挥”，《理论月刊》，2009，第 12 期。

[58] 田伟：“苏联援华 78 个项目谈判概况”，《中共党史资料》2003 年第 2 期。

[59] 王凡：“周恩来、李富春与新中国航空工业的创立—原航空工业部党组副书记段子俊访谈”，《党史博览》2001 年第 4 期。

[60] 王奇：“‘156 项工程’与 20 世纪 50 年代中苏关系评析”，《当代中国史研究》2003 年 3 月。

[61] 王素莉：“赶超战略及其历史经验初探”，《中共党史研究》2005 年第 4 期。

[62] 王亚志回忆，沈志华、李丹慧整理：“苏联向中国提供军事援助与中古仿制苏式武器”，《俄罗斯研究》，2004 年第 4 期，总第 134 期。

[63] 王玉贵:“党对列宁过渡时期学说的理解与我国的过渡时期总路线”,《党史研究与教学》1995 年第 4 期。

[64] 王真:“50 年代中期我国对苏联建设模式的突破”,《当代中国史研究》1995 年第 2 期,第 15−24 页。

[65] 温小雁:“对农业合作化速度过快原因的分析”,《历史教学》2000 年第 7 期。

[66] 吴殿卿:“海军第一个五年建设计划制订经过”,《党史博览》2011 年第 2 期。

[67] 武力:“论八大对苏联工业化模式认识的深化及其历史局限”,《教学与研究》1996 年第 6 期,第 39−43 页。

[68] 徐棣华:“建国初期的城市工商业调整”,《中共党史资料》总第 51 辑(1994 年 10 月),第 54 页。

[69] 徐焰:“解放后苏联援华的历史真相”,《炎黄春秋》2008 年第 2 期,第 30− 页。

[70] 鄢显骏:“论落后国家建立社会主义的路径选择”,《学术探索》2000 年第 3 期。

[71] 杨爱华:“苏联对中国空军实施技术援助的方式、特点及影响(1949−1960)”,《自然辩证法研究》,2012 年 8 月,第 28 卷第 8 期。

[72] 杨军,梅荣政:“列宁社会主义思想的历史演进、思想内容和启示——读 < 列宁专题文集 · 论社会主义 >”,《高校理论战线》,2010 年第 7 期。

[73] 杨奎松:“毛泽东为什么放弃新民主主义—关于俄国模式的影响问题”,《近代史研究》,1997 年 04 期。

[74] 余源培：“‘国家资本主义’与落后国家社会主义建设”，《毛泽东邓小平理论研究》，2007 年第 7 期。

[75] 俞良早：“关于斯大林‘一国能够建成社会主义’理论的探讨”，《湖北大学学报》，1990 年第 3 期。

[76] 袁宝华：“赴苏联谈判的日日夜夜”，《当代中国史研究》，1996 年第 1 期。

[77] 张久春：“20 世纪 50 年代工业建设‘156 项工程’研究”，《工程研究—跨学科视野中的工程》2009 年第 1 期。

[78] 张培富、孙磊：“156 项工程与 1950 年代中国的科技发展”，《长沙理工大学学报》，2011 年 3 月，第 26 卷第 2 期。

[79] 张威：“47 个苏联援华项目的签订、执行情况”，《中共党史资料》2003 年第 1 期，第 23–24 页。

[80] 赵波、成敏：“论列宁的社会主义核心价值观”，《学术论坛》，2012 年第 1 期。

[81] 赵士刚：“新民主主义向社会主义提前过渡原因研究述评”，《中共党史资料》2007 年第 4 期。

[82] 赵阳辉：“中国现代军事院校的创办与苏联援助”，《自然辩证法通讯》2004 年第 5 期。

[83] 郑异凡：“‘一国建成社会主义’理论中的若干问题”，《当代世界社会主义问题》，1995 年第 4 期，1996 年第 1 期。

[84] 郑羽：“1949–1959 年间毛泽东对苏联看法的演变：近年来发表的有关档案文献研究”，Paper for the Conference “The Cold War in Asia” （January 1996，Hong Kong）。

[85] 朱佳木："陈云与中国工业化起步过程中若干基本问题的解决"，《当代中国史研究》1995年第03期。

[86] 朱佳木："毛泽东对中国工业化的探求与中国的革命和建设"，《中共党史研究》，2004年第2期。

[87] 朱佳木："由新民主主义向社会主义的提起过渡与优先发展重工业的战略抉择"，《当代中国史研究》，2004年9月，第11卷第5期。

（三）档案资料

[1] 《科瓦廖夫给斯大林的报告》，1949年12月24日，俄罗斯总统档案馆，3号全宗，65号目录，584号案卷，第123—144张。

[2] 《科瓦廖夫给斯大林的报告》，1949年5月17日，俄罗斯总统档案馆，45号全宗，1号目录，331号案卷，50—51张。

[3] 《科瓦廖夫给斯大林的报告》，1949年7月6日，俄罗斯总统档案馆，3号全宗，65号目录，363号案卷，20—23张。

[4] 《刘少奇等同米高扬关于中国经济和中共经济政策的谈话记录》，1949年2月7日，俄罗斯联邦总统档案馆，39号全宗，1号目录，39号案卷，第89—95张。

[5] 《刘少奇给联共（布）中央和斯大林的报告》，1949年7月4日，俄罗斯总统档案馆，45号全宗，1号目录，328号案卷，11—50张。

[6] 《罗申与陈云的谈话备忘录》（1949年10月28日），АВПРФ，ф.0100，оп.42，п.288，д.19，л.58—62。

[7] 《罗申与陈云的谈话备忘录》，1949 年 10 月 28 日，А В П Р Ф，ф.0100，о п.42，п.288，д.19，л.58–62

[8] 《罗申与周恩来的谈话备忘录》，1951 年 7 月 24 日，俄罗斯总统档案馆，100 号全宗，44 号目录，322 号案卷，第 44–51 张。

[9] 《毛泽东同米高扬关于成立联合政府和新中国内对外政策等问题的第二次谈话》，1949 年 1 月 31 日，俄罗斯总统档案馆，39 号全宗，1 号目录，39 号案卷，7–16 张。

[10] 《毛泽东同米高扬关于中共当前任务的谈话记录》(1949 年 2 月 5 日)，俄罗斯联邦总统档案馆，39 全宗，1 号目录，第 39 案卷，第 74–77 张。

[11] 《毛泽东同米高扬关于中共国内政策的谈话记录》，1949 年 2 月 5 日，俄罗斯总统档案局，39 号全宗，1 号目录，39 号案卷，第 64–73 张。

[12] 《毛泽东同米高扬关于中苏关系以及中国国内问题的谈话记录》，1949 年 2 月 4 日，俄罗斯总统档案馆，39 号全宗，1 号目录，39 号密卷，第 54–63 张。

[13] 《米高扬与毛泽东的会谈备忘录》1949 年 2 月 6 日，俄罗斯总统档案馆，39 号全宗，1 号目录，39 号案卷，78–88 张。

[14] 《斯大林给科瓦廖夫转毛泽东的电报》（1949 年 5 月 26 日），俄罗斯总统档案馆，45 号全宗，1 号目录，331 号案卷，73–75 张。

[15] 《斯大林与中共代表团会谈纪要》1949 年 6 月 27 日，俄罗斯总统档案馆，45 号全宗，1 号目录，329 号案卷，1–7 张。

[16] 《斯大林与周恩来的会谈记录》1952 年 8 月 20 日，俄罗斯总统档案局，45 号全宗，1 号目录，392 号密卷，第 54–72 张。

[17] 《斯大林与周恩来的会谈记录》1952 年 9 月 3 日，俄罗斯总统档案局，45 号全宗，1 号目录，392 号密卷，第 75–87 张。

[18] 《苏方关于苏维埃社会主义共和国联盟与中华人民共和国科学技术合作的通报》，俄罗斯国家经济档案馆，9493 号全宗，1 号目录，统一存档编号 1003。

[19] 《苏方关于苏中科学技术合作 5 年和该领域交流经验的通报》，俄罗斯国家经济档案馆，9493 号全宗，1 号目录，统一存档编号 1060。

[20] 《伊 · 弗 · 科瓦廖夫关于中共中央政治局讨论建立经济中心以及毛泽东谈军事行动计划和与美国大使联系情况等致斯大林的电报》，1949 年 5 月 23 日，俄联邦总统档案馆，45 号全宗，1 号目录，331 号案卷，第 66—69 张。

[21] 《伊 · 弗 · 科瓦廖夫就中共中央政策和实践中的所谓“问题”给斯大林的报告》1949 年 12 月 24 日，俄联邦总统档案馆，3 号全宗，65 号目录，584 号案卷，第 123—144 张。

[22] 《尤金给斯大林的报告》，1951 年 1 月 20 日，АРАН，ф.1636，оп.1，д.194，л.9—20

[23] 《中方关于中苏科学技术合作 5 年工作的通报》，俄罗斯国家经济档案馆，9493 号全宗，1 号目录，统一存档编号 1060。

[24] 《中央手工业管理局、全国手工业生产合作社联合总社筹备委员会关于第四次全国手工业生产合作会议的报告》，《1953—1957 档案 · 工业卷》

[25] 《教育部永久档 1960》41 卷：《1951—1959 年派赴苏联留学生分科人数统计表》。

[26] 《科瓦廖夫情况致斯大林的电报》，1949 年 4 月 13 日，俄罗斯总统档案馆，45 号全宗，1 号目录，331 号案卷，15—21 张。

[27] 《毛泽东同米高扬关于中苏关系以及中国国内问题的谈话记》，1949 年 2 月 4 日，俄罗斯总统档案馆，39 号全宗，1 号目录，39 号密卷，54—63 张。

[28] 1952 年 5 月 4 日，中共中央对政务院财政经济委员会党组 3 月 19 日就全国钢铁工业发展方针、速度等地区分布问题的请示报告的批复。

[29] А В П Р Ф，ф.07，о п 24，д.235，п.20，л.14 扎捷尔斯卡娅（З а д е р с к а я）：苏联专家与中国军事工业之形成（1949—1960），博士学位论文，俄罗斯圣彼得堡国立大学，2000.

[30] А В П Р Ф，ф.8592，о п. 4，д.474，л.1—28，扎捷尔斯卡娅（З а д е р с к а я）：苏联专家与中国军事工业之形成（1949—1960），博士学位论文，俄罗斯圣彼得堡国立大学，2000.

[31] 俄罗斯联邦总统档案馆，39 号全宗，1 号目录，39 号案卷，第 89—95 张。

[32] 华东军政委员会土改委员会编：《华东区土地改革成果统计》，1952 年 12 月。

[33] 教育部：《关于教育部苏联专家的情况汇报》（教育部档案，1952 年永久卷，卷 43）。

（四）中文报刊

[1] “贯彻毛主席的伟大号召”，《人民日报》社论，1953 年 2 月 10 日。

[2] “毛泽东离开莫斯科时在车站的告别演说”，载《人民日报》，1950 年 2 月 20 日。

[3] 《人民日报》1949 年 7 月 1 日，第 1 版。

[4] 《人民日报》1955 年 1 月 28 日、2 月 1 日。

[5] 《人民日报》1955 年 11 月 5 日。

[6] 《人民日报》1956 年 9 月 22 日。

[7] 《进一步学习苏联的先进教育经验》（社论），《人民教育》1952 年第 11 期。

[8] 《关于高等学校领导关系的决定》，《人民教育》1950 年第 9 期

[9] 《中苏友好》(创刊号)， 1949 年。

[10] 本报讯：《苏联专家全面帮助我国培养建设人才》，《光明日报》1955 年 2 月 18 日，第 2 版。

[11] 《光明日报》，1959 年 5 月 22 日，第 2 版。

[12] 段子俊工作笔记摘抄（1950 年 12 月 19 日 -1956 年 7 月），《中国航空报》，2011 年 4 月 16 日。

[13] 毛泽东：“祝贺苏联十月革命三十六周年给马林科夫的电报”(1953 年 11 月 5 日)，载《人民日报》，1953 年 11 月 7 日。

[14] 沈威风：《奠基》，《经济观察报》，2009 年 4 月 3 日。

[15] 吴玉章：《中国人民大学三年来工作的基本总结》，《人民日报》1953 年 10 月 3 日 7 版。

[16] 中国人民大学:《马克思列宁主义的坚强阵地—中国人民大学》,《光明日报》1959 年 5 月 22 日 2 版。

[17] 周恩来："伟大的十年"，《人民日报》，1959 年 10 月 6 日第一版。

[18] 李捷：《论新民主主义向社会主义的转变及其历史意义》，《光明日报》，2004 年 04 月 27 日。

（五）学位论文

[1] 陈娟：《毛泽东的新民主主义社会理论研究》，东北师范大学博士学位论文，2007 年 11 月。

[2] 戴锐：《列宁社会主义改革思想论述》，南京师范大学博士学位论文，2002 年 5 月。

[3] 顾玉兰：《列宁社会发展理论研究》，南京师范大学博士学位论文，2003 年 5 月。

[4] 胡江东：《朝鲜战争期间苏联对华援助研究》，山西大学硕士论文，2010 年 6 月。

[5] 史艳艳：《列宁苏俄向社会主义过渡理论的研究》，南京师范大学"马克思主义理论"专业硕士学位论文，2011 年 4 月。

[6] 王艳红：《新经济政策时期列宁的渐进发展思想研究》，西南大学硕士论文，2010 年 5 月。

[7] 邢和明：《中国共产党对苏联模式认识的演变（1949—1976）》，中共中央党校博士论文，2004 年 6 月。

[8] 赵阳辉：《苏联援助创办哈尔滨军事工程学院的历史研究（1952—1956）》，国防科学技术大学硕士论文，2005 年 4 月。

（六）中文网站

[1] “农村人民公社化运动”，新华网，http://www.ha.xinhuanet.com/yincang/2007-06/28/content_10432229.htm

[2] “中国近代军事工业之产生”，中国青年网，2009 年 12 月 22 日。http://agzy.youth.cn/xzzh/llzs/200912/t20091222_1117983.htm，

[3] “中国人民政治协商会议共同纲领”，http://www.mzdbl.cn/maoxuan/wenxian/zhengxie.html

[4] 人民网：http://cpc.people.com.cn/GB/64162/64172/64915/5780116.html，吴殿卿：“人民海军初创时期装备发展纪实（上篇）”，来源：中国共产党新闻，2007 年 5 月 25 日。

[5] “中国近代兵器工业”，http://baike.so.com/doc/292219-309340.html

[6] 陈雪伟：《亿中苏友好协会》，http://www.liandu.gov.cn/lsld/kcsz/2010/6/t20100308_647775.htm

（七）调研报告

[1] 中国社会科学院国情调研成果：《前苏联援华“156 项工程”的历史沿革及其对中俄战略合作的启示调研报告》，2012 年。

外文文献

（一）外文著作

[1] Зазерская Т.Г. «Советские специалисты и формирование военно-промышленного комплекса Китая (1949-1960)». – СПб., 2000.

[2] Капица М. С. «Братская дружба двух великих народов». – М., 1959.；

[3] Киселев И.Н. «Советско-китайские научные связи» // Из истории науки и техники в странах Востока. – М.1960.

[4] Кузнецов А. «СССР-КНР: торгово-экономические отношения». – М, 1986.

[5] О.Б.Рахманин, «К истории отношений России-СССР с Китаем в XX веке – обзор и анализ основных событий » – М. , Москва， 2002.

[6] О.Иванов, «Некоторые факты из истории советско-китайских отношений». М. 1975.

[7] Романова Г. «Советско-китайские торгово-экономические отношения. 1949-1989» – М. 1990

[8] Борисов О.Б. «Колосков Б.Г. Советско-китайские отношения. 1945-1980» – М. 1980.

[9] Сладковский М.И. «История торгово-экономических отношений СССР с Китаем (1917-1974)». – М., 1977.

[10] Под ред. М. Капицы «СССР-КНР (1949-1983). Документы и материалы. (1949-1963)» . – М. МИД СССР, 1985.

[11] Филатов Л.В. «Экономическая оценка научно-технической помощи Советского Союза Китаю (1949-1960)». – М. 1980.

[12] Чжао Инцун, «Экономическая помощь Советского Союза Китайской Народной Республике в 1949-1959 гг. » – Москва, 2003.

[13] С.Л. Тихвинский, «Китай в моей жизни (30-90 годы) ». – М. Наука, 1992.

（二）外文文章

[1] Chen Jian，“The Sino-Soviet Alliance and China’s Entry into the Korean War”，Working Paper，№2，1992，CWIHP，p.15。

[2] Ковалев Диалог Сталина с Мао Цзждуном // Проблемы дальнего востока, 1991, №6, с 84.

[3] Л.В. Филатов, «Экономическая оценка научно-технической помощи Советского Союза Китаю 1949-1966» // Институт Дальнего Востока. Главная редакция восточной литературы издательства «Наука», 1980. с.28.

[4] Филатов Л.В. «Научно-техническое сотрудничество между СССР и КНР»

[5] ЦХСД, ф.5, оп.30, д.228, л.98， 转 引 自 Заверская, «Советские специалисты и формирование»

[6] 俄罗斯联邦国家档案馆，8627 全宗，12 号目录，1239 号案卷，258—287 张。 转 引 自 Заверская, «Советские специалисты и формирование» , с.67.

[7] 现代史文献保管中心，5 号全宗，28 号目录，187 号案卷，15-19 张（ЦХСД, ф.5, оп.28, д.187, л.15-19），转引自 Кейпл Д. Развенчание мифа о советско-китайском монолите, 1949-1960// Институт Всеобщей Истории РАН, Холодная война: новые подходы и новые документы, Москва, 1995, с.342.

[8] Российская Академия Наук Архив РАН， Китайская Народная Республика в 50-е годы – сборник документов в двух томах // Под общей редакции Академика В.С.Мясникова – Москва,2009. 2010.